EXPÉDITION

DES

DEUX-SICILES

SOUVENIRS PERSONNELS

OUVRAGES DE M. MAXIME DU CAMP

EN VENTE A LA MÊME LIBRAIRIE

SOUVENIRS ET PAYSAGES D'ORIENT..............	6 fr.	»
LE NIL (Égypte et Nubie) (2ᵉ édition), 1 vol........	2	»
EN HOLLANDE, 1 vol................................	3	»
ÉGYPTE, NUBIE, PALESTINE, SYRIE................	500	»
LES CHANTS MODERNES (2ᵉ édition), 1 vol..........	2	»
LES CONVICTIONS, 1 vol........................	3	»
LES MÉMOIRES D'UN SUICIDÉ, 1 vol. de 320 pages...	1	»
LES SIX AVENTURES, 1 vol. de 360 pages..........	1	»
LES BEAUX-ARTS EN 1855, 1 vol.................	3	»
LE SALON DE 1857, 1 vol.......................	1	»
LE SALON DE 1859, 1 vol.......................	2	»
LE SALON DE 1861, 1 vol.......................	2	»

Pour paraître prochainement :

LES HALLUCINÉS (nouvelles)..

Paris. — Imprimerie A. Bourdilliat, rue Breda, 15.

MAXIME DU CAMP

EXPÉDITION
DES
DEUX-SICILES

SOUVENIRS PERSONNELS

PARIS
LIBRAIRIE NOUVELLE
15, BOULEVARD DES ITALIENS

A. BOURDILLIAT ET Cⁱᵉ, ÉDITEURS

La reproduction et la traduction sont réservées

1861

AVERTISSEMENT

Ce volume a déjà paru dans la *Revue des Deux-Mondes* (livraisons des 15 mars, 1er et 15 avril, 1er mai 1861). Sans l'avoir remanié, j'y ai ajouté quelques détails qui le complètent et donnent peut-être plus d'accent à l'étrange physionomie que, dans toutes ses phases, cette guerre exceptionnelle n'a cessé de présenter. Si je n'ai point dissimulé mes convictions, j'ai fait, du moins, tous mes efforts pour éviter les entraînements de l'esprit de parti; j'ai écrit ce que j'ai vu, rien de plus mais rien de moins, et je puis dire, sans pécher par excès d'amour-propre, que si ce livre a un mérite c'est celui de la sincérité.

15 juillet, 1861.

M. D.

LIVRE PREMIER

LA SICILE

SOMMAIRE

I. — Gênes. — Les chemises rouges. — La *Garibaldite*. — Expédition avortée de Pianciani. — Départ. — Palerme. — Clergé sicilien. — Défroqués. — Propriétés étrangères. — Le bruit et la nuit. — Iconolâtrie. — Où est Garibaldi ? — Caprera. — La vache favorite. — Acclamations. — Les familiers de Garibaldi. — *Humi Bos!* — Garibaldi chante. — Son portrait. — Ses colères. — Sa voix. — *Ura!* — Jeanne d'Arc. — La volonté italienne. — Le talisman. — La légende. — Angleterre et France. — La plaie saignante. — Nice et la Savoie. — Melazzo. — Arrivée au Phare.

II. — Messine. — Vacarme. — *Sacra lettera*. — Les saints d'Italie. — L'armée méridionale. — Les volontaires italiens et étrangers. — Les Siciliens. — Le lent réveil. — Le gouvernement absolu. — Ferdinand. — François II. — La convention du 28 juillet 1860. — La frégate *il Borbone*. — Violation du droit des gens. — Alertes de nuit. — Dîner hongrois. — Bal interrompu.

III. — Bombardement. — Orage. — *All right*. — Paysage. — Faux orient. — Combat naval. — Les lacs du Phare. — Campement. —

Louis Wincler. — Le Phare et ses défenses. — Les forteresses royales. — Les Calabres. — Le verbe *passer*. — Les projets extrêmes.

IV. — Départ de Garibaldi pour les Calabres. — Débarquement au cap *dell' Armi*. — Jonction de Missori. — Attaque de Reggio. — Combat. — Capitulation. — Grognards. — Marches et contre-marches au bout d'une lorgnette. — Capitulation des généraux Melendez et Briganti. — Reddition des forts. — Préparatifs de débarquement général. — Paul de Flotte. — Sa mort à Solano. — Son caractère. — De Flotte et de Pimodan.

> « Quelque chose que je puisse dire, Votre Majesté ne peut se faire une idée de l'état d'oppression, de barbarie, d'avilissement dans lequel ce royaume était. »
>
> *(Joseph Bonaparte à Napoléon.)*

Quand j'arrivai à Gênes, dans les premiers jours du mois d'août 1860, ma première impression fut une impression de surprise, car l'expédition de Garibaldi, à laquelle je désirais me joindre, s'y recrutait sans aucun mystère. Soustraite pour ainsi dire à l'action du gouvernement de Turin, Gênes paraissait une sorte de place d'armes d'où le dictateur tirait pour la Sicile, les hommes et les munitions dont il avait besoin. Il est juste d'ajouter que lorsque le ministère piémontais, cherchant à s'opposer au départ de la phalange qui allait débarquer à Marsala, avait demandé au gouverneur militaire de Gênes s'il pouvait compter sur ses troupes, celui-ci répondit loyalement qu'au premier geste de Garibaldi tous les soldats de l'armée sarde déserteraient pour le suivre. Dans cet état de choses, ce qu'il y avait de mieux à faire était de s'abstenir, de fermer les yeux et d'exprimer dans des notes diplomatiques des regrets que peut-être on n'éprouvait guère. C'est ce que l'on fit, l'événement a démontré, au delà des probabilités, que l'union et la libération italiennes, si souvent cherchées en vain, étaient cette fois près de s'accomplir, et que c'eût été folie que de prétendre y mettre obstacle.

Les volontaires, reconnaissables à leur chemise rouge, marchaient bruyamment dans les étroites rues de Gênes au roulement des tambours. Les officiers dînaient en groupe au café de *la Concordia*; les soldats, si jeunes pour la plupart qu'on les eût pris pour des enfants, jouaient sur la promenade de l'Acqua-Sola ; la maison du docteur Bertani, âme vivante de ce mouvement, ne désemplissait pas; dans le port, des bateaux à vapeur chauffaient, qu'on chargeait de troupes, et qui partaient pour leur destination pendant que les volontaires poussaient ce cri de ralliement qui devait conquérir un royaume : *Vive l'Italie, toute et une!*

Ce mouvement, cette agitation, ces marches militaires, ces chants patriotiques qui se mêlaient à chaque heure au tumulte du jour et au silence de la nuit donnaient à la ville un aspect étrange ; elle semblait avoir la fièvre, la *fièvre rouge*, ainsi que le disait spirituellement un ministre du roi Victor-Emmanuel, le même qui avait déjà dit : « L'Italie est attaquée d'une maladie aiguë, ignorée jusqu'à présent, et que les médecins appellent la *garibaldite*. » Maladie ou non, ce mouvement n'en était pas moins très-imposant par son unanimité ; chaque province tenait à honneur d'envoyer des soldats rejoindre l'expédition libératrice; les vieilles haines provinciales, les amours-propres municipaux, qui jadis avaient fait tant de mal à la nation italienne, s'oubliaient dans une seule pensée; ces anciens petits États, qui s'étaient autrefois épuisés à guerroyer les uns contre les autres, réunissaient aujourd'hui leurs efforts pour arriver quand même à la formation de la patrie commune. Ces efforts n'auront pas été vains : tout verbe devient chair, et l'Italie sera, parce qu'elle a voulu être.

A cette époque, l'armée rassemblée en Sicile sous les ordres directs du général Garibaldi étant jugée suffisante pour envahir le royaume de Naples et en chasser les Bourbons, on avait réuni un corps de six mille hommes qui, sous les ordres du colonel Pianciani, devait se masser successivement dans l'île de Sardaigne, pour de là se jeter, au moment opportun, dans les États pontificaux et attaquer les troupes chargées de les défendre. Ce projet, secrètement mûri par les hommes du parti extrême, n'avait été, d'après ce que j'ai lieu de croire, communiqué à Garibaldi qu'au dernier moment. Garibaldi, avec ce rare bon sens pratique qui le distingue, s'y opposa ; il se rendit de sa personne en Sardaigne, disloqua d'un mot l'expédition et la fit diriger vers la Sicile sous la conduite de ses principaux chefs, à l'exception du colonel Pianciani, qui, engagé d'honneur à envahir les États du pape, crut devoir se retirer quand il se vit en opposition avec le général en chef de l'armée méridionale. Quelque secrets qu'eussent été les préparatifs qui avaient présidé à cette expédition, le ministère piémontais en avait eu connaissance, et il s'était montré fermement résolu à s'y opposer, fût-ce par la force ; aussi, le jour même où le colonel Pianciani s'embarquait à Gênes pour aller rejoindre son corps d'armée, cantonné en Sardaigne, dans la position marécageuse et mal choisie de Terra-Nuova, trois bataillons de *bersaglieri*, arrivés en hâte de Turin, montaient à bord d'une frégate de l'État qui devait les transporter en Toscane, sur la frontière des États pontificaux, et les mettre à même d'empêcher toute descente armée des volontaires. Sans la détermination à la fois vigoureuse et prudente de Garibaldi, que serait-il arrivé ? Un conflit avec le gouvernement piémontais, qui marchait au même but, mais par d'autres moyens, ou une défection des troupes royales, qui eussent passé à l'armée insurrectionnelle pour combattre à ses côtés les soldats de la papauté ; dans ces deux cas, un acte déplorable, que la sagesse devait éviter, et qui pouvait retarder pour longtemps l'œuvre près de s'accomplir.

J'avais assisté au départ de Pianciani; plus tard, son corps de troupe, dirigé d'abord sur Melazzo et sur le Phare, prit pied en terre ferme, dans le Principat citérieur, à Sapri, là même où Pisacane était descendu vers la mort, rejoignit l'armée méridionale sous les murs de Capoue, et se mêla activement aux combats que, pendant deux mois les volontaires eurent à soutenir sur les rives du Vulturne contre les soldats de François II. Ce fut le lundi 13 août que les derniers hommes de cette expédition, qui trois jours après devait être dissoute, s'embarquèrent à midi, escortés par une partie de la population génoise, qui les saluait de ses adieux et de ses souhaits ardents. Le soir, ce fut notre tour.

Un bateau à vapeur avait été mis à notre disposition. Le soir donc, vers dix heures, sans uniforme, le général Türr, le comte Sandor Teleki, le colonel Frapolli et moi, nous prîmes la route de la Marine. Une barque nous attendait. La nuit était splendide, sans lune et pétillante d'étoiles. Nous passâmes à travers les navires endormis, et en quelques coups de rames nous fûmes arrivés à l'échelle de la *Provence*. Chacun de nous reconnut la cabine qui lui était destinée, puis on monta sur le pont, on s'assit, et sans parler on contempla le ciel, où la lumière du phare de de Gênes se détachait comme un météore immense. Tout départ a quelque chose de grand et de profond; celui-ci empruntait aux circonstances je ne sais quoi de plus intime et de plus solennel. A ce moment, où le retour n'était déjà plus permis, chacun de nous sans doute jetait derrière lui ce sombre regard qui appelle les fantômes et évoque les apparitions. Un trouble poignant vous saisit sur l'acte qui va s'accomplir; toutes ces fibres secrètes et chères qui font les liens de la vie semblent se réunir pour vous tirer en arrière; des voix qu'on croyait éteintes s'élèvent lentement du fond de votre cœur et vous disent : Reste ! et l'on demeure non pas indécis, mais remué jusqu'au fond de l'âme par le vieil homme qui s'agite encore et vous répète les promesses auxquelles il a déjà si souvent menti.

Vers minuit, on dérapa l'ancre aux chants monotones des matelots, l'hélice tourna bruyamment à l'arrière du navire, le commandant cria : En route ! Nous avions franchi les passes du port, et nous étions partis pour cet inconnu plein d'attrait qui portait dans son sein la victoire ou la défaite.

La mer nous fut clémente et le ciel favorable. Pendant deux jours chauds et lumineux, nous voguâmes sur cette Méditerranée si perfidement belle, dont les vagues se brisaient en perles de saphir sur les flancs de notre bateau. Côtoyant la Corse et la Sardaigne, passant derrière l'île d'Elbe, nous eûmes presque toujours des terres en vue, terres bleuissantes qui se teignaient de pourpre au coucher du soleil, et rentraient peu à peu dans l'obscurité lorsque la nuit aux brodequins d'argent accourait du bout de l'horizon en jetant sur les flots le reflet de ses étoiles. Au matin du troisième jour, vers cinq heures, nous passâmes près de l'île d'Ustica, que regagnaient des barques de pêcheurs, semblables, avec leurs voiles colorées, à de grands oiseaux roses glissant sur la mer. Quelques instants plus tard, découpant son immense silhouette sur les premières lueurs du soleil, la Sicile nous apparut. « Cette île n'a plus rien de considérable que ses volcans, » écrit Rhédi à Usbeck dans les *Lettres persanes*. Cette condamnation est bien absolue, et il me semble que la vieille Trinacria vient d'interjeter appel.

Peu à peu, appuyée au Monte-Pellegrino, qui l'enveloppe de deux promontoires comme de deux bras de verdure, couchée dans une plaine si resplendissante qu'on l'a nommée la *Conca d'oro*, Palerme se dégage dans l'éloignement, et nous montre ses navires, ses clochers, ses forteresses, les arbres de ses promenades. La ville est encore tout en désordre ; elle panse ses blessures, mais on sent qu'elle respire à l'aise, et pour la première fois depuis longtemps. C'est une grande ville où flotte je ne sais quelle atmosphère de volupté latente qui fait rêver à des lunes de miel éternelles. La principale affaire des Palermitains doit être le plaisir et ensuite le repos, rien de plus, mais rien de moins. Ce doit être le pays des sérénades, des sorbets à la neige et des échelles de soie ; ce n'est peut-être rien de tout cela, c'est peut-être une ville fort maussade, enlaidie de moines, et tout à fait mercantile. Je l'ai traversée plutôt que je ne l'ai vue, et je livre mon impression première, qui n'a pas donné à l'expérience le temps de la corriger.

Il y a des choses fort curieuses à visiter à Palerme, entre autres la cathédrale, où j'entrai ; mais ma pensée n'était ni aux choses de l'art, ni à celles de l'histoire, et j'oubliai vite cette grande église pour considérer, sur la place ouverte devant son parvis, des recrues qui faisaient l'exercice avec un ensemble très-rassurant. Un jeune prêtre en culottes courtes, coiffé d'un large chapeau à ganse d'or, portant les armes de la maison de Savoie brodées au collet de son habit et s'appuyant avec une certaine élégance sur un sabre qui pendait à sa ceinture, les regardait comme moi et semblait prendre intérêt à leurs évolutions. J'appris alors, et non sans quelque étonnement, que j'avais devant les yeux le commandant d'un bataillon de prêtres qu'on était en train d'organiser. Le clergé sicilien est de l'opposition, ainsi que nous dirions ici ; il ne veut plus de la domination bourbonienne : est-ce à dire pour cela qu'il soit libéral? J'en doute : il y a certaines croyances religieuses qui ne s'accorderont jamais avec certaines idées philosophiques. Quoi qu'il en soit, ce fut du couvent de la Gancia, occupé par les carmes déchaux, que partirent les premiers coups de fusil lors de la tentative d'insurrection avortée le 4 avril 1860. Le couvent fut pillé, l'église aussi, et aussi toutes les maisons voisines. Garibaldi trouva de l'appui parmi le clergé séculier, qui non-seulement est opposé à la dynastie des Bourbons, mais encore est opposé au pape et a souvent rêvé le sort heureux d'un clergé indépendant, car il y a une vieille rancune entre Rome et l'église sicilienne. C'est une curieuse histoire qui prouve que, pour des petits pois, un pays peut être mis en interdit et voir fermer ses églises et ses couvents ; mais cette histoire a été trop spirituellement racontée par Duclos [1], pour que je me per-

---

[1] Un fermier de l'évêque de Lipari étant venu en 1711 vendre des pois au marché de Palerme sans acquitter les droits d'étalage, et les commis ayant saisi sa marchandise, l'évêque excommunia les commis.

mette d'y toucher après lui. Les blessures sont profondes et se cicatrisent difficilement dans ces corps constitués hors de la famille et de la patrie, et le clergé de Sicile n'a pas oublié qu'ayant souffert pour la cause des prétendues prérogatives du saint-siége, il a été abandonné, renvoyé et condamné par lui à l'exil et à la misère. Au jour du grand appel, les prêtres siciliens sont restés neutres ou hostiles : c'était justice. Fût-on pape, on ne recueille jamais que ce qu'on a semé. J'ignore ce qu'est devenu le bataillon ecclésiastique qui devait marcher la croix sur la poitrine et le sabre au côté, j'ignore même si ce projet a reçu toute son exécution. Plus tard, dans les Calabres et à Naples, j'ai vu des prêtres, — prêtres ou moines, je ne sais, — barbus et chevelus, chevaucher avec nos troupes, le crucifix et le pistolet au côté, montrant la chemise rouge sous la robe de bure, prêchant en langage de caserne et donnant à rire plus souvent qu'à penser. Ceux-là étaient des volontaires libres qui n'appartenaient à aucun corps régulier et qui n'avaient rien de commun avec les secourables aumôniers qui marchaient près de chacune de nos brigades, partageant les fatigues du soldat, couchant comme lui à la belle étoile, mangeant le pain trempé dans l'eau vaseuse des rivières et

---

Il s'ensuivit des luttes dans lesquelles le clergé sicilien fut d'abord soutenu, puis abandonné par Rome, ce qui provoqua chez lui un ressentiment dont les traces ne sont pas encore effacées. Voyez *Mémoires secrets sur le règne de Louis XIV, la Régence et le règne de Louis XV*, par Duclos, Collection Barrière, p. 141 et seq.

murmurant à l'oreille des blessés les paroles de consolation qui ouvrent à l'âme anxieuse un chemin vers l'espérance.

Ceux-là, on les aimait et on les respectait; quant aux autres, qu'en dirai-je? sinon que je n'ai qu'un goût fort modéré pour les mascarades, et qu'un prêtre faisant le soldat me semble aussi intéressant qu'un tambour-major qui dirait la messe.

Les preuves de la terreur qu'avaient inspirée le bombardement et le combat du mois de juin 1860, se voyaient encore au front des maisons de Palerme. Toutes semblaient avoir réclamé une nationalité étrangère pour se mettre à l'abri des troupes de François II. Au-dessus de chaque porte, en caractères tracés hâtivement à la main, on lisait : *propriété anglaise*, — *propriété française*, — *propriété belge*, — *propriété danoise*. — L'expérience de ce qui s'était passé à Naples le 15 mai 1848, aurait dû cependant apprendre aux Palermitains que de pareilles inscriptions n'arrêtent jamais des soldats qui ne savent pas lire, et ils ont pu se convaincre tout récemment, pendant la bataille livrée aux troupes de Garibaldi, que les Napolitains pillaient indistinctement les maisons italiennes, suisses et françaises.

A la nuit venue, une vie étrange sembla agiter la ville qui s'alluma tout entière : profusion de lumières, lampes, lampions, lanternes, chandelles et bougies. Les rues, sillonnées de voitures, fourmillaient de piétons; les marchands criaient de l'eau, des sorbets, des oranges, des pastèques, des figues de barbarie; les cafés pleins chantaient à tue-tête, des enfants tiraient des pétards pour l'unique plaisir de mêler un fracas nouveau à la rumeur générale : c'était un brouhaha à ne point s'entendre. « C'est donc fête aujourd'hui ? demandai-je. — Non, monsieur, me répondit-on, c'est comme cela tous les soirs. » En passant lentement au milieu des rues encombrées par la foule, dans chaque boutique, à côté de l'image de la Madone éclairée de sa veilleuse perpétuelle, j'apercevais deux portraits, celui de Garibaldi et celui du roi Victor-Emmanuel, illuminés d'une lampe qui brûlait pieusement, comme le cierge qui brûle jour et nuit devant le saint des saints. Plus tard, à Messine, dans toutes les villes des Calabres et de la Basilicate, à Naples même, je devais retrouver les mêmes indices d'une superstition profonde, passée pour ainsi dire à l'état de premier besoin : souvenir des dieux lares utilisé par la religion catholique. Quand un homme fait une grande action, ou devient le but des espérances communes, on achète son image, on allume une chandelle devant, on le met à côté du patron particulier, de la vierge spéciale de la maison, et l'on en fait ainsi une sorte de saint. Le peuple des Deux-Siciles n'est ni païen, ni catholique, il est simplement iconolâtre.

Mes compagnons s'étaient, pendant la journée, informés auprès de tous les ministères, afin de savoir où se trouvait actuellement Garibaldi; nul n'avait pu leur répondre : on savait qu'il avait quitté Messine sur un bateau à vapeur anglais, mais on ignorait vers quel point il s'était dirigé. Les conjectures avaient beau jeu et ne se gênaient pas pour marcher grand train. — Il est en Calabre pour révolutionner le pays ; — il est à Gênes pour activer l'envoi des troupes ; — il est à Naples pour s'entendre avec les chefs du mouvement populaire ; — il est en Sardaigne pour former un camp de réserve ; — il est à Ancône pour établir des relations qui doivent faire tomber la ville entre ses mains ; — il est à Malte pour acheter des canons ; — il est à Turin pour imposer au roi le renvoi du comte Cavour ; — il est à Paola pour étudier l'endroit propice à son débarquement en terre ferme. On fut bien surpris quand on sut où il était réellement pendant que les oisives interprétations le faisaient voyager.

Je me couchai, me promettant de visiter le lendemain la ville en détail ; mais à cinq heures du matin je fus réveillé par un officier qui venait me prévenir que Garibaldi, débarqué vers minuit à Palerme, repartait pour Messine dans la matinée, et que des places nous étaient réservées sur son bateau. En effet, pendant que chacun envoyait Garibaldi, selon sa propre fantaisie, sur un point ou sur un autre, il s'était rendu en Sardaigne pour dissoudre l'expédition projetée du colonel Pianciani ; puis, au moment de revenir en Sicile, se sentant tout près de son îlot de Caprera [1], il n'y avait pas tenu et y avait conduit les amis qui l'accompa-

---

[1] L'île de Caprera est située entre la Corse et la Sardaigne, à l'extrémité orientale des bouches de Bonifacio, près de l'île de Maddalena ; c'est une sorte d'île sauvage et déserte où les habitants de Maddalena envoyaient paître leurs chèvres, dont plusieurs redevenues

gnaient. Avec une joie d'enfant, il leur fit les honneurs du rocher où il a choisi sa demeure, il les reçut dans la maison qu'il a bâtie lui-même, il leur montra dans son verger les arbres fruitiers qu'il a greffés de sa main ; il visita avec eux ses engins de pêche et le petit port qu'il a creusé pour abriter son canot; il les promena dans l'étroite prairie où paît son troupeau peu nombreux, et là il se passa une scène d'une simplicité touchante qui révèle l'homme tout entier. Parmi ses bestiaux, il y avait une jeune vache qu'il affectionne beaucoup et qui avait l'habitude de venir manger dans sa main. Il en avait parlé à ses amis en leur vantant l'extrême docilité de *Brunetta*. Dès qu'il fut en sa présence, il l'appela. L'animal dressa la tête, le regarda de ses gros yeux doux et demeura immobile à le contempler avec un certain air de crainte. Garibaldi s'approche, Brunetta recule. Il faisait un pas en avant, elle faisait un pas en arrière. Il lui réitérait ses appels, lui donnant les noms les plus aimables : *Brunetta mia, mia cara Brunettina.* Rien n'y faisait, et la vache, évidemment prise d'inquiétude, commençait à secouer la tête avec colère. Garibaldi se désespérait et n'y comprenait rien ; ses amis riaient quelque peu sous cape. Tout à coup il se frappa le front; il avait deviné. — Ce sont nos chemises rouges qui lui font peur,

sauvages ont valu à l'îlot le nom de Caprera. Je donne ces détails pour éviter l'erreur où l'on tombe communément en confondant l'île de Caprera tout à fait ignorée, avec l'île de Capraja plus connue et placée près de l'île d'Elbe.

dit-il en mettant bas sa casaque ; chacun en fit autant, et Brunetta, tout à fait rassurée, accourut offrir son beau mufle humide aux caresses de son maître.

Pendant que nous nous préparions à la hâte, des clameurs de joie éclatant dans les rues nous annonçaient de loin que Garibaldi passait ; la foule courait autour de sa voiture et le célébrant de ses cris, saluait en lui non-seulement l'indépendance enfin conquise, mais encore deux vertus si rares qu'on pourrait croire qu'elles ont quitté la terre : l'abnégation et le désintéressement. Appuyée sur ces deux bases plus fortes que toutes les puissances humaines, la popularité de Garibaldi est inébranlable. Le peuple, avec cette perspicacité des masses qui n'est que la somme du bon sens de chacun, a compris que Garibaldi faisant bon marché de son intérêt particulier ne travaillait que pour l'intérêt général et que pour cet intérêt il jouait sa vie sans marchander. Il n'aime ni un homme, ni une cause, ni une forme politique, il aime la Patrie, non pour ce qu'elle peut lui donner, mais pour ce qu'il peut lui donner lui-même, et cette conviction de la pureté de son amour que l'évidence a fait entrer dans le cœur de tous, est la meilleure cause de l'entraînement extraordinaire qu'il exerce et dont les événements ont déjà donné tant d'irrécusables preuves.

Une heure après avoir été prévenus, nous étions à bord de l'*Amazon*, petit bateau à vapeur anglais, dont le commandant, allègre et vigoureux, ne se sentait pas de joie d'avoir l'honneur de transporter Garibaldi, *the lion of the day.* Une partie de l'état-major du général était déjà réunie sur la dunette quand nous arrivâmes, et je pus voir quelques-uns des hommes dont le dévouement sans bornes n'est pas un des titres les moins glorieux du dictateur : Vecchi d'abord, grand propriétaire de mines de cuivre, historien, poëte qui aime Garibaldi avec une foi qu'on qualificrait d'aveugle, si elle pouvait avoir tort, et dont l'expression admirative est vraiment touchante ; il le suit dans les combats, l'assiste dans la vie privée, l'entoure de soins exquis tels qu'un amant pourrait en avoir pour sa maîtresse, et porte partout, malgré ses cheveux déjà grisonnants, une gaieté de bon aloi qui affirme l'honnêteté du cœur et la placidité de l'âme. — ....., petit vieillard trapu, barbu, alerte, ancien curé dont la soutane est aux orties : celui-là sert un homme, et par contre-coup une cause ; il couve Garibaldi des yeux, couche à la porte de sa chambre et se jette au-devant de lui quand un danger le menace. A la prise de Palerme, il fallait pour se rendre vers le *Palazzo reale* traverser la rue de Tolède, occupée par deux bataillons napolitains qui faisaient un feu d'enfer. « Quand il a plu des balles, la récolte est rouge ! » dit une chanson danoise ; ..... se jette seul au milieu de la rue, s'arrête, se retourne, essuie toute la décharge, qui l'épargne par miracle, puis il fait signe à Garibaldi, qui n'avait rien compris à son action, et qui passe sans recevoir un seul coup de fusil.— Froscianti, un moine défroqué ; il ne quitte jamais Garibaldi ; dans la vie ordinaire, il exécute ses ordres; dans la bataille, il combat à ses côtés; à Caprera, il lui apprend à greffer les arbres; ils se disputent ensemble sur les avantages des greffes par scions comparées aux greffes par gemmes, et n'en sont pas moins les meilleurs amis du monde. Chose étrange, Garibaldi porte aux prêtres une haine que n'ont pas connue les encyclopédistes du dix-huitième siècle, et des deux hommes qu'il a choisis pour ses amis intimes, l'un est un ancien curé et l'autre un ancien moine ! Dans son armée, le général qui lui inspire la plus grande confiance est Sirtori, qui fut moine. — Il y avait là encore Basso, secrétaire dévoué, toujours prêt, et ne succombant pas sous l'effroyable besogne de lire la correspondance qui des quatre coins de la terre parvient chaque jour au général.

Une barque se détacha du rivage, suivie par d'autres barques qui lui faisaient cortége : c'était Garibaldi qui se rendait à bord; il monta rapidement, nous serra la main en disant un mot aimable à chacun de nous, se débarrassa de vingt solliciteurs importuns, fit un signe au capitaine, et entra dans sa cabine. On leva l'ancre, la machine poussa un sifflement aigu et nous partîmes, secouant les canots chargés de curieux qui agitaient leurs chapeaux en criant *vive Garibaldi!*

On gouverna vers l'est, et, marchant à toute vapeur, nous longeâmes les côtes siciliennes. Elles paraissent fertiles, empanachées de verdure, tachées çà et là par des groupes de maisons blanches et appuyées contre des montagnes dont les crêtes violettes découpent sur le ciel bleu des lignes d'une admirable pureté. La mer est très-calme, et quelques marsouins sautent autour du navire, que remue à peine le tournoiement de son hélice. Je me suis assis sur le bastingage de bâbord, et j'ai regardé deux grands bœufs gris qui mangeaient tranquillement quelques poignées de foin répandues sur le pont. Tout à coup le cuisinier s'est approché d'eux : c'était un gros Anglais musculeux et roux, « aux bras retroussés, » comme ce Pantabolin qu'admirait don Quichotte, à la poitrine velue, à la face apoplectique ; il regarda longtemps un des bœufs, et le frappa d'un coup de masse au milieu du front : l'animal chancela pendant une seconde et s'abattit des quatre jambes à la fois, foudroyé. Le cuisinier lui ouvrit la gorge à l'aide d'un long couteau, un flot de sang s'échappa. Un étonnement immense se peignait dans les yeux de la pauvre bête ; elle se redressa sur les deux jambes de devant, releva la tête avec effort, montrant à son cou une large plaie béante et ruisselante ; puis, ouvrant ses naseaux et ses lèvres déjà pâlies, elle fit entendre un râle humide et plaintif dont le bruit sinistre me retourna le cœur ; elle retomba raidie, eut encore une ou deux convulsions et ferma les yeux. On commença à la dépecer. L'autre bœuf regardait, flairait avec impassibilité la fade odeur du sang, et se remettait tranquillement à manger son foin. Les animaux savent peut-être mieux que nous qu'ils sont faits pour la mort, aussi la contemplent-ils toujours sans émotion. Je me rappelais le passage de l'*Odyssée* : « Tu arriveras dans l'île de Trinacria, où paissent

les bœufs et les grasses brebis du soleil; si tu les attaques, je te prédis la perte de ton navire et de tous tes compagnons! »
O filles de Phœbus et de Nérée, gardiennes des troupeaux sacrés, Lampétie et Phaétuse, où donc étiez-vous, lorsque ce bœuf argenté, ravi à vos étables, vous appelait à son secours dans un dernier mugissement ?

Pendant que je rêvassais, emporté par des souvenirs d'antiquité surgissant à chaque aspect du rivage, j'entendis chanter vers le gaillard d'arrière ; je m'y rendis. Écouté par les matelots, au milieu de ses officiers, en face du capitaine anglais, qui le regardait bouche béante, Garibaldi chantait. Ce n'était alors ni le dictateur, ni le général en chef d'une armée révolutionnaire ; c'était un bon compagnon qui profitait de ses loisirs pour se réjouir avec ses amis. Un jeune homme vêtu de la chemise rouge lui donnait la réplique avec une agréable voix de ténor. Garibaldi lui indiquait les airs qu'il désirait entendre, les fredonnait pour les lui rappeler, et au besoin les lui chantait quand il ne les savait pas. C'était une scène très-simple, toute fraternelle, et d'une bonhomie peu commune. On essaya, mais assez vainement, quelques airs d'opéra, et, par la pente naturelle qui mène les esprits droits vers les choses d'un caractère vraiment original, on en vint aux chansons populaires C'est ainsi que j'entendis Garibaldi chanter la belle romance napolitaine :

> Ti voglio ben assai,
> Ma tu non pensi a mè !

Je pus le comtempler à mon aise et admirer la vigueur que la nature a mise en lui. Il est d'une taille moyenne, large des épaules et porté sur des jambes solides. La main est forte, dure comme si elle avait subi jadis d'âpres fatigues ; le cou est musculeux, et la nuque charnue est cachée par de longs cheveux blonds où se mêlent quelques fils d'argent. Le front naturellement très-haut et qui paraît d'autant plus élevé qu'il est dégarni, donne à tout le visage une sérénité colossale et pleine de charme. Les sourcils, très-abondants, abritent des yeux d'un bleu barbeau, qui sont d'une inconcevable douceur. Le nez, large, droit, ouvert de narines mobiles et puissantes, s'abaisse sur une grosse moustache qui couvre à demi la bouche bienveillante, un peu épaisse et légèrement sensuelle; la barbe fauve, rejointe aux moustaches, couvre une partie des joues et le menton. Le type général du visage est celui du lion, calme et sûr de sa force, qu'il n'emploie qu'à la dernière extrémité. Dans ses instants d'abandon, et ils sont fréquents chez cette forte nature, il a d'inconcevables douceurs et comme des coquetteries d'aménité ; dans la colère, il a des soubresauts terribles, et il sait faire trembler jusqu'au fond de leur poitrine les cœurs les mieux raffermis. Je me rappelle avoir assisté à une scène de violence qui a dû rester ineffaçablement gravée dans le souvenir de ceux qui en ont été les témoins. C'était à Caserte, au grand quartier général, vers la fin du mois d'octobre. Le surintendant des domaines royaux, qui s'appelait, je crois, le prince de L..., se fit annoncer à Garibaldi, qui, selon sa coutume, le reçut dans le salon même où se tenait son état-major. Le surintendant, en costume de cérémonie, habit noir, cravate blanche, après un ou deux saluts très-profonds, raconta au général qu'il venait de recevoir d'un des officiers de la maison du roi Victor-Emmanuel, qui s'approchait alors à marches forcées, une lettre très-importante, et qu'il devait la lui communiquer. Garibaldi fit un signe d'assentiment; le prince de L... tira une lettre de sa poche et la lut à haute voix. Mal en advint au pauvre homme. Dans cette lettre, on disait avoir appris avec étonnement et indignation que le gibier des parcs royaux n'était pas assez respecté par les soldats de l'armée méridionale, et on enjoignait même à M. de L... d'aller trouver le dictateur pour lui signifier qu'un état de choses si scandaleux devait cesser immédiatement. Garibaldi n'eut pas fini d'entendre la lecture de cette sorte de dépêche, qu'il fit un bond, et qu'apostrophant le messager dans des termes qu'il m'est impossible de reproduire, il lui dit ou plutôt il lui cria : « Qui donc ose me parler à cette heure de perdrix et de faisans ? Quoi ! mes pauvres soldats, mal vêtus, sont décimés par la mitraille napolitaine, ils couchent sous les brouillards du Vulturne, ils ont supporté des fatigues qui eussent fait périr (son expression fut moins faible) une armée régulière, et l'on vient me recommander de veiller à la conservation du gibier ! Dites aux imbéciles qui vous envoient que, si l'on se permet de m'entretenir encore de ces sottises, je lâche tous mes Calabrais dans les chasses royales, et que pas un animal vivant n'y restera. Quant à moi, je partirai d'ici sans emporter un faisan ! » Et comme le prince de L..., terrifié, restait immobile, tournant son chapeau entre ses mains tremblantes : « Vous, sortez ! » lui cria-t-il. Et le malheureux s'esquiva comme il put, sans retourner la tête. Ces colères sont rares chez Garibaldi. Dans la vie habituelle, il est au contraire d'une extrême douceur et d'une bonté naïve qu'on ne trouve jamais en défaut.

Son aspect extérieur n'a rien de séduisant, au sens ordinaire que les femmes donnent à ce mot ; mais à son approche on sent qu'une force va passer, et l'on s'incline. Quand il parle, il subjugue, car sa voix, la plus belle que j'aie jamais entendue, contient dans ses notes, à la fois profondes et vibrantes, une puissance dominatrice à laquelle il est difficile de se soustraire. On peut dire de sa voix ce que, dans Shakespeare, Cléopâtre a dit de celle d'Antoine : « Sa voix était harmonieuse comme les sphères, quand elle parlait à des amis ; mais quand il voulait dominer et ébranler l'univers, c'était le cri de la foudre. » Qu'il parle dans la familiarité d'une conversation, ou qu'il adresse aux foules rassemblées un discours solennel, il sait émouvoir, entraîner, convaincre. En outre il a ce don précieux de dire précisément ce qu'il faut dire. Je rapporterai à ce propos un exemple qui m'a beaucoup frappé. Le peuple de Naples, ce mime incomparable, imagina, aussitôt après l'entrée de Garibaldi, de ne plus s'aborder qu'en levant l'index de la main droite, ce qui signifie *un*, sorte d'anagramme mimé de la phrase consacrée : *vive l'Italie une !* Un dimanche que Garibaldi, venu à Naples pour visiter les blessés, était allé dîner sur la Chiaja, à l'hôtel de la *Grande-Bretagne*, toute la population napolitaine, musique et drapeaux en tête, se massa devant l'auberge et cria tant et si fort que Garibaldi fut obligé de paraître au balcon. Il salua la foule, qui lui demanda un discours. Il se recueillit pendant quelques secondes, et voici textuellement ce qu'il répondit : « Que puis-je te dire, ô mon cher peuple de Naples, à toi qui par un seul geste apprends à l'Italie quels sont ses droits et ses devoirs ! » Puis, levant l'index, il cria : *Una !...* — On peut se figurer les acclamations qui applaudirent ces paroles. Le mot propre, le terme spécial ne lui font jamais défaut, et les ordres qu'il donne sont d'une telle lucidité qu'il est impossible de ne pas les comprendre. Or je crois qu'à la guerre un ordre bien compris est à moitié exécuté.

J'ai eu plus d'une occasion, dans ma vie, d'approcher ces êtres enviés et supérieurement médiocres qu'on appelle des hommes célèbres ; j'ai toujours été surpris du peu d'admiration qu'il convient d'avoir pour eux. Seul peut-être parmi tous ceux que j'ai rencontrés, Garibaldi ne m'a fait éprouver aucune déception. Il est né grand comme il est né blond. C'est un produit de la nature qui ne s'est point modifié. Un mot très-vrai a été dit sur lui dans le parlement de Turin par le député Scialoja, si ma mémoire n'est pas infidèle : « Il ne faut pas croire que Garibaldi soit un homme de génie, ni même un homme d'une grande intelligence ;

c'est mieux que cela, c'est un homme de grands instincts. »
Depuis mon retour en France, bien des personnes m'ont
demandé : « Qu'est-ce que Garibaldi? » A toutes j'ai invariablement fait la même réponse : « C'est Jeanne d'Arc! » En
effet, Garibaldi est un simple, au beau sens de ce mot.
Porté par un amour immense de sa patrie, il a accompli
naïvement des œuvres énormes, ne tenant jamais compte
des obstacles, ne voyant que le but auquel il marche droit,
sans que la possibilité de fléchir lui soit même venue à
l'esprit. Son instruction paraît médiocre, son intelligence
est ordinaire, son esprit assez crédule; mais il a un grand
cœur. Il a la foi, il croit à l'Italie, il croit à sa propre mission. L'illuminisme l'a-t-il parfois touché de ses ailes rêveuses? Je le croirais; lui aussi a dû entendre des *voix*.
Dans ces pampas sans limites de l'Amérique du Sud, qu'il
a parcourues parfois en vainqueur, parfois en fugitif, mais
toujours en héros; dans ces longues nuits étoilées qu'il
passait solitaire sur l'immensité des flots, à la barre de
son navire, il me semble qu'il a dû écouter des voix mystérieuses, mouillées de larmes, qui lui disaient : « La terre
des aïeux est en proie aux étrangers; une vieille prophétie
a dit qu'elle serait libre un jour; cette prophétie d'espérance, c'est toi qui dois l'accomplir; lève-toi et marche, ô
libre soldat de la rénovation! » La nuit, dans son sommeil,
il a dû voir en songe une femme nue, triste et belle, marquée à l'épaule d'une tiare de fer, traînant au pied une
chaîne d'airain fleurdelisée, et s'efforçant d'arracher de sa

poitrine une aigle noire à deux têtes qui lui rongeait le cœur ; elle a tendu vers lui ses mains affaiblies ; elle lui a dit d'une voix suppliante : « Mon fils, je suis l'Italie, je suis ta mère, la mère des grands hommes qui ont jeté au monde les germes de toute vertu ; me laisseras-tu périr sous les tyrannies qui m'écrasent ? » Et il s'est fait alors à lui-même le serment qu'il tiendra jusqu'au bout, serment d'Annibal, qui peut-être le conduira jusqu'à Rome !

Tout en laissant à Garibaldi la part immense qui lui revient dans la libération de l'Italie, il faut dire cependant qu'il a été admirablement secondé par la nation italienne. Tout ce grand peuple, issu de même race, parlant la même langue, professant la même religion, n'ayant entre les différentes familles qui le composent que des frontières diplomatiques, est fatigué outre mesure des divisions arbitraires que les tyranneaux du moyen âge et les cabinets modernes lui ont imposées sans le consulter. Il est justement las d'être considéré comme un troupeau dont on donne tant de têtes pour faire l'appoint d'un marché ; il s'est compté, il n'ignore plus qu'il s'appelle vingt-quatre millions d'hommes, il veut rassembler ses membres dispersés, il veut se réunir à lui-même, il veut être un. Dans l'impatience d'un homme longtemps englouti sous des décombres et auquel les médecins prudents mesurent l'air et le soleil, il s'est lassé des lenteurs inévitables de la diplomatie. Invinciblement poussé vers son unité, qui est pour lui une idée fixe, fort de la sainteté de sa cause, persuadé que les vieux us des chancelleries ont fait leur temps, il a engagé la partie lui-même, ne demandant à ses chefs couronnés que d'être spectateurs neutres du combat. Quoiqu'il connaisse la haute et patriotique intelligence de M. de Cavour, il a pu croire qu'il louvoyait encore quand il fallait agir; pour l'aider dans son œuvre difficile, il a voulu jeter dans la balance le poids irrécusable d'un fait accompli, et alors il s'est tourné tout entier vers Garibaldi, qui l'appelait. Entre Garibaldi et le peuple italien, il y a confiance absolue; ils sont persuadés, l'un qu'il mène à la victoire, l'autre qu'il y est conduit : cela seul suffit à expliquer bien des triomphes. Il y a entraînement et presque fascination de part et d'autre, les Italiens suivent Garibaldi comme les croisés suivaient Pierre l'Ermite.

Pour ces peuples crédules, ignorants, impressionnables, Garibaldi est maintenant plus qu'un homme, c'est presque un saint et à coup sûr un apôtre ; on ne lui a pas encore demandé de bénir les armes et de toucher les malades, mais cela peut venir. Voici un fait qui s'est passé en ma présence, devant trente personnes à bord même de l'*Amazon*, où Garibaldi chantait, souriait et causait au milieu de nous. Parmi les passagers montés le matin même, à Palerme, sur notre bateau, se trouvait un homme d'un certain âge, remarquable par une excessive myopie qui donnait à ses yeux une saillie inaccoutumée; il portait la veste rouge à parements et à collets verts qui fut, pendant le siége de Rome en 1849, le costume des officiers de l'armée nationale. Depuis 1849, cet homme n'avait pas vu Garibaldi ; dès qu'il put le joindre sur le pont du navire, il l'aborda, se nomma, lui prit les mains, et lui parlant d'une voix humide, pendant que des larmes roulaient dans ses gros yeux : « J'ai une grâce à vous demander, lui dit-il avant de prendre congé de lui, ne me refusez pas, car je suis l'un de vos vieux compagnons d'armes, et jamais je n'ai failli à mon devoir ; comme talisman pour la vie entière, mon général, donnez-moi un des boutons de votre vêtement. » Garibaldi se mit à rire, puis prenant un couteau dans sa poche, il enleva lestement un bouton à la ceinture de son pantalon et le donna à son admirateur « Que les balles osent m'atteindre maintenant ! » s'écria celui-ci en agitant l'amulette avec orgueuil. N'est-ce que risible, est-ce touchant jusqu'aux larmes ?

« Les anges le couvrent de leurs ailes, » disaient les femmes de Palerme en le voyant traverser impunément les fusillades. La légende se fait tous les jours, elle est déjà faite, et comment en serait-il autrement ? A Melazzo, la mitraille l'enveloppe, brise la palette de son étrier et enlève la semelle de son soulier ; à Reggio, un coup de feu traverse son chapeau de part en part ; au Vulturne, une balle coupe le ceinturon de son sabre. Michelet a dit un mot profond sur lui : « C'est un heureux ! » Son débarquement en Sicile est un conte de fées : les croisières napolitaines, prévenues de son départ de Gênes, le cherchaient partout ; elles quittent le port de Marsala pendant trois heures, et dans ce court intervalle il arrive, amené par la fortune de l'Italie. Il savait que la caserne de la ville contenait six cents soldats ; il dit au général Türr : « Prenez vingt hommes avec vous, ne vous exposez pas trop, et allez faire prisonnières les troupes royales, » Türr obéit, se jette sur la caserne et la trouve vide ; le bataillon était parti depuis deux heures pour Catane. Et qu'on ne répète pas ce vieux lieu commun de trahison à l'aide duquel on cherche à tout expliquer. Personne, quand on quitta Gênes, pas même Garibaldi, ne savait sur quel point de la Sicile on aborderait ; on s'en était remis au hasard, le dieu des audacieux. C'est du bonheur, c'est de la chance, disons-nous en souriant ; la masse du peuple italien ne cherche pas si loin, elle dit simplement : c'est un miracle ! Des hommes qui ne sont point des sots m'ont raconté sérieusement que la casaque rouge qu'il porte, simple casaque de matelot, est une chemise enchantée ; il la secoue après la bataille, et des balles en tombent qu'il n'a même pas senties. « Il est invulnérable, me disait une grande dame de la Basilicate, parce qu'il a été vacciné avec une hostie consacrée.» On affirme l'avoir rencontré en plusieurs endroits à la fois ; ceux qui, à la bataille du Vulturne, ont vu avec quelle inexplicable rapidité, sur une ligne de combat de plus de trois lieues, il se montrait tantôt sur un point, tantôt sur un autre, et toujours où l'on avait besoin de lui, admettront peut-être, avec les croyants, qu'il est doué du don d'ubiquité. La légende s'empare non-seulement de sa vie, mais elle remonte encore jusqu'à ses ascendants pour les poétiser. Les Palermitains n'ont pas changé son nom à la manière des Calabrais, qui, entraînés par les exigences de leur patois, ont fait Carobardo de Garibaldi, mais pour lui donner une origine sainte et presque miraculeuse : ils prétendent que le mot Garibaldi est une dénomination corrompue que l'usage a insensiblement viciée, et que le vrai nom du libérateur italien est Sinibaldi. Or il faut savoir que sainte Rosalie, la patronne adorée de Palerme, où jamais elle n'a refusé un miracle, appartenait par son père à la famille des Sinibaldi. Jamais les d'Hoziers, les Colombières, les Cherins, n'ont eu de telles flatteries pour les souverains auxquels ils inventaient des généalogies héroïques.

Quant à lui, il passe insensible au milieu de ces adorations et de ces fables, l'œil toujours fixé vers le but suprême où tendent ses actions, ses pensées et ses rêves ! Il sait qu'il est sympathique, et comment ne le serait-il pas ? Tout ce qui, dans ce triste monde, aime la vertu, la loyauté, le courage et le désintéressement, ne doit-il pas regarder avec intérêt de son côté. Tous ceux qui ont encore foi dans l'avenir et dans l'humanité ont fait des vœux pour lui. Chaque peuple lui a envoyé des secours, et il aurait pu diviser son armée par corps de nation et avoir une légion de tout pays, comme il eut la légion hongroise, de glorieuse mémoire. Si toutes les nations l'ont acclamé, il faut cependant dire qu'il ne les aime pas toutes à un égal degré ; je crois même qu'il a peu de goût pour la France, à laquelle il a gardé rancune ; il sent, et cela est assez naturel, peser sur son cœur les souvenirs du siége; de Rome et de la paix inopinée de Villafranca. En tant qu'Italien et chef d'une guerre d'indépendance, il a plus d'aspiration vers la liberté que vers l'égalité ; aussi est-il entraîné vers l'Angleterre par un attrait qui se fait jour en toutes circonstances, et regarde-t-il la France comme un peuple de bon vouloir arrêté dans ses développements légitimes. En cela, il a tort : si une nation est, dans les secrets desseins de Dieu, appelée entre toutes à donner la liberté au monde, c'est la France, nation expansive, toujours prête au sacrifice, singulièrement féminine, car elle a toutes les faiblesses, tous les enthousiasmes, toutes les trahisons et tous les dévouements de la femme. A l'heure qu'il est, elle est encore la grande nourrice au sein de laquelle les peuples viennent boire le courage, la résignation et l'espérance. L'Angleterre maintient avec jalousie la liberté chez elle et la détruit souvent chez les autres ; dans son généreux esprit d'inconséquence, la France ferait plutôt le contraire.

Et puis, pour tout dire et pour toucher, par des interprétations personnelles, à une question qui n'est pas encore refroidie, le dictateur ne nous a pas pardonné et ne nous pardonnera jamais les annexions de Nice et de la Savoie. Au simple point de vue italien, il me semble encore qu'il n'a pas raison. J'aurais mieux aimé, pour ma part, que la

France ne réclamât point ces frontières dites naturelles ; jamais les Alpes ne nous ont empêchés de descendre en Italie, ne serait-ce que par le mont Saint-Bernard, de même que le Rhin n'a jamais été un obstacle à notre passage en Allemagne. La France est ce qu'elle est, et, quelles que soient ses limites, son poids est tel qu'il fait fatalement pencher la balance européenne du côté où il se jette ; nous avons gardé le glaive de Brennus. A propos de cette expédition d'Italie qui souleva tant d'enthousiasme chez nous et tant d'espérances au dehors, on lut que nous allions « faire la guerre pour une idée, » ce jour-là, ce fut bien la France qui parla, en faisant entendre ce mot sorti des profondeurs mêmes de son cœur ; mais quand, la guerre arrêtée tout à coup et la paix faite, elle exigea le prix du sang et demanda au peuple qu'on avait secouru, deux provinces qu'il était impossible de refuser, ce ne fut plus elle qui agit, ce furent les chancelleries obéissant à de vieilles idées léguées par des traditions surannées, idées qui poussent à des agrandissements de frontières, au moment où les frontières vont être emportées par les chemins de fer et le libre échange. Pour beaucoup d'autres raisons, qu'il est superflu d'énumérer, la France me paraît avoir eu tort dans cette occurrence, car, tout en augmentant son territoire, elle diminuait, ce qui est grave, l'effet moral de sa belle action qui ne devenait plus, pour ainsi dire, qu'un trafic : tant de soldats pour tant de lieues carrées ! Mais le Piémont, en dehors des circonstances particulières qui lui ordonnaient impérieusement de céder, ne fit-il pas très-bien d'abandonner à sa grande voisine les montagnes de la Savoie et le comté de Nice? Du moment que tout ce qui est Français devait être France, il était implicitement convenu que tout ce qui est Italien devait devenir Italie. L'unification italienne était la déduction logique et forcée de la cession des deux provinces. Le colonel Frapolli, un homme éminent à tous égards, avait parfaitement compris cela quand, dans la séance du parlement de Turin, le 29 mai 1860, à propos de la discussion ouverte à ce sujet, il se tourna vers une tribune occupée par le ministre de France, et s'écria : « *A te, Francese, la Francia intera; a noi, l'Italia una!* A toi, Français, la France entière; à nous, l'Italie une! » Quels que fussent les agrandissements italiens de la maison de Savoie, la France n'avait plus rien à dire, l'événement l'a surabondamment prouvé. Les conséquences de cette annexion ont maintenant frappé les yeux des Italiens les plus prévenus; seul peut-être, aujourd'hui, Garibaldi se refuse à les reconnaître. Et cependant il n'est point douteux que, s'il a pu sortir de Messine, débarquer librement en Calabre, non loin d'une frégate française, s'emparer sans coup férir de la capitale du royaume des Deux-Siciles, chasser le représentant d'une vieille dynastie et réunir ses états aux autres états de l'Italie, c'est grâce à ce traité de cession dont le souvenir saigne encore à son cœur, comme une plaie toujours ouverte. Dans les velléités, heureusement combattues, qu'il eut, dès son entrée à

Naples, de laisser un corps d'armée d'observation devant Capoue, et d'aller à tous risques se jeter sur Rome, c'est encore certainement ce souvenir aigu qui le mal conseillait ; s'il l'eût écouté, il trouvait sa perte et peut-être bien aussi celle de l'Italie tout entière.

Ce ne sont point ces idées qui m'agitaient pendant que je regardais Garibaldi ; je me laissais aller au plaisir naïf de contempler à mon aise ce doux héros qui chantait gaiement les farandoles de son pays. Vers trois heures, on signala un navire de guerre à l'avant de notre bateau, et en effet nous aperçûmes une grande voilure dont le blanc laiteux se perdait dans les brumes du lointain ; mais nous n'avions nulle crainte, car nous naviguions à trois encâblures du rivage, de façon à atterrir en quelques tours d'hélice, et les très-respectées couleurs anglaises se déployaient à notre mât de pavillon. Le navire en vue s'éloigna, disparut, et nous restâmes seuls à voguer près des côtes siciliennes. Après un court repas où, selon son invariable coutume, empruntée à Samson, Garibaldi ne but que de l'eau, chacun fit son lit au hasard pour dormir. Quelques lumières errantes apparaissaient sur la mer obscure: c'était le fanal des pêcheurs qui, penchés sur les plats-bords de leurs barques, harponnent les poissons à coups de trident.

« Qu'est-ce que Melazzo ? » écrivait Napoléon à son frère Joseph, quand il préparait son expédition toujours avortée de Sicile. Si l'on me faisait la même question, je ne saurais que répondre, et cependant j'y suis descendu. J'accompagnai le général Türr, qui y débarqua à minuit pour donner des ordres au chef d'une brigade qui faisait partie de sa division. Je me rappelle une grande rue en pente où se balançait une lanterne solitaire; je me rappelle de jeunes soldats qui dormaient couchés sur la paille; je me rappelle m'être assis imprudemment sur un matelas où maître Floh, le roi des puces, donnait un bal à tous les sujets de son empire; je me rappelle le bruit cadencé d'une patrouille qui passa dans la ville, et c'est tout. Au point du jour, nous étions remontés à bord. Pendant que le bateau appareillait, car il avait jeté ses ancres pour n'être point entraîné par les courants, qui sont rapides en cet endroit, j'aperçus la ville de Melazzo groupée au fond d'une baie, et défendue par un solide fortin assis sur une langue de terre qui commande à la fois la mer et le rivage; de belles verdures pâles montaient en gradins touffus le long d'une colline que le soleil levant argentait de ses premiers rayons. J'étais las, je me roulai dans mon burnous, je m'étendis sur un banc et je m'endormis.

Quand je me réveillai, nous doublions une plate et longue bande de sable terminée par une tour ronde blanchie à la chaux : c'était le Phare, et nous étions arrivés. Les ancres déroulèrent brusquement leurs chaînes, et nous mouillâmes à l'endroit le plus resserré du détroit. En face de nous s'élevait la Sicile, « à l'ombre de l'Etna; » à notre gauche, Messine brillait comme une ville blanche et rose;

à notre droite, la Méditerranée évasait sa vaste nappe bleue ; près de nous, la petite ville du Phare, couchée sur le rivage, à l'abri de ses batteries, retentissait du bruit des tambours et des clairons. Derrière nous, c'était la Calabre avec ses immenses et abruptes montagnes, en haut desquelles fumaient des feux qui étaient des signaux insurrectionnels ; le long de ses rivages, et hors de la portée des canons de notre armée, passaient et repassaient sans cesse deux frégates napolitaines dont les doubles tuyaux inclinés chassaient dans le vent de sombres vapeurs. En face du Phare, près d'une crique couverte de sables blonds, s'élève un rocher conique surmonté d'une forteresse qui semble faire corps avec lui : c'est Scylla. L'antique malédiction des dieux semble défendre encore le monstre, car c'est non loin de Scylla que Paul de Flotte est tombé ! En 1844, j'avais déjà traversé ce détroit de Messine, où je jetais l'ancre en 1860. J'étais alors tout gonflé de ces fortes illusions dont l'écroulement successif nous fait tant regretter notre jeunesse éteinte ; tout me semblait beau, j'avais pour les aspects de la nature des admirations qui me transportaient. Un coucher de soleil derrière des collines, un golfe bleu cerné d'une rive ombragée, une ville blanche endormie dans une alcôve de verdure, un minaret au bord d'un étang, me plongeaient dans des ravissements infinis qui à présent m'ont abandonné, hélas ! et pour toujours. Je regardais banalement et d'une curiosité émoussée ces côtes siciliennes, ces montagnes calabraises, que j'avais contemplées avec un recueillement religieux ; j'y revenais, non plus comme un pèlerin des soleils couchants et des paysages, mais comme un homme auquel la vie a appris sa terrible expérience, et comme l'obscur soldat d'une cause éternelle, la cause de la liberté contre l'oppression, du droit contre la force. Si l'homme que j'étais autrefois avait rencontré l'homme que je suis aujourd'hui sur ces mêmes rivages qu'ils ont foulés tous les deux, je ne sais pas s'ils se seraient reconnus. Qu'aurait pu répondre l'un au *qui vive* de l'autre ?

Garibaldi descendit au Phare, puis nous le vîmes de loin passer en voiture sur la route qui côtoie la mer et rejoint Messine. Il se rendait, sans repos, à Taormina, où il allait inspecter la première brigade qui devait tenter le débarquement en terre ferme. A grand'peine nous nous procurâmes une barque qui, manœuvrée par trois rameurs, nous conduisit assez promptement à Messine, malgré des vagues brisantes et le vent contraire.

II

J'ai gardé un pauvre souvenir de Messine. Je me rappelle une grande ville sale où l'on sonne les cloches jour et nuit ; ce ne sont pas ces jolis carillons hollandais qui, du haut des vieilles cathédrales gothiques, s'envolent dans les airs en notes éclatantes ; ce n'est pas le sourd mugissement de nos bourdons qui répandent l'imposante harmonie de leur appel à la piété : c'est un gros bruit bête et agaçant qui se renouvelle sans cesse, dix fois par heure, sans rime ni raison, comme si les cloches sonnaient toutes seules, pour l'unique plaisir de sonner. Si l'on joint à cela le battement des tambours, le son rauque des trompettes, le chant des volontaires qui passent par bandes dans les rues, les coups de fusil que les Siciliens nouvellement armés tirent à toute minute et sous tout prétexte pour se bien convaincre que leurs fusils sont de vrais fusils, le grincement des chars primitifs traînés par des bœufs, le cri des bourriquiers qui excitent leurs ânes, des cochers qui animent leurs chevaux, des portefaix qui se font faire place, des marchandes piaillardes qui glapissent leurs denrées, de officiers qui commandent, le bruissement régulier des soldats qui font l'exercice, on aura l'ensemble d'un brouhaha fait pour exaspérer les nerfs les plus pacifiques.

J'ai visité les églises, elles n'ont rien de curieux ; on a eu beau mettre dans la cathédrale des colonnes en marbre rouge antique, elle n'en est pas moins laide et restaurée d'une façon si maladroite, qu'elle fait pitié. J'aurais voulu y voir de mes yeux, y toucher de mes mains, la fameuse lettre autographe de la Vierge dont le jésuite Inchoser a prouvé l'irrécusable authenticité dans un volume in-folio écrit tout exprès en 1629 ; mais pour être admis à contempler cette relique, il faut remuer tant de chanoines, tant d'évêques, tant de prélats de toute sorte et de tout rang, que le courage et le temps m'ont manqué. La lettre écrite en hébreu par la mère de Jésus-Christ, a été traduite en grec par saint Paul, et voici dans quelle circonstance. — Je prie le lecteur de croire que je raconte et que je n'invente pas ; du reste, on célèbre tous les ans, à Messine, le 5 juin, la fête de la « lettre sacrée. »

Dans les premiers temps de l'ère chrétienne, saint Paul

abordé, dit-on, en Sicile, et prêchant à Taormina, éleva vers la foi nouvelle l'esprit de tous ceux qui l'écoutèrent. Le bruit des conversions obtenues et des paroles prononcées par le grand Apôtre, arriva jusqu'à Messine, dont la plupart des habitants se rendirent près de lui pour l'entendre, et furent touchés. Revenus dans la ville, ils y firent, à leur tour, des prosélytes qui, chaque jour plus nombreux, résolurent de se mettre directement sous la protection de la Vierge. A cet effet, ils choisirent des députés qui, traversant les mers, allèrent en Palestine demander à Marie de daigner prendre sous sa protection la ville de Messine et ses habitants. Non-seulement la mère de Dieu y consentit, mais elle écrivit *manu propriâ*, une lettre par laquelle elle assurait les Messiniotes de sa bonne volonté particulière, et pour leur en donner une preuve éclatante, elle joignit à sa lettre une boucle de ses cheveux et son portrait.

La lettre existe encore au trésor de la cathédrale, la chevelure précieuse est la plus chère relique de Messine, qui l'appelle : *il sacro capello*. Le portrait n'a pas été détruit, et de temps en temps il fait quelque miracle, comme ce portrait authentique du Christ gardé à Saint-Jean de Latran à Rome, et qui n'est autre, dit la tradition, que le portrait archéiropoïètes envoyé par Jésus lui-même au roi Abgare, qui siégeait alors en la ville d'Édesse. Bien peu de personnes, à Messine, mettent en doute l'origine sainte de la lettre, et c'est à peine si quelques esprits forts osent raconter, à voix basse, que c'est une mystification de Constantin Lascaris qui, après avoir fui la Grèce tombée au pouvoir des Turcs, fut à Milan précepteur d'Hippolyte Sforza, fille du duc Jean, puis secrétaire à Rome du cardinal Bessarion, et enfin professeur très-écouté à Messine, où il mourut en 1493. Les derniers règnes ont prouvé jusqu'à quel degré la tyrannie pouvait descendre, sans danger immédiat, en deçà et au delà du Phare, mais il est certain qu'une révolution eût éclaté immédiatement dans la ville de Messine, si un roi eût osé porter la main sur une de ces deux reliques vénérées : *la sacra lettera, il sacro capello*, qui sont beaucoup plus invoquées et adorées que Dieu lui-même. L'Italie a, du reste, une si étrange façon de comprendre et de pratiquer la religion catholique, que presque partout elle a substitué le culte d'un saint particulier, du *Patron*, à celui du Dieu en trois personnes, à qui cependant tout hommage devrait remonter, puisque, selon le dogme, toute grâce en découle. Le nom des saints associé souvent de la plus inconcevable manière aux idées sociales et politiques, devient même, dans certaines circonstances, un mot de ralliement qu'on se jette au milieu des combats. A la prise de Palerme, les Palermitains criaient : *Vive sainte Rosalie !* Les lazzaroni se sont souvent soulevés, et spécialement contre les Français, en criant : *Vive saint Janvier !* A Venise, le peuple, guidé par Manin, a expulsé les Autrichiens au cri de : *Vive saint Marc !* Et dans la même occurrence, toute la ville de Padoue a crié: *Vive saint Antoine !* De quel étonnement n'aurions-nous pas été frappés si, dans les révolutions auxquelles nous avions déjà assisté, nous avions entendu les Parisiens crier : *Vive sainte Geneviève!*

Notre armée n'était point irréligieuse, et tous les dimanches, chaque brigade, précédée de sa musique, s'en allait entendre la messe. De ma fenêtre, je voyais passer nos jeunes soldats, un peu débraillés, vêtus d'une couleur plutôt que d'une façon uniforme, marchant en rangs souvent mal alignés, causant entre eux, interpellant les passants, coiffés au hasard de leur fantaisie, mais gais, vifs, alertes, poussant l'élément *bon enfant* aussi loin que possible, plus subordonnés que disciplinés, rentrant difficilement à l'heure de la retraite, mais accourant à la première sonnerie d'alarme, et rappelant d'une façon frappante ces petits gardes mobiles qui ont tant occupé Paris en 1848. A ce moment, l'armée méridionale pouvait compter quinze mille hommes sous les armes, répartis en trois divisions commandées par les généraux Türr, Medici et Cosenz. Plus tard, lorsque les renforts envoyés par le comité de Gênes et les recrues des Calabres eurent augmenté nos troupes, deux nouvelles divisions furent créées sous les ordres de Sirtori et de Nino Bixio. Le principal noyau de cette armée, exclusivement composée de volontaires, était représenté par les Italiens du nord. Tous les jeunes gens de la Vénétie qui avaient pu échapper à la surveillance excessive de la police autrichienne étaient parmi nous; la ville de Milan avait envoyé un très-beau corps de *bersaglieri* qui rivalisaient de valeur et d'entrain avec les *bersaglieri* génois, si admirés aux combats de Calatafimi et de Melazzo. Les deux villes guerrières de la Lombardie, Bergame et Brescia, n'avaient point démenti leur glorieuse renommée, et les meilleurs parmi leurs fils étaient près de Garibaldi. Les habitants des États romains étaient accourus aussi se ranger sous la bannière verte, blanche et rouge ; on les reconnaissait à la sonorité de leur langage et à la façon vraiment héroïque dont ils supportaient la fatigue. Nous avions encore beaucoup de Toscans, très-jeunes pour la majeure partie et d'une admirable fermeté dans l'action. Modène et Parme n'avaient point fait défaut non plus, et l'on peut dire que la patrie italiennne tout entière avait tenu à honneur d'envoyer ses enfants affranchir la portion d'elle-même qui attendait la délivrance. L'élément étranger n'était pas absent : nous comptions sous la chemise rouge beaucoup de Hongrois, quelques Allemands, une centaine de Français, des Suisses en assez grande quantité, peu de Polonais, une dizaine de Russes, et des Anglais, nombreux surtout parmi les officiers. Quant à la légion anglaise, forte de douze cents hommes équipés et armés par les souscriptions de l'Angleterre, et dont on a beaucoup parlé, elle ne nous rejoignit que plus tard à Naples, vers le milieu du mois d'octobre.

On avait essayé d'éveiller l'esprit militaire parmi les populations siciliennes ; mais c'était une tâche difficile, et l'on échoua. On eut beau s'appuyer sur le sentiment national, faire sonner à tous les cœurs les grands mots de patrie et de liberté : la Sicile fut sourde. Et comment aurait-elle entendu? Depuis des siècles, elle a été tant battue et tant torturée qu'elle n'était plus pour ainsi dire qu'un cadavre. Il faut donner à ce Lazare le temps de sortir de son tombeau avant de lui demander de faire acte de vie. En l'absence de cet enthousiasme qui, à certains moments de l'histoire des peuples, les pousse vers le danger comme vers un devoir impérieux, on décréta l'enrôlement forcé, et l'on se recruta ainsi d'une troupe qui, si elle ne fut pas toujours très-brillante dans le combat, donna du moins de grandes preuves d'énergie et de résignation dans la fatigue.

J'ai entendu certaines gens blâmer avec amertume les Siciliens, et leur appliquer des épithètes violentes que je ne répéterai pas, car elles ne rendraient nullement ma pensée. On a été trop sévère, et l'on n'a pas tenu compte de l'effroyable tyrannie, énervante et abrutissante, à laquelle ce malheureux peuple venait d'être inopinément arraché. C'est tout au plus s'il en croyait ses yeux. Dans les rues, il nous regardait passer avec étonnement, il ne savait quelle contenance avoir ; il eût bien voulu battre des mains, mais il avait peur de se compromettre, car « le Bourbon pouvait revenir. » Pour lui, la police, — le seul gouvernement qu'il ait jamais connu, — est partout, dans la rue, dans la maison, à la campagne, sur la mer. Comme Angelo, il pouvait dire : « J'entends des pas dans mon mur ! »

D'autres ont raconté, avec preuves à l'appui, les femmes fouettées, les hommes emprisonnés, exilés, confisqués, la pensée persécutée partout où elle essayait de rouvrir ses yeux brutalement fermés : je n'ai donc pas à y revenir. Le système gouvernemental des Bourbons de Naples avait réussi non-seulement à irriter les peuples, mais à inquiéter les rois, qui crurent devoir faire des observations justifiées par l'état des choses. Le roi Ferdinand, qui emportera vers la postérité le terrible surnom de *Bomba*, ne voulut rien entendre : il fut inexorable dans son système. Il était roi de droit divin, et ne devait compte de ses actions qu'à Dieu, de qui seul il relevait. Il continua donc à gouverner selon son bon plaisir, n'appelant dans ses conseils que sa propre volonté. En cela, il fut conséquent à son principe, et poussa la logique jusqu'à des actes injustifiables. Aucune des iniquités qu'il a accomplies n'a pu même atteindre et troubler sa conscience, car il avait obtenu de celui qui lie et qui délie pour la terre et pour le ciel des indulgences plénières et quotidiennes. Ainsi il échappait même à Dieu. On devine à quel excès de pouvoir un homme peut être conduit, même de bonne foi, par de semblables doctrines infusées dès l'enfance, exaltées par un entourage intéressé, si bien liées à l'âme, qu'elles en sont devenues parties intégrantes, surtout quand, pour les appuyer, les faire valoir ou les défendre, on a des budgets et des armées. Est-il étonnant alors que tout ce qui ne les subit pas aveuglément soit considéré comme anarchique et révolté? « Tout ce peuple est à vous, » disait le duc de Villeroy à Louis XV enfant. Qu'attendre d'hommes instruits de cette manière ?

Le jeune François II fut sévèrement élevé dans ce système, en dehors duquel son père ne comprenait pour un souverain ni morale ni religion. Entre le peuple et son roi, il n'y avait en quelque sorte que deux intermédiaires, l'agent de police et le prêtre : l'un qui rétrécissait et régularisait violemment la vie jusqu'à la rendre automatique, l'autre qui guidait l'âme dans les voies de la servitude absolue. « Le roi est le représentant de Dieu sur la terre, la révolte contre le roi n'est autre que la révolte contre Dieu, et elle entraîne la damnation éternelle. » Quand un peuple a été dirigé par de pareilles maximes, répétées pendant des siècles du haut d'une chaire pleine d'autorité, et qu'en vertu de ces mêmes maximes on l'a fait souvent changer de maîtres, il est bien difficile de trouver en lui des ressorts vigoureux et un cœur prêt aux grandes choses ; les Bourbons de Naples gouvernaient la Sicile par l'abrutissement et la violence comme certains médecins traitent leurs malades par l'opium et la saignée : la vitalité s'épuise ainsi, le peuple tombe insensiblement dans une atonie voisine de la mort ; il faut bien des événements et bien du temps pour le réveiller, et encore, quand il est réveillé, n'est-il pas toujours capable d'agir immédiatement. Il n'y a donc pas lieu de s'étonner que l'esprit militaire n'ait point apparu chez les Siciliens aux premières heures de leur liberté nouvelle ; la conscription n'existait pas parmi eux, et nul ancien soldat regagnant ses foyers n'était venu échauffer leur amour-propre en leur racontant ses campagnes et la vie de garnison ; par suite de sa politique défiante, le gouvernement de Naples évitait avec un soin méticuleux de prendre des recrues dans la Sicile, qui de fait était exempte du service militaire. Ces pauvres gens le disaient eux-mêmes avec une simplicité touchante : « Nous ne savons pas ce que c'est que d'être soldats ; mais cela viendra avec l'habitude, et plus tard nous nous battrons aussi bien que d'autres. » Ils faisaient preuve de bonne volonté, c'est déjà beaucoup, et c'est tout ce qu'on était en droit de leur demander.

Quand ils seront devenus les soldats d'un état libre, les Siciliens oublieront peu à peu les exemples d'indiscipline et de pillage que les Napolitains leur ont donnés pendant si longtemps, car les généraux qui commandaient les troupes n'avaient point cette loyauté qui seule peut rassurer contre les abus où entraîne facilement la suprématie militaire. Nous en eûmes bientôt nous-mêmes une preuve qu'il est bon de ne point passer sous silence. En vertu de la convention signée le 28 juillet 1860 entre le maréchal de camp Thomas de Clary, pour le roi François II, et le major-général Jacob Medici, pour le dictateur Garibaldi, il avait été stipulé que la ville de Messine avec ses forts serait remise à l'armée méridionale, à l'exception de la citadelle, des forts don Blasco, della Lanterna et San-Salvadore, qui restaient en possession des troupes napolitaines, « à la condition pourtant de ne pouvoir, en quelque éventualité que ce soit, causer des dommages à la ville, si ce n'est dans le cas où ces ouvrages seraient attaqués et où des travaux d'approche seraient construits dans la ville même. Ces conventions posées et maintenues, la citadelle s'abstiendra d'ouvrir le feu contre la ville jusqu'à la cessation des hostilités. » La citadelle et les forts dont je viens de parler forment les défenses maritimes de Messine, et sont isolés de la ville, qu'ils commandent cependant et peuvent facilement réduire. Toute la cité, avec les forts Gonzaga et Castellacio, était en notre pouvoir, ainsi que la route qui va de Messine au Phare, et le Phare lui-même ; mais le Phare était en dehors de la convention : il était incessamment canonné par les vaisseaux napolitains, auxquels répondait victorieusement le feu de ses batteries. Un jour, une frégate sortit du port militaire de Messine, hissa pavillon français, et vint prendre position devant les ouvrages du Phare, comme pour les examiner à loisir. On crut que c'était une des frégates de l'escadre française qui voulait se rendre compte des travaux poursuivis sans relâche pour mettre la très-importante position du Phare à l'abri d'un coup de main. Non-seulement on ne prit aucune précaution contre elle, mais nos soldats, jeunes et curieux, accoururent pour mieux voir ses évolutions. Tout à coup elle lâcha sa bordée de bâbord, vira de bout en bout, lâcha sa bordée de tribord, hala bas le pavillon français, arbora les couleurs napolitaines, et s'éloigna à toute vapeur. On reconnut alors la frégate royale *il Borbone*. Quarante-huit de nos hommes étaient restés morts sur place, victimes de cet attentat. Le lendemain, un bâtiment marchand français nolisé pour le compte du gouvernement napolitain, parti de Messine et entraîné par les courants, parut, dans ses manœuvres maladroites, vouloir se rapprocher du Phare. Nos artilleurs, dont la défiance et l'exaspération étaient fort excitées depuis l'événement de la veille, envoyèrent quelques boulets au malencontreux navire, qui se hâta de rallier le port. Le commandant jeta les hauts cris, parla du droit des gens violé en sa personne, fit d'autant plus de bruit que ni son bateau, ni son équipage n'avaient été atteints par les projectiles, et alla se plaindre au consul de France, qui, sachant Garibaldi absent, demanda des explications au général Türr, commandant la première division de l'armée méridionale. Je fus chargé par le général d'aller porter des explications au consul ; elles furent faciles à donner, accueillies immédiatement avec une bonne grâce charmante, et mirent fin à un malentendu dont la faute première ne pouvait vraiment pas nous être imputée, à nous, qui avions été si cruellement victimes de la ruse napolitaine.

Malgré la convention que j'ai citée plus haut, les alertes n'étaient point rares ; un espace neutralisé de 20 mètres seulement séparait nos grand'gardes de celles de l'ennemi ; elles échangeaient des coups de fusil pour se distraire. La fusillade se généralisait, gagnant de proche en proche sur toute la ligne ; les feux de peloton succédaient aux feux de file ; des bataillons de renfort arrivaient au pas de course, les balles volaient à travers les ténèbres. Cela durait jusqu'à ce qu'un officier supérieur arrivât, d'un côté ou de l'autre, pour faire cesser la bagarre. On ramassait un ou deux morts et quelques blessés, on mettait aux arrêts l'officier qui commandait les avant-postes, et tout était fini pour recommencer le jour suivant.

Le 20 août, nous eûmes une sorte de fête de famille. A l'occasion de son retour en Sicile, le général Türr avait réuni dans un dîner tous les officiers de sa division présents à Messine, la plus nombreuse et la plus importante de l'armée méridionale. Ce dîner, qui concordait avec la fête de saint Étienne de Hongrie, eut lieu dans le palais qui servait de quartier au colonel-brigadier Eber et à son état-major. On fut exact au rendez-vous, je n'ai pas besoin de le dire ; les généraux Sirtori et Medici s'assirent aux côtés du général Türr, et cent cinquante officiers environ, tous vêtus de la blouse rouge, prirent place à une énorme table en forme de fer à cheval. Au dessert, le lieutenant-colonel Spangaro porta un toast au général Türr ; celui-ci répondit quelques paroles qu'il termina en disant : «Nous, les Hongrois, nous sommes en Italie cette année ; mais à vous, Italiens, je donne rendez-vous plus tard sur les bords du Danube!» Le rendez-vous fut accepté au milieu des *el jen* et des *evvtva*.

L'excellente musique de la brigade Eber jouait sous les fenêtres, à la plus grande joie des habitants de Messine, accourus pour l'entendre. Après le dîner, de jeunes officiers animés par les valses et les mazurkas qui jetaient leurs notes allègres au milieu du bruit des conversations, se prirent par la taille et se mirent à danser. L'idée de profiter de la circonstance pour improviser un bal arriva naturellement à l'esprit de quelque Magyar. En Hongrie, on se repose des fatigues de la semaine en dansant le dimanche depuis midi jusqu'à minuit. Une permission vite accordée fut demandée au général Türr, et tous ces jeunes gens s'en allèrent frapper aux maisons voisines et y réclamer des danseuses. Les femmes s'habillèrent à la hâte, les maris revêtirent leur redingote de cérémonie, les marmots débarbouillés furent ornés de collerettes blanches, et bientôt nous vîmes apparaître et défiler devant nous des familles consternées qui semblaient venir au bal comme on marche à l'échafaud. L'autorité des chemises rouges s'était naturellement substituée dans la ville à l'autorité des agents du roi de Naples; mais l'effroi de l'autorité, quelle qu'elle fût, était si vivace encore chez ces pauvres gens longtemps opprimés, que nul d'entre eux n'avait osé refuser de se rendre à cette invitation imprévue. Ils étaient venus ensemble, le père, la mère, les enfants, comme s'ils avaient voulu ne point se séparer dans cet instant solennel et mourir ensemble. Ils passaient sérieux et résignés devant nous, cherchant à donner à leur contenance quelque chose de martial qui ne doit pas abandonner les gens de cœur au moment du péril; ils s'asseyaient gravement, se pressaient involontairement les uns contre les autres, et regardaient de tous leurs yeux ces jeunes hommes vêtus de rouge, dont le rire loyal et généreux ne les rassurait qu'à moitié.

On avait fait monter la musique. Les musiciens, pour

prendre des forces et se désennuyer, buvaient à qui mieux mieux du vin de Syracuse, absolument comme les jeunes seigneurs des drames moyen âge qui jadis ont tant captivé notre jeunesse. On venait de commencer le prélude d'une valse : nos danseurs, tenant les femmes par la main et par la taille, se balançaient déjà, prêts à s'élancer, quand un officier, qui était près d'une fenêtre ouverte, fit un signe de silence; la musique se tut, chacun s'arrêta; on prêta l'oreille, et dans le lointain on entendit la crépitation des coups de fusil. Il y avait une alerte aux avant-postes; beaucoup d'entre nous s'armèrent et y coururent. Malgré le vide laissé dans nos rangs par ce brusque départ, on allait tenter de renouer le bal interrompu, lorsqu'un aide de camp entra et remit une lettre au général Türr. C'était l'ordre d'envoyer immédiatement la brigade Eber au Phare, où elle attendrait l'occasion de s'embarquer pour la terre ferme. Tout ce qui restait d'officiers prit ses sabres, ses képis, et se précipita dehors pour faire ses préparatifs. Les malheureux Messiniotes n'y comprenaient plus rien; il ne restait en face d'eux que les musiciens, qui buvaient toujours, et quelques ordonnances qui déjà commençaient à éteindre les bougies. Le plus hardi parmi les invités se leva, prit sa femme sous le bras, son enfant par la main, et s'éloigna avec dignité; tous les autres l'imitèrent, et je suis persuadé que, rentrés chez eux, ils respirèrent pour la première fois de la soirée, et se félicitèrent mutuellement d'avoir échappé à un si grand péril.

III

Le lendemain, à cinq heures, au moment où nous allions nous mettre à table pour dîner, un coup de canon retentit vers la citadelle, puis un second, puis un troisième. Dans la rue, on fermait les portes, on poussait les volets contre les devantures des boutiques, tout le monde se sauvait en courant, et les têtes effarées apparaissaient aux fenêtres. Des sonneries de clairons appelaient aux armes dans tous les échos. A travers des détonations rapprochées qui se succédaient régulièrement, nous entendîmes le sifflement d'une bombe. Cette fois, ce n'était pas une simple alerte, et, malgré la convention, la citadelle bombardait la ville. On courut aux avant-postes ; le major Carissimi, envoyé en parlementaire, ne put réussir à faire cesser le feu ; le général Türr, accompagné de Medici et de six officiers, se porta immédiatement vers la forteresse pour s'en faire ouvrir la porte ; il fut accueilli par deux feux de peloton consécutifs qui, par miracle, n'atteignirent personne. Le général Medici, précédé d'un trompette et d'un guide portant pavillon blanc, put enfin pénétrer dans la citadelle ; c'est lui qui avait signé la convention du 28 juin, et c'est à lui qu'il appartenait plus qu'à tout autre d'aller en rappeler les clauses, toujours scrupuleusement observées par nous. Le commandant de la place s'excusa comme il put, déclara qu'il n'avait pas été maître de tempérer l'ardeur de ses soldats, et donna des ordres pour mettre fin à cette violation brutale du pacte conclu. On éteignit en grande hâte une ou deux maisons qui flambaient déjà; on ramassa deux sentinelles, un vieux portefaix, un petit enfant, trois ânes et un chien qui avaient violemment passé de vie à trépas, et nous allâmes reprendre notre dîner interrompu. Cependant la ville restait troublée, les promeneurs étaient rares, les quais déserts, les visages inquiets : qui garantissait qu'un pareil attentat ne se renouvellerait pas? On colla sur les murs un distique où il était question de *fide punica* et de *fide borbonica*. Il est juste de dire que, quoique terrifiée à bon droit par cette attaque inopinée, la population ne fit point mauvaise contenance ; la garde nationale, marchant en bel ordre, se répandit dans les rues pour mettre obstacle à la panique et empêcher autant que possible l'alarme de trop se propager. Je n'en attendais pas autant du peuple de Messine, qui n'avait guère aidé à la révolution sicilienne qu'en jetant bas quelques statues royales et en grattant des écussons. Ce jour-là le ciel semblait s'être entendu avec les hommes pour faire fracas, car à peine le bombardement avait-il pris fin qu'un orage, chassé par un coup de vent de sirocco entre les montagnes de la Calabre et celles de la Sicile, vint s'amasser dans le détroit. De larges nuées retentissantes s'amoncelaient au-dessus des côtes calabraises, qu'elles cachaient à nos yeux; des éclairs ouvraient les profondeurs lumineuses du ciel, et comme pour apprendre aux canons l'inanité de leur bruit, le tonnerre tomba deux fois près de la citadelle. Des torrents d'eau éteignirent les fulgurations de la tempête, et, s'écoulant à travers les rues dallées de la ville, entraînèrent vers la mer ces monceaux d'ordures que l'incurie italienne laisse accumuler devant toutes les portes. Le soir, avant de rentrer au quartier, j'eus la curiosité d'aller jusqu'aux avant-postes. Les quais, ordinairement si peuplés pendant la fraîcheur de la nuit, étaient vides et mornes; à peine çà et là un passant attardé les traversait rapidement; les cafés, où d'habitude nos bruyants soldats prenaient des glaces en chantant, étaient fermés; la flamme des réverbères remuée par le vent jetait ses reflets mobiles sur les dalles humides et luisantes; dans le port, les matelots d'un navire viraient au cabestan et psalmodiaient une de ces traînantes mélopées qui, dans l'obscurité, au-dessus des flots, ressemblent à un chœur de dieux marins. Tout cela était triste et grave

En face de la citadelle, qui sur la nuit sombre découpait sa sombre silhouette, je trouvai nos sentinelles immobiles, l'arme au pied, l'oreille tendue, l'œil aux aguets. « Qu'est-ce qu'il y a de nouveau? dis-je à un officier anglais qui venait de faire sa ronde aux grand'gardes. — Rien, me répondit-il ; *all right !* »

Vers le point du jour, avant que les chaleurs d'août eussent embrasé le ciel, je montai en voiture pour aller au Phare ; la route commence aux quais de Messine et ne quitte plus le bord de la mer, qu'elle côtoye tantôt sur une chaussée, tantôt sur le sable même. Des villas précédées de promenoirs couverts de vignes, escortées de pins-parasols et d'azeroliers, s'appuient aux coteaux et font bonne figure dans ce grandiose paysage, composé par les flots bleus de la Méditerranée, les montagnes de la Sicile et celles du continent, enveloppées de ces limpides atmosphères que l'Orient connaît seul. Et cependant ce n'est pas l'Orient, ce n'est qu'une Italie plus chaude, plus personnelle, plus sarrasine. Le long de la route, je vois bien des haies de nopals qui épattent leurs larges raquettes épineuses où se dresse un calice d'or à pistils d'argent, je vois les aloès qui recourbent leurs feuilles meurtrières semblables au soc des charrues primitives, je vois les cassis découpés dont les petites boules jaunes jettent dans les airs un parfum de vanille ; mais où sont les cigognes voyageuses? Où est le minaret bulbeux de la mosquée entourée de fontaines? Où sont les palmiers dont la voix parle si tristement dans le vent qui passe? Où sont les montagnes roses comme du miel ? Où est le grelot des caravanes ? En un mot, où est cette forte poésie pittoresque qui est restée ineffaçablement gravée au cœur de tous ceux qui l'ont aspirée ? Ici je ne vois qu'une sorte de poésie intermédiaire et bâtarde qui sert pour ainsi dire de transition entre les prosaïques splendeurs de l'Europe et les rêveries lumineuses de l'Orient.

. Comme je traversais le village *della Pare* et que je commençais à m'endormir paresseusement sur les coussins de la voiture, à l'ombre de la capote rabattue, je fus tiré de ma somnolence par des détonations qui retentirent vers ma droite. Une frégate et un brick de la marine napolitaine canonnaient le Phare, qui ripostait de toutes ses batteries; les forts de la terre ferme s'en mêlèrent, et à une prodigieuse distance envoyèrent des projectiles qui éclattaient sur les rivages siciliens. La frégate, surmontée par la fumée brune de son charbon, entourée par la fumée blanches de ses caronades, entièrement disparue dans un nuage qu'ouvrait la lueur rapide des coups de canon, ressemblait de loin à un immense incendie brûlant et fumant tout seul au milieu de la mer. Les boulets, ricochant sur les vagues, en faisaient jaillir d'énormes colonnes d'eau qui retombaient en gerbes. Bientôt les deux navires ne furent plus qu'une montagne de fumée d'où sortaient des éclairs ; leur feu se tut; un coup de vent passa qui enleva cette brume de poudre brûlée ; la frégate reparut subitement, comme dans une évocation, avec son fin grément noir ; elle se dirigea vers les côtes de Calabre, et fut en quelque instants hors de la portée de nos pièces.

Quand j'arrivai au Phare, je trouvai les troupes sous les armes, échelonnées de distance en distance et prêtes à repousser un débarquement dans le cas, peu probable, où les Napolitains eussent osé le tenter. Le rapide combat auquel je venais d'assister, en lointain spectateur, n'avait pas eu pour nous de suites très-graves : une trentaine de nos hommes, atteints par les boulets, venaient d'être transportés aux ambulances; une baraque de cantinier brisée étalait grotesquement sur le sable, à côté de son *rosolio*, de son *sambucco*, de son café répandus, des débris de carafes cassées et de marmites effondrées. Le pauvre diable de cantinier, plus mort que vif, racontait à tout venant le danger auquel il avait échappé, grelottait encore de peur, et regardait piteusement ses ustensiles fort mal accommodés.

Deux petits lacs, situés à la base de cette langue de terre dont le Phare occupe l'extrémité, avaient été réunis entre eux et ensuite joints à la mer par un canal que Garibaldi avait fait creuser. De la sorte il avait, à l'abri de toute attaque et exposé seulement au hasard des projectiles perdus, un bon port qui contenait toutes les barques dont il comptait se servir pour faire passer son armée sur le continent. Ces barques étaient peu rassurantes, au nombre de deux cent cinquante environ, petites, pouvant contenir une trentaine d'hommes chacune, et si faible de bordage qu'il leur eût été impossible de résister à l'artillerie. Quelques-unes, garnies sur trois côtés d'une balustrade de planches, étaient destinées à transporter les chevaux et au besoin les pièces de canon. Elles étaient vides à l'heure présente, rangées en belle ordonnance, côte à côte, gardées par des sentinelles et servaient de reposoirs aux hirondelles qui rasent les eaux du lac. Quelques jeunes volontaires assis sur le rivage pêchaient mélancoliquement à la ligne, et condamnaient ainsi leur chemise rouge à des occupations pacifiques qu'elle n'avait certainement pas prévues.

Dans la plaine plantée de figuiers entrelacés de vignes, nos volontaires avaient établi leur campement; des cabanes en paille, des gourbis de feuillage, des couvertures suspendues aux branches en guise de tentes, leur servaient d'abri contre les dangereuses chaleurs d'un soleil caniculaire. « Pendant le mois brûlant de Sravana, disent les Hindous, le dieu Sourya, fils de Kasyapa et d'Aditi, ne lance que des flèches empoisonnées. » Ce fut sous un figuier, à l'ombre d'un toit improvisé avec des tiges de maïs liées entre elles, que je déjeunai en compagnie du commandant (depuis colonel) Louis Wincler, auquel j'étais venu serrer la main. A Venise, le 18 mars 1848, lieutenant autrichien dans une compagnie de Croates, Louis Wincler s'était résolûment jeté devant ses hommes prêts à faire feu sur la foule et leur avait crié : « Vous me tuerez avant de tirer sur ce peuple sans armes ! » Dès lors il avait quitté le service de la maison de Habsbourg et s'était consacré aux libres causes de l'indépendance, où le poussaient son intelligence, son cœur généreux et la fermeté de la grande race hongroise à laquelle il appartient. Quand le gouvernement provisoire de Venise, représenté par Manin, Graziani et Cavedalis [1], décréta la formation d'une légion magyare, ce fut naturellement à Wincler qu'on en offrit le commandement. Son énergie, sa bravoure et ses remarquables aptitudes militaires rendirent d'éminents services pendant ce siége mémorable, qui aurait dû valoir à Venise une liberté qu'elle a méritée depuis longtemps. De ce jour, Wincler n'a point démenti son dévouement; partout où un peuple a crié : « Liberté, » partout où l'on a attaqué cette préfecture de police qu'on appelle le gouvernement autrichien, il a été présent, et ceux qui l'ont vu passer près des murs de Capoue, une balle au front, aveuglé par le sang, sur un cheval blessé de trois coups de feu, savent comment il comprend son rôle de volontaire de l'indépendance.

Après avoir fait une visite au général Orsini, commandant supérieur de l'artillerie, qui, avant l'attaque de Palerme, fit cette singulière marche sur Corleone, par laquelle Bosco

---

[1] Le décret, daté du 23 octobre 1848, était précédé du protocole suivant : « Considérant que l'Italie et la Hongrie doivent faire cause commune parce qu'elles poursuivent le même but, l'indépendance nationale, et qu'il y a opportunité à manifester ouvertement la fraternité qui règne entre les deux nations, etc. » *Documents et pièces authentiques laissés par Manin.* » Planat de La Faye, tome I*er*, page 473.

et ses Napolitains se laissèrent duper d'une façon si plaisante, je parcourus les ouvrages du Phare : ils consistaient en plusieurs solides batteries armées de pièces de gros calibre, et qui étaient parfaitement en mesure de répondre aux canonnades lointaines, dirigées sur elles par les frégates et les forteresses de terre ferme ; mais ces batteries auraient-elles pu résister à un débarquement appuyé par des navires embossés près du rivage ? J'en doute. La basse grève du Phare est facilement abordable pour des bateaux plats ; elle était sans défense du côté de la Méditerranée, protégée seulement par nos troupes qu'un combat d'infanterie eût forcées de se montrer à découvert, et éloignée de Messine, son lieu de ravitaillement, de plus de trois lieues. Un corps d'armée jeté en arrière du Phare, pendant que des vaisseaux l'eussent attaqué par devant, pouvait prendre toutes nos positions à revers et nous jeter dans le détroit. Les Napolitains n'y pensèrent, ne l'osèrent ou ne le voulurent pas. Michelet a raison, Garibaldi est heureux, et si jamais homme eut une étoile, c'est lui !

Les attaques comme celle qui venait d'avoir lieu étaient fréquentes ; elles se renouvelaient presque toutes les nuits, et il ne se passait guère de jour sans que l'on échangeât des coups de canon avec la croisière, composée de deux frégates et de plusieurs bricks à vapeur. Voulait-on faire ainsi de sérieuses démonstrations contre le Phare ? Je ne le crois pas. On voulait, nous tenant constamment en alerte, nous menaçant sans relâche d'une affaire qui pouvait devenir grave et tourner mal pour nous, forcer Garibaldi à conserver ses troupes sur les côtes siciliennes et l'empêcher de tenter le débarquement dans la Calabre ultérieure première, dont les montagnes semblaient nous convier et nous attendre. Ruse si grossière ne pouvait prendre un homme tel que Garibaldi, qui, en dehors de ce sens droit et bon conseiller qui jamais ne l'abandonne, semble, dans son long séjour en Amérique, avoir emprunté aux Peaux-rouges quelque chose de leur prodigieuse finesse. Aussi les préparatifs de débarquement se continuaient avec activité, et nous mêmes nous regardions avec envie du côté de cette terre italienne où tendaient tous nos vœux.

Deux cents hommes y étaient déjà depuis plus de quinze jours, seuls, sans communications avec nous, perdus à travers les monts inaccessibles, tenant la campagne malgré les corps d'armée qui les environnaient, et nous dénonçant leur présence par la haute fumée de leurs signaux de feu. C'est Missori qui commandait ces braves, et jamais plus hardi capitaine ne fut mieux choisi pour si aventureuse expédition. Missori est ce qu'on appelait jadis un raffiné. Il est fort jeune, très-recherché dans sa mise, d'une élégance un peu nonchalante, causeur aimable, fort intelligent, et projetant au delà des événements une pensée lointaine toujours juste et souvent pleine de grandeur. Il est né à Milan, mais depuis longtemps il n'est plus Lombard, il est Italien. En 1848, il avait quatorze ans, il se sauve de son collége et va faire le coup de fusil contre les Autrichiens en

chantant : *Va fuori, straniero!* De ce moment, sa famille
mit à le surveiller une insistance extraordinaire ; mais le
jeune homme, j'allais dire l'enfant, la déjouait toujours, et
un beau matin on trouvait la chambre vide et la fenêtre
ouverte. L'oiseau avait pris le chemin des airs. Où était-il ?
En Crimée, à Como, à Marsala, à Calatafimi, en tout endroit où un Italien se battait pour l'agrandissement moral
ou politique de sa patrie. A Melazzo, jeté bas de son cheval
troué d'un boulet, il tue de trois coups de *revolver* trois
cavaliers qui entouraient Garibaldi, et brûle la cervelle à un
quatrième, qui déjà le tenait lui-même à la gorge. Quand
on lui parle de cet exploit, il rougit comme une fillette de
quinze ans et détourne la tête en baissant les yeux. Ceux
qui ont été souvent aux bains d'Aix en Savoie, se rappellent peut-être un jeune homme triste, très-doux d'attitude, qui, pendant que l'on dansait, s'asseyait volontiers
près des femmes et ne leur parlait que de l'Italie, quand,
souvent peut-être, elles s'attendaient à une autre conversation ; c'était Missori, qu'on avait surnommé le petit Milanais
aux yeux bleus. Des femmes qui l'ont vu ainsi et auxquelles
j'en ai parlé m'ont dit : Quoi ! ce jeune homme ! est-ce
possible ? — C'est lui-même, avec sa voix douce, avec son
regard de gazelle, avec sa démarche qui semble toujours
trahir une insurmontable lassitude, c'est lui qui était le
héros de notre jeune armée, et qui maintenant n'a rien à
envier aux plus vieux braves que la gloire a consacrés. Il a
gardé pour lui seul, et dans le secret de son âme, le sou-

venir des fatigues, des difficultés, des misères, des périls qu'il eut à supporter pendant cette campagne de quinze jours, où, loin de nous et sans nouvelles peut-être, il put un moment se croire abandonné.

Nous pensions à lui, et il était rare qu'on s'abordât sans se dire : Que devient Missori ? Mais pour le rejoindre la route était pleine d'embûches et presque fermée. Quatre forteresses armées de pièces à longue portée défendaient le détroit, et rendaient, jusqu'à un certain point, la côte de Calabre inabordable par son rivage qui fait face à la Sicile ; ces forteresses sont, du sud au nord, Alta-Fiumara, Punta-del-Pizzo, Torre-Cavallo, et enfin la formidable Scylla qui, seule en 1808, avait tenu trente-huit jours contre le corps français commandé par le général Reynier. De plus, les bâtiments de guerre napolitains, auxquels nous n'avions nul vaisseau à opposer, croisaient jour et nuit et faisaient bonne garde de la pointe de Reggio à la pointe de Scylla ; il fallait tromper la surveillance et agir de ruse, puisque la force ouverte nous était interdite, car elle nous eût exposés à des dangers sans bénéfices. On attendait, on avait confiance, on regardait vers la Calabre sans pouvoir secouer l'ennui tenace qui naît de l'incertitude, et, pour me servir d'une expression populaire fort énergique, « on se mangeait le sang. » On n'avait guère d'autres sujets de conversation ; le verbe « passer » avait pris tout à coup la signification de « partir de Sicile, traverser le détroit et débarquer en terre ferme. » Quand passe-t-on ?

était la question incessante répétée par les officiers aussi bien que par les soldats. Les bruits les plus contradictoires couraient par la ville, et chaque jour on était certain d'être réveillé par une nouvelle fraîchement éclose, qui ne tardait pas à être démentie. L'anxiété de notre attente se nourrissait de tous les bruits que l'absence de Garibaldi exagérait encore. Où était-il? A Melazzo, à Taormina, à Palerme, en Calabre, à Naples même? On ne savait.

Ces prétendues lenteurs et l'ignorance nécessaire où nous étions des projets du dictateur nous fatiguaient outre mesure et exaspéraient les plus impatients, qui demandaient le passage coûte que coûte. Quelques-uns avaient même imaginé cette belle folie de s'emparer, par persuasion ou par force, d'une frégate piémontaise qui stationnait dans le port de Messine, et de s'en servir pour opérer notre débarquement; le raisonnement sur lequel on s'appuyait pour proposer ce coup de main était curieux, et ne manquait pas d'une certaine subtilité. « La cause que nous représentons est celle de l'Italie entière, — le Piémont fait partie de l'Italie, — nous avons donc le droit de nous servir des forces du Piémont pour le plus prompt et le plus grand bien de l'Italie. » Cet appel à l'italianisme forcé ne fut heureusement pas entendu; quelques meneurs seuls voulurent se rendre à bord de la frégate piémontaise, mais le commandant refusa de les recevoir, et ce fut là que s'arrêta cette tentative, qui, si elle avait été poussée plus loin, aurait pu amener d'inextricables complications, car les liens se relâchaient déjà singulièrement entre les deux grands Italiens, Cavour et Garibaldi.

Ce dernier ne se reposait guère ; il combinait ses moyens d'action, faisait simuler des débarquements sur les côtes calabraises, de façon, en tenant les royaux en haleine sur plusieurs points à la fois, à les contraindre à diviser leurs forces ; il guettait l'occasion favorable, ouvrait l'oreille à tous les bruits venus de la terre ferme, regardait vers quelle montagne fumaient les signaux de Missori, et, quand on se permettait de l'interroger, répondait : Bientôt !

IV

Les nouvelles se succédèrent enfin coup sur coup, vraies cette fois, relatant des faits extraordinaires, comme tout ce qui appartient à l'homme qui nous commandaient. Le 19 août, dans la nuit, il avait quitté Taormina avec une brigade embarquée à bord des bateaux à vapeur le *Franklin* et le *Torino* ; toute la nuit on avait navigué par une mer assez dure, et vers le point du jour on était arrivé en vue de l'extrémité de l'Italie méridionale, près de la petite ville de Melito, au cap dell' Armi. Monté à bord du *Franklin*, qu'il commandait lui-même, à côté de son vieux compagnon Origoni, Garibaldi avait fait signal au *Torino* d'accélérer sa marche et d'atterrir au plus vite, car la croisière napolitaine pouvait apparaître d'un instant à l'autre. Le *Torino* chauffa à outrance, jusqu'à se jeter sottement à la côte, qui est sablonneuse et basse. Six heures furent inutilement perdues à tâcher de relever le navire ; le *Franklin* y rompit toutes ses amarres, et faillit y compromettre sa machine. Voyant l'impuissance de ses efforts, et comprenant qu'une plus longue tentative l'exposerait lui-même à un très-sérieux danger, il reprit la mer, hissa pavillon américain, et, grâce à ce subterfuge, passa sans encombre à travers les navires du roi de Naples. On hâta le débarquement, et le dernier homme avait pris terre quand les frégates royales, arrivant à toute vapeur, mais trop tard comme à Marsala, ouvrirent le feu contre le pyroscaphe échoué, et le coulèrent bas. Les soldats, d'après l'ordre de Garibaldi, prirent le pas de course et gravirent la montagne pour se mettre hors de la portée du feu des frégates qui commençaient à les canonner. La journée du 20 fut employée par Garibaldi en ces marches et contre-marches auxquelles il excelle, et qui avaient pour but de dérouter les recherches et l'attention de l'ennemi. La nuit vint qu'on ne savait encore vers quel point on allait se diriger. Voulait-il attaquer Reggio, ou bien le tourner? Voulait-il aller se jeter à revers sur Scylla ? voulait-il gagner la montagne et y attirer la guerre? Les royaux l'attendaient partout, et il se glissait à travers leurs colonnes éparpillées, comme une anguille se glisse à travers les racines des vieux saules qui baignent leurs pieds dans l'eau. Vers minuit, les guides de Missori apparurent et annoncèrent la prochaine arrivée du jeune chef de partisans. Seul, il avait eu connaissance du plan de Garibaldi. En conséquence, et à la vue d'un signal dont il avait le secret, il avait quitté son inexpugnable position au sommet de l'Aspro-Monte, et il venait, par une marche des plus difficiles dans un pays boisé, qui n'est que ravines et montagnes, faire sa jonction avec son général en chef. Sur la terre nue et à la clarté des étoiles, on tint un rapide conseil. La petite troupe fut divisée en trois détachements : l'un commandé par Bixio, avait pour mission d'attaquer de front la ville de Reggio ; les deux autres, sous les ordres immédiats de Garibaldi et de Missori, tournant les forts, devaient prendre les Napolitains entre deux feux. Vers trois heures et demie du matin (21 août 1860), l'avant-garde des chemises rouges tomba sur les vedettes royales. « Halte-là ! qui vive ? — Italie et Victor-Emmanuel ! — Passez au large ! — Vive Garibaldi ! — Vive le roi ! » L'action s'engagea.

L'armée napolitaine, massée à l'entrée principale de la ville, faisait un feu terrible, devant lequel nos soldats reculèrent pendant quelques instants. Garibaldi arriva seul pour voir ce qui se passait. « Eh bien ! mes enfants, cela ne va donc pas bien ici ? Vous êtes fatigués, je le comprends, après les marches de la journée d'hier ; allons, reposez-vous un peu. » On s'arrête, on se groupe, on reprend haleine. Au bout de quelques minutes, il parle, toujours avec sa voix incomparablement douce : « Allons, cela va mieux, n'est-ce pas ? Ce n'était que de la fatigue, je le savais bien ; mais vous avez assez tiré de coups de fusils pour aujourd'hui : il faut ménager nos munitions, nous n'en aurons pas d'autres pour arriver jusqu'à Naples. Allez me bousculer tous ces droles-là à coups de baïonnettes ! » Il les lance, et lui-même va retrouver son corps, qui dans ce moment, tournait la ville en silence et parmi les ténèbres. La charge à la baïonnette fut décisive ; les royaux ouverts et repoussés allèrent chercher refuge dans la citadelle. Un petit fort s'élève au bas de la ville. Bixio le prit.

Garibaldi et Missori étaient arrivés derrière la citadelle et l'attaquaient ; nos soldats, armés d'excellentes carabines anglaises, fusillaient les artilleurs qui se montraient entre les merlons, mais nous n'avions point de canons, et les royaux n'en manquaient guère. Bixio, déjà établi au centre de la ville, s'était emparé du bâtiment des prisons, où les royaux avaient logé plusieurs compagnies de chasseurs; il y trouva des munitions et deux pièces d'artillerie, qui envoyées sans délai à Garibaldi, furent immédiatement tournées vers la citadelle, qu'elles dominaient et battaient victorieusement de haut en bas. Le jour était venu, puis le soleil, et à sa grande clarté la bataille faisait rage, dans la ville avec Bixio, autour de la forteresse avec Missori et Garibaldi. Tout à coup ce dernier apprend que le général napolitain Briganti, qui se trouvait sur la côte calabraise, en face de Messine, à Villa-San-Giovanni, entre les forts d'Alta-Fiumara et de Punta-del-Pizzo, arrivait à marche forcée, au bruit du canon, avec trois mille hommes, pour porter secours à Reggio. Garibaldi quitte immédiatement le combat, s'en fiant à ses lieutenants pour terminer l'affaire, prend avec lui la moitié de la brigade Eberhard et court au-devant de Briganti, qui, voyant de loin les casaques rouges éclater au soleil avec l'étincellement des fusils, se met en retraite et va prendre abri sous les canons d'Alta-Fiurmara. Garibaldi retourne alors à Reggio et donne une impulsion plus forte au combat, que cependant nul ne laissait ralentir en son absence. Les Napolitains avaient évacué toute la ville, la lutte était concentrée à la citadelle, où nos boulets entraient à chaque coup et jetaient bas quelques braves défenseurs de François II; le colonel Lorenzo tomba ainsi à la tête de ses hommes, en criant : Vive le roi ! et découragea par sa mort les soldats que sollicitaient de loin nos appels à la liberté. Vers midi, le château étant serré de très-près, un grand nombre de Napolitains se voyant prisonniers, et beaucoup d'autres, leurs armes jetées, se dispersant déjà dans la campagne, le général Galeotta, commandant de la place de Reggio, fit arborer pavillon blanc. Le feu cessa de part et d'autre, et l'on commença à parlementer. Le combat suspendu, Garibaldi, pour s'essuyer le front, ôta le petit chapeau noir qu'il porte d'habitude et s'aperçut qu'une balle l'avait traversé de part en part. A quatre heures, une panique se répandit dans la ville : la trêve était rompue; les Napolitains, amenés en hâte de la citadelle de Messine sur la flotte et débarqués en Calabre, accouraient débloquer Reggio, la forteresse allait commencer le bombardement. La générale battait et sonnait de toutes parts, les habitants se sauvaient dans la campagne en poussant devant eux leurs bestiaux et leurs charrettes chargées de meubles entassés. Naturellement c'était une fausse alerte. A cinq heures et demie, la convention fut conclue : la citadelle capitulait, ses troupes sortaient avec armes et bagages, emportant trois jours de vivres; tout le matériel des forts restait en notre pouvoir [1]. Quelques soldats passèrent de notre côté, beaucoup désertèrent et prirent

Ce bijou rayonnant nommé la clé des champs.

Le lendemain (22 août) seulement, nous connûmes cette victoire, mais sans aucun détail, par une dépêche de Garibaldi : « Aujourd'hui encore nous avons vaincu, Reggio est à nous ! » On fut fort joyeux, cela va de sire; nos musiques parcoururent les rues de la ville en jouant des airs patriotiques éclos d'hier, oubliés demain; chaque maison illumina ; plus que jamais on cria : Vive l'Italie! Mais tous les officiers garibaldiens retenus encore à Messine, étaient mécontens de n'avoir pas assisté à l'affaire. Ils disaient : « Pourquoi les autres et non pas nous ? » Je n'ai jamais mieux apprécié la justesse de la qualification de *grognard* donnée jadis à nos soldats; une armée pourrait être définie : un rassemblement d'hommes qui se plaignent sans cesse et

[1] Huit pièces de campagne, huit canons à la Paixhans de 80, six canons de 36, dix-huit pièces de position, trois mortiers de bronze, environ douze cents fusils, des provisions de bouche, un dépôt de charbon de terre et une grande quantité de mulets.

grognent du matin au soir : — ceux que l'on envoie au combat, parce qu'on les sacrifie toujours, qu'on ne leur donne jamais un instant de repos et qu'on les pousse à la bataille comme des troupeaux à l'abattoir : — ceux qu'on n'y envoie pas parce qu'on les sacrifie toujours en les condamnant au repos, et qu'il n'y a ni avancement ni gloire pour eux, puisqu'on les tient, par parti pris, en dehors de l'action : des deux côtés, on se croit sacrifié, et l'on n'en est pas moins bon soldat quand l'occasion se présente. Donc on grogna beaucoup dans les cafés et dans les casernes de Messine.

Notre curiosité et notre anxiété avaient été éveillées au plus vif par la prise de Reggio, et l'éternelle question, Que va faire Garibaldi? fut répétée plus de cent mille fois dans la journée, et chacun naturellement y répondit en proposant son plan, car c'est encore un des caractères distinctifs des armées, que chacun y a un plan, qui est toujours le meilleur. J'avoue cependant que je n'en avais pas ; j'attendais, je savais que je ne devais franchir le détroit qu'en compagnie du général Türr, je faisais un appel incessant à ma patience, bien que, comme les autres, j'eusse bien voulu avoir déjà passé.

Cette journée du 22 août, qui à son début nous avait secoué le sang par la grande nouvelle qu'elle nous apportait, s'écoula pour moi sur la terrasse de je ne sais plus quelle auberge établie dans un des grands palais qui, debout sur le quai de Messine, font face au détroit et à la Calabre.

Armé d'une énorme lorgnette marine que j'avais, tant bien que mal, accommodée entre deux pierres sur la balustrade, je re gardais sans relâche vers les rivages italiens. La longue côte, bleuie par l'éloignement, profilait sa grève appuyée à de hautes montagnes, et où brillaient çà et là des groupes de maisons qui sont des villages. Alta-Fiumara se taisait, et Torre Cavallo, et Scylla aussi, la bavarde forteresse que d'habitude enveloppait toujours la fumée des canons. Au sommet du fort de la Lanterne, dans la citadelle de Messine, le télégraphe semblait pris d'épilepsie ; il allait, il venait, il remuait, il tournait, il se démenait, il se démanchait, faisait des zigzags en l'air, anguleusement, par soubresauts, et gesticulait comme un homme près de se noyer. Nul vaisseau napolitain n'apparaissait à la mer, où couraient les moutons blancs chassés par le vent du nord sur les bleus pâturages. La croisière napolitaine, si active hier encore semblait s'être envolée. Les feux insurrectionnels étaient éteints sans doute, car nulle fumée ne poussait vers le ciel son noir tourbillon. Du côté du Phare, immobilité complète ; tout y paraissait endormi, nos canons et notre armée. Le long de la grève calabraise, parmi les arbres qui verdoient sur les pentes de la montagne, à côté d'une tourelle ronde qui est un moulin, un petit fort ou un télégraphe, j'apercevais des troupes d'hommes qui marchaient, puis s'arrêtaient, puis reprenaient leur route. De quelle couleur était leur uniforme ? Rouge ou bleue ? La distance m'empêchait de le distinguer, et sous le soleil éclatant je ne voyais que le miroitement des baïonnettes. Des gens à cheval passaient, allant vite et comme portant des ordres. Quelquefois je fermais mes yeux fatigués, je m'absorbais tout entier à prêter l'oreille ; mais nul bruit lointain ne vint jusqu'à moi, et je n'entendais que la rumeur de la grande ville qui respirait à mes pieds. Il me sembla que deux troupes d'hommes venant en sens inverse s'arrêtaient en face l'une de l'autre : cette halte dura longtemps ; puis la troupe qui venait du midi, de Reggio vers Naples, se remit en mouvement, continua sa route, et disparut derrière un pli de terrain. Je me fis un nombre incalculable de questions auxquelles je ne sus rien répondre. Je restai là, regardant toujours et ne comprenant rien, jusqu'à ce que le soleil abattu derrière la Sicile eût projeté sur le détroit l'ombre crépusculaire des grandes montagnes ; j'allai au quartier général, et je m'informai ; on ne savait rien de nouveau.

Le 23, à cinq heures du matin, on vint me communiquer la dépêche suivante, arrivée au milieu de la nuit : « Le dictateur au général Sirtori. Les deux brigades Melendez et Briganti se sont rendues à discrétion. Nous sommes maîtres de leur artillerie, de leurs armes, de leurs bêtes de somme, de leur matériel et du fort de Punta-del-Pizzo. » La veille, du haut de mon observatoire, j'avais assisté aux marches et aux pourparlers qui avaient amené ce résultat. Nos musiques se promenèrent de plus belle, on réillumina, on recria *vive l'Italie !* et on regrogna plus fort.

Voici ce qui s'était passé. Après la prise de Reggio, Garibaldi s'était mis en marche par la montagne pour aller attaquer le général Briganti, campé à Villa-San-Giovanni ; chemin faisant, il avait aperçu la brigade Melendez, et n'avait même pas daigné s'arrêter pour répondre à son feu : on avait passé outre. Pendant ce temps, Missori, ayant pris les grands devants, ainsi que disent les veneurs, était allé choisir une position qui lui permît d'attaquer les Napolitains par le flanc, tandis que le dictateur leur offrait la bataille de front. Cette manœuvre habile n'avait cependant point paru encore suffisante à Garibaldi, et par son ordre le général Cosenz, embarqué nuitamment au Phare, débarqué avant le jour entre Scylla et Bagnara, avait forcé la position de Solano, et, par une marche si rapidement menée qu'elle resta ignorée des Napolitains, était venu se préparer au combat sur leurs derrières. Avant de commencer la lutte contre les troupes royales, Garibaldi fit connaître les dispositions qu'il avait prises aux généraux Melendez et Briganti, qui s'étaient rejoints. Trois fois ils refusèrent les offres de capitulation que leur faisait Garibaldi ; celui-ci n'était pas pressé, il pouvait attendre ; il se coucha sous un arbre et s'endormit. A son réveil, il envoya de nouveau un aide de camp en parlementaire aux généraux napolitains, leur disant que si dans une demi-heure ils n'étaient pas décidés à se rendre, il ferait donner le signal de l'attaque. Melendez et Briganti ne pouvaient se faire aucune illusion : à droite, ils avaient la mer ; à gauche, Missori dans une situation qui les dominait ; derrière, Cosenz, prêt à se laisser tomber sur eux du haut de la montagne qu'il occupait, en face d'eux Garibaldi avec des troupes toutes chaudes et gonflées encore de la prise de Reggio. La position n'était pas tenable ; ils le comprirent et mirent bas les armes, livrant du même coup la petite forteresse de Punta-del-Pizzo, ce qui entraînait aussi la perte du fort d'Alta-Fiumara.

Désarmées découragées, lassées de leurs marches inutiles, humiliées d'avoir été vaincues sans combat par le seul fait des positions ineptes que leurs chefs avaient choisies, les troupes de Briganti et de Melendez se mirent en retraite par la route, — elle est unique, — qui passe près de Torre-Cavallo et traverse Scylla. Les garnisons de ces deux forteresses, dont la première n'est qu'un petit fortin suspendu entre deux rochers, voyant leurs camarades s'en aller en désordre, sans armes, sans artillerie, prirent peur à l'idée de leur abandon prochain ; le découragement, qui gagne si vite dans la vie fastidieuse des places fortes, se mit parmi elles. Avant même qu'on les eût attaquées, elles abandonnèrent leur poste, et, sans qu'on la leur eût demandée, offrirent une capitulation qu'on se hâta d'accepter. L'axiome *aud ces fortuna juvat* reçut là une éclatante et nouvelle consécration. Garibaldi avait quitté la Sicile le 19 août, au milieu de la nuit ; le 23 au soir, il avait pris Reggio, avait désarmé deux brigades napolitaines, et il était maître, sans coup férir, des forts d'Alta-Fiumara, Punta-del-Pizzo, Torre-Cavallo et Scylla. Le détroit était à lui, la marine napolitaine, absolument annihilée, se voyait réduite à s'abriter prudemment sous la citadelle même de Messine, et le terrib'e passage tant redouté pour notre armée ne devenait plus qu'une courte promenade en mer. Ulysse avait conjuré Charybde et Scylla.

De ce moment, on ne se gêna plus sur la côte sicilienne, et de Taormina au Phare, de Palerme à Melazzo, on se prépara ouvertement à franchir le détroit et à descendre en Calabre. Des lacs intérieurs du Phare, on fit sortir les barques qu'on rangea devant la ville même, sur la grève, toutes gréées et prêtes à recevoir les hommes; à Messine, on agissait plus simplement encore : des navires à vapeur étaient amarrés aux quais, et nos soldats y montaient, en plein jour, au son des trompettes et sous le canon même de la citadelle, qui cette fois gardait le silence. Quant aux frégates napolitaines, qui, même encore à cette heure et en agissant avec hardiesse, auraient pu nous causer de sérieux dommages et couler bas nos bateaux de transport, on ne savait ce qu'elles étaient devenues. Avaient-elles doublé la Sicile? avaient-elles profité de la nuit pour franchir la passe du détroit? Nul parmi nous n'aurait pu le dire ; mais un bruit courait qui par hasard se trouva être juste : elles étaient parties pour Naples.

Messine était dans une agitation extraordinaire ; nos soldats allaient par les rues, isolément, en groupes, en compagnies, se hâtant vers le port ou vers le Phare, le fusil sur l'épaule, le havre-sac au dos, joyeux, chantant pour la plupart, et fiers des aventures nouvelles qui les attendaient. Les habitants les regardaient passer; on échangeait un mot : « Que la madone vous conduise! — Gardez-vous des royaux! — Bonne chance à ceux qui partent! — Bonheur à ceux qui restent! — Où allez-vous? — A Naples et à Venise. — Vive l'Italie! — Adieu! adieu! »

Un débarquement général se préparait donc ouvertement et allait bientôt s'accomplir, au lieu de ces petits débarquements partiels et enveloppés dans la nuit auxquels la prudence de Garibaldi avait été contrainte. Ce fut dans un de ces derniers que tomba un homme dont la mort fut un deuil pour l'armée entière. Je parle de Paul de Flotte. Conduisant l'avant-garde du général Cosenz, il s'était jeté en Calabre dans la nuit du 20 au 21 août et avait pris terre sans éprouver de pertes, malgré quelques boulets explosibles que les Napolitains lui envoyèrent. Débarqué entre Scylla et Bagnara, il devait monter vers les hauteurs d'Aspro-Monte et ouvrir ainsi la route par où Cosenz, passant plus tard, pût venir prendre position derrière les brigades Melendez et Briganti. La nuit durait encore quand il se mit en marche à la tête des Franco-Anglais, qu'il commandait ce jour-là en qualité de volontaire, car ses fonctions jusque-là avaient été de l'ordre purement maritime; mais les Arabes ont raison : « Ce n'est pas la balle qui tue, c'est la destinée. » Vers le point du jour, il parvint à une colline qui domine le petit village de Solano et que protégeait un bataillon de Napolitains. De Flotte les fit charger; payant d'exemple, il tua un ennemi d'un coup de *revolver* et fit deux prisonniers; les royaux lâchèrent pied et se réfugièrent en débandade dans le village; de Flotte les y poursuivit. Près d'une ruelle abritée par une haie de nopals, un Napolitain embusqué lui tira un coup de fusil presque à bout portant; la balle lui frappa la tête, brisa l'os temporal et mit la cervelle à nu. De Flotte bégaya quelques mots inintelligibles, tourna sur lui-même et tomba la face contre terre. Quand on accourut à lui et qu'on le releva, il était mort. D'étranges pressentiments l'avaient agité depuis quelques jours. « Je n'ai jamais tué, disait-il, je n'ai jamais même tiré un coup de fusil; au premier homme que je tuerai, et je ne tuerai qu'en cas de légitime défense, je serai tué; la réversibilité a des lois fatales. » Ce qu'il avait prédit arriva, il tua, et immédiatement fut tué. Ces mauvais présages, qui lui montraient une mort imminente, ne l'avaient point ralenti; il possédait la bravoure hautaine de ceux qui croient à l'invincible destinée. Dans différentes attaques, dans plusieurs simulacres de débarquement qu'il avait dirigés lui-même, il se tenait debout au gouvernail, offrant dédaigneusement sa grande taille et sa chemise rouge aux balles de l'ennemi. Des bruits singuliers ont couru sur cette mort et de pénibles interprétions ont été cherchées : je n'ai à m'occuper ici ni des uns, ni des autres; seulement je puis dire que la lassitude atteignait déjà cette âme qui, dans son vol, avait touché aux aspirations les plus hautes. Certes, si le découragement est permis, c'est après tant d'efforts inutiles, tant de rêves avortés, tant d'espérances refoulées. Ce découragement fut-il pour quelque chose dans sa mort? Je l'ignore ; mais je sais que la France a donné en lui un de ses fils les plus généreux à la cause de l'indépendance italienne, et c'est tout ce qu'il importe de savoir [1].

Malgré ses tendances vers l'action, de Flotte était un mystique, et, par un contraste qui n'est point rare dans le caractère français, il agissait et rêvait à la fois. Il avait répudié les doctrines de sa caste et avait marché d'un pas hardi vers ces horizons nouveaux qui semblent reculer à mesure que nous en approchons. « C'est un fou, c'est un utopiste, » disait-on ; nullement, c'était un humanitaire qui voulait le bonheur de l'humanité ; il aimait les hommes, il y croyait, et quand il voyait la somme de misères qui nous accable ici-bas, il tombait en tristesse et se disait : « Comment changer tout cela ? »

---

[1] Voici l'ordre du jour de Garibaldi :

« Nous avons perdu de Flotte. Les épithètes de brave, d'honnête, de vrai démocrate sont impuissantes à rendre tout l'héroïsme de cette âme incomparable. De Flotte, noble enfant de la France, est un de ces êtres privilégiés qu'un seul pays n'a pas le droit de s'approprier; non, de Flotte appartient à l'humanité entière, car pour lui la patrie était là où le peuple souffrant se levait pour la liberté. De Flotte, mort pour l'Italie, a combattu pour elle, comme il aurait combattu pour la France; cet homme illustre est un très-précieux lien pour la fraternité des peuples que l'humanité se propose ; mort dans les rangs des chasseurs des Alpes, il était, avec nombre de ses braves concitoyens, le représentant de la généreuse nation qu'on peut arrêter un moment, mais qui est destinée par la Providence à marcher à l'avant-garde de l'émancipation des peuples et de la civilisation du monde. » Signé : GARIBALDI. »

Du haut de la tribune de nos assemblées délibérantes [1], il fit entendre des paroles graves qui lui méritèrent le respect de ses adversaires politiques ; l'austérité de ses discours, empreints d'une certaine métaphysique religieuse, et qui toujours ramenaient les intérêts débattus à une question de principe, ne fut pas toujours comprise dans une réunion d'hommes dont les passions, surexcitées par des craintes et des espérances folles, se heurtaient avec une violence qui devait plus tard servir de prétexte à la ruine de la liberté. Triste et sérieux malgré sa jeunesse [2], à travers la bataille des partis il jetait des avertissements auxquels l'avenir a donné raison, mais que personne n'écoutait alors ; retournant le sens de la fameuse phrase de Chateaubriand, il a pu dire depuis : « Inutile Cassandre, j'ai assez fatigué la patrie de mes avertissements dédaignés. Il ne me reste plus qu'à m'asseoir sur les débris d'un naufrage que j'ai tant de fois prédit. » De Flotte ne fut admis qu'avec une certaine hésitation [3] par l'Assemblée législative, qui voyait en lui un insurgé de juin. Prit-il en effet une part active à cette déplorable insurrection ? Peut-être, emporté par ses ardeurs mystiques, se mêla-t-il effectivement à une lutte insensée : dans ce cas, il eut tort. Quand un peuple pos-

---

[1] Il fut élu représentant de Paris à l'Assemblée législative, le 10 mars 1850, par 126,982 suffrages.

[2] Il était né le 1er février 1817.

[3] Séance du 21 mars 1850. M. Denjoy, rapporteur, conclut contre l'admission.

sède la liberté de la presse, le droit de réunion, le droit de pétition, le suffrage universel, les quatre colonnes du temple de la liberté, il est hors de toute justice en recourant aux armes ; la faim même ne peut l'excuser, car la faim n'est point un principe, et c'est pour les principes seuls qu'on est dans la stricte équité en en appelant aux batailles. Du reste l'histoire est là qui prouve que toute insurrection qui n'a point pour base un principe est fatalement frappée de mort : juin 1848 l'a affirmé une fois de plus.

Attiré à la tribune [1] pour répondre à une parole qui l'avait nominativement désigné dans le cours des orageux débats sur la loi du 31 mai 1850, de Flotte répliqua avec un calme et une profondeur dont ses adversaires furent surpris, car ils voyaient en lui je ne sais quel ogre rouge toujours prêt à la lutte et ne vociférant que des appels de haine. Loin de là, il était la douceur même. Déjà auparavant [2] il avait prononcé une phrase qui avait donné à penser aux esprits les plus prévenus. « Il y a quelques jours, dit-il, il était dans cette enceinte question de la loi de déportation. On parlait de l'insalubrité des îles de l'Océanie ; quelqu'un se mit à dire que la population diminuait avec rapidité. Si c'était à l'insalubrité qu'est due cette dépopulation, l'insalubrité du climat n'eût pas permis à la population de croître. Il n'en est pas ainsi : la population

---

[1] Séance du 25 mai 1850.
[2] Séance du 21 mai 1850.

des îles de l'Océanie meurt, parce qu'elle est privée d'autorité. En effet, un peuple doit avoir un ensemble d'idées, une commune mesure pour juger les actions des hommes, et c'est cette commune mesure acceptée de tous qui est l'autorité. » De telles paroles étonnaient, faisaient réfléchir, et s'oubliaient ensuite malheureusement au milieu de ces combats parlementaires où deux partis extrêmes s'attaquaient sans relâche en s'écriant chacun de son côté : « C'est moi qui suis la société ! » De Flotte s'affligeait sincèrement de cet état de choses, et, répondant à des attaques violentes et personnelles, il termina ainsi : « Je vois avec douleur que dans cette assemblée toutes les questions qui tendent à remonter aux principes mêmes, que la manière de poser les questions de façon à les ramener aux principes, ne sont pas acceptées par vous. Il y a là une cause de difficultés énormes pour le gouvernement des hommes. Tant que vous ne vous occuperez pas de la question de principe, votre gouvernement aura toujours, quoi que vous fassiez, l'air d'un gouvernement de fait, d'un gouvernement de parti. »

Sa carrière législative fut violemment brisée par les événements du 2 décembre 1851. Il était parmi ceux qui résistèrent, et le bruit de sa mort courut même un soir dans Paris. Porté sur les listes de proscription, mais ne voulant point quitter la France, il entra sous un nom supposé dans une administration de chemin de fer, où, grâce aux études spéciales qui avaient occupé sa vie lorsqu'il était officier de marine, il rendit des services qui lui valurent une position importante, importante relativement, car il était simple et sans besoins. Il quitta tout et courut rejoindre Garibaldi en Sicile, combattre pour cette liberté qu'il aimait avec passion, sachant bien que la liberté est une pour les peuples, et que délivrer une nation, c'est travailler à l'affranchissement de toutes les autres. Il succomba comme je l'ai raconté; il avait alors quarante-deux ans et demi.

M. E. Forcade a écrit [1] : « Cette révolution italienne n'a jusqu'à présent, et dans des camps contraires, coûté la vie qu'à deux hommes marquants ; pourquoi faut-il que ces deux victimes de la révolution italienne soient des Français, M. de Flotte et M. de Pimodan? » Cela devait être, car ces deux hommes intègres, désintéressés, sincères tous les deux, étaient les soldats des deux principes qui combattent depuis tant d'années en France, et qui font nos luttes, nos découragements, nos opinions implacables : la liberté et l'autorité. Chacun dans son parti, ils furent chéris et respectés; ils furent, ce qui est rare à notre époque où l'intérêt bouleverse et amalgame les principes les plus divergents selon les besoins de la minute, ils furent imperturbablement conséquents à leur principe : l'un, — adversaire irréconciliable de la révolution française, croyant au droit divin, ancien aide de camp de Radetzky et de Windischgraetz, — en allant combattre pour l'autorité dans

[1] *Revue des Deux Mondes*, 1ᵉʳ octobre 1860, p. 734.

ce qu'elle a de plus excessif, pour l'autorité élevée à l'état de dogme et poussée jusqu'à l'infaillibilité; l'autre, — cherchant partout des alliés à la révolution française, fervent adepte de la souveraineté du peuple, ancien soldat des barricades, — en allant combattre pour la liberté dans sa forme la plus violente, l'insurrection armée. Chacun d'eux représentait bien une des vertus de cette France contradictoire, vertus qu'on a appelées l'esprit de routine et l'esprit d'aventure, mais que je nommerai, avec plus de justesse, la fidélité et la recherche du mieux. Pour ma part, je ne plains pas ces deux hommes si différents l'un de l'autre à la surface et si semblables au fond par l'abnégation, le courage et le dévouement, car ils sont tombés pour la cause qu'ils avaient librement choisie, et je pense que lorsqu'un sacrifice sérieux et désintéressé s'accomplit quelque part, il est bon que notre France expansive y soit présente par un de ses enfants.

LIVRE II

LES CALABRES

SOMMAIRE

I. — Ordre de départ. — Le général Türr. — Son portrait. — Sa vie. — Tukőry. — Départ. — *La Lancia*. — Babel. — Cannitello. — Le curé et le syndic. — Terreur et abjection. — A cheval. — Scylla. — Tremblement de terre. — Où vont les Calabrais. — Bagnara. — Canéphores. — Le colonel Frapolli. — Berlingot. — Les mouches. — Pays froids. — Les oliviers. — Le soleil se couche.

II. — Retour vers Bagnara. — Route de la Marine. — La nuit en mer. — Les Calabres. — Superstition. — Fresques. — Lettre de change. — Palmi. — L'Etna. — Ravitaillement. — Garibaldi. — En marche! — Rosarno. — M. Kossuth. — Chaleur et poussière. — Le pont du fleuve Messima. — Souvenirs d'Asie Mineure. — Déserteurs napolitains. — Soif. — « Il n'y a pas de danger. »

III. — Mileto. — Garibaldi. — Robes noires et chemises rouges. — L'église de Mileto. — Le meurtre. — L'armée de Garibaldi. — Le syndic de Mileto. — Sérénade. — Monteleone. — Les bottes! — Pizzo. — Murat, Pisacane. — *Sub Jove*. — La diane. — Souvenirs de 1806 — Champs italiens. — Incendie.

IV. — Maïda. — Imprécations. — Saleté. — Les religions et la propreté. — Paysage. — Alerte. — Déception. — Ordre du jour de

Garibaldi. — Capitulation de Soveria. — Capitulation du général. Cardarelli. — Rapidité. — Propositions royales.

V. — Marcellinara. — Repos. — Magyars. — L'Autriche. — Le brigadier Nandor Eber. — Marche de nuit. — La vie en campagne. — Catanzaro. — Ovation. — Couvent. — Maladies du moyen âge.

VI. — En poste. — Tiriolo. — Un Français. — Le colonel Spangaro. — Les chemins de l'exil. — Cosenza. — Les frères Bandiera. — Iconolâtrie.

VII. — Le Cratis. — Où est Garibaldi. — Sybaris. — La nuit. — L'instruction populaire dans le royaume des Deux-Siciles.

VIII. — Lauria. — Il y a guerre et guerre. — Masséna et Manhès Lagonegro. — L'armée napolitaine. — Où est le général Türr. — Dépêche. — Garibaldi et François II. — Déserteurs. — Orage. — Salerne.

Dans la matinée du 24 août, jour de la Saint-Barthélemy, je reçus enfin l'avis d'avoir à me tenir prêt à passer en Calabre; j'avoue que ce me fut un vif plaisir et un soulagement réel, car on commençait à trop s'ennuyer à Messine. J'eus bientôt terminé mes préparatifs : nous envoyâmes nos ordonnances et nos chevaux au Phare, où ils devaient s'embarquer sur les pontons ; puis, ayant fait dans la ville les rares visites que j'avais à faire, j'attendis.

La division du général Türr avait déjà franchi le détroit[1], à l'exception de la brigade Eber, qui, avec l'état-major, attendait au Phare des bateaux à vapeur pour être trans-

[1] Les brigades Bixio et Eberhard, qui s'étaient distinguées à la prise de Reggio, faisaient partie de la division Türr.

portée en terre ferme. Deux d'entre nous devaient seuls partir avec le général Türr, dont la santé débile, si gravement éprouvée par les premières fatigues de la campagne, était pour ses amis un sujet d'incessantes inquiétudes. Depuis trois jours, il n'avait pu quitter son lit ; accablé par une fièvre ardente, affaibli par des crachements de sang que rien ne pouvait diminuer, il soulevait son pauvre corps malade, donnait des ordres, veillait à l'organisation de tous les services, dictait des lettres, retombait épuisé pour se relever aussitôt, et quand nous lui disions, avec une insistance qu'autorisait l'amitié : « Mais, général, attendez un peu pour partir, » il nous répondait : « Nous nous embarquons aujourd'hui à quatre heures. » Jamais énergie mieux forgée n'anima un corps aussi frêle, et j'ai pu me convaincre, en vivant près de lui, qu'aucune souffrance n'est capable de l'arrêter. Le sentiment du devoir, élevé à sa plus haute puissance, lui permet de vaincre une affection renaissante et terrible ; il lui apprend à porter ses souffrances avec la sérénité que d'autres mettraient à porter leur joie. à risquer impitoyablement sa vie chaque jour dans les secrets combats de lui-même contre son propre mal. Ceux qui l'aperçoivent s'étonnent de sa délicatesse, que démentent tant d'actions vigoureuses ; ceux qui vivent près de lui l'aiment et l'admirent, car il est rare de rencontrer une telle douceur unie à un si grand courage. Cette taille haute et svelte, ce jeune visage pâli par la souffrance, d'une élégance chevaleresque et où brillent des yeux profonds, humides et rêveurs, inspirent une sympathie à laquelle on s'abandonne invinciblement. Ainsi que le cheval arabe, dont il a la grâce et l'ardeur, il semble né pour entendre « frapper la poudre. » Sa bonté, son courage, ses actions d'éclat l'ont extrêmement rendu populaire, les soldats l'idolâtrent, et quand il passe, ils le suivent encore des yeux que déjà on ne le voit plus. Malgré sa jeunesse [1], il a conquis, à force de valeur et de sacrifices, une position enviable; les armées de l'indépendance des peuples savent qu'elles ont en lui un général qui a fait ses preuves et sur lequel on peut compter; la Hongrie lui doit une reconnaissance sans bornes, car il a élevé haut en Europe le renom des hommes de sa race; plus que tout autre, il a cimenté l'alliance italienne et hongroise; par lui, les deux nations ont communié dans le sang versé pour la même cause. Demandez aux Italiens ce que c'est que la Hongrie, ils vous répondront : C'est Türr; — demandez aux Hongrois ce que c'est que l'Italie, ils répondront : C'est Garibaldi. Ces deux noms paraissent désormais inséparablement liés, et brilleront encore côte à côte aux derniers jours de la délivrance.

Depuis 1848, le général Türr n'a combattu que pour la liberté des nations. Lors de la guerre de Crimée, il avait été chargé de je ne sais quelle mission sur les bords du Danube pour le compte de l'Angleterre, au service de la-

---

[1] Türr Istevan (Étienne) est né le 10 août 1825, à Baja, dans le comitat de Bàco-Bedrog.

quelle il était entré en qualité de colonel. On se souvient encore que l'Autriche le fit saisir et emprisonner, le réclamant comme un ancien officier déserteur de ses armées impériales. En de telles questions, l'Angleterre n'entend point raillerie, et sur ses observations, qui furent vives, pour ne pas dire plus, le colonel Türr fut relâché. Un esprit aussi pénétrant que le sien, toujours tendu vers les moyens de délivrer sa patrie, ne pouvait se méprendre aux signes qui annoncèrent la guerre de 1859. Türr accourut en Italie, et fit avec Garibaldi cette étrange campagne dont Como et Varese furent les victoires. Dans un combat près de Brescia, il tomba frappé d'une balle autrichienne. Une blessure au bras gauche, dont l'humérus était fracassé en trois morceaux, le retint des semaines et dès mois immobile sur un lit d'où il ne devait se relever qu'estropié. Aujourd'hui ce bras inerte et sans force pend le long de son corps et c'est à peine si sa main affaiblie peut lui rendre quelques services.

Était-il rétabli quand l'expédition de Sicile fut décidée? Tout au plus. Il ne s'embarqua pas moins le 6 mai, emmenant avec lui son ami Tuköry, qui le premier devait baigner de son sang la terre enfin libérée et offrir sa vie en holocauste aux dieux jaloux des peuples qui cherchent leur indépendance [1]. A Marsala, Türr débarqua le premier; il

---

[1] Voici l'ordre du jour de Garibaldi :

« Le colonel Tuköry est mort. Les chasseurs des Alpes perdent aujourd'hui un de leurs meilleurs chefs, un de leurs plus chers, un

était à Calatafimi, il était à Palerme, où il fut blessé; toujours près de Garibaldi, veillant avec lui quand les autres dormaient, étudiant les positions, cherchant les routes, préparant les combats prochains, il donnait à tous un exemple que tous suivaient. Après la capitulation de Palerme, prenant sa route par l'intérieur du pays, il partit pour Catane; mais sa santé ne put lutter contre le climat brûlant et réellement meurtrier de la Sicile pendant le mois de juin : malgré ses efforts et son énergie habituelle, il tomba sérieusement malade. Garibaldi s'en inquiéta : il comprit que ce jeune homme, qui donnait sa vie avec tant d'abnégation, aurait plus tard d'impérieux devoirs à remplir envers la Hongrie, et il l'envoya sur le continent prendre un mois de repos. Le général Türr se rendit aux eaux d'Aix en Savoie, afin de retrouver assez de forces

leurs plus valeureux compagnons Varese, Como, Calatafimi, Palerme ont vu Tukory, le premier entre les premiers, assaillir l'ennemi. Dans le dernier combat il conduisait les courageux soldats et officiers de guides qui avaient réclamé l'honneur d'être les premiers à Palerme. Il meurt aujourd'hui de ses blessures, le bon, le valeureux, l'intrépide Hongrois, le digne représentant de la terre de la bravoure, de la sœur de l'Italie. — La fraternité de deux peuples cimentée par le sang sur les champs de bataille est impérissable. — L'Italie libre est solidairement responsable, à la face du monde, de la liberté hongroise. Ses fils répondront au cri de guerre contre la tyrannie qui écrase les bords du Danube, le jour où les chaînes brisées de mes frères seront forgées en glaives pour combattre les oppresseurs. Oui! les Italiens jurent sur la tombe de l'héroïque martyr que la cause de la Hongrie est la leur, et qu'ils échangeront sang pour sang avec leurs frères!
» GARIBALDI. »
» Palerme, 7 juin 1860. »

pour achever la campagne, et, s'embarquant à Gênes, comme je l'ai dit, dans les premiers jours du mois d'août 1860, il vint reprendre le commandement de ses troupes, qui l'acclamèrent en le revoyant. A Messine, de nouvelles fatigues l'attendaient, que l'activité forcée de sa vie ne lui permettait point de réparer. Depuis le départ de Garibaldi, toutes les charges écrasantes du commandement en chef à l'heure d'un débarquement étaient retombées sur lui, et il succombait littéralement sous le poids des lassitudes qui avaient ravivé son mal, lorsque, pour lui aussi, arriva le moment de partir.

Rien ne l'arrêta cependant, et à quatre heures et demie nous allâmes en voiture jusqu'au port, où nous attendait une *lancia*. Au fond de l'embarcation, sur un matelas, le général s'étendit, grelottant la fièvre et de sa main débile cachant ses yeux, que la lumière offusquait. Nous prîmes place sur les bancs à l'abri d'un tendelet, nos dix rameurs saisirent les avirons, quelques gens debout sur les quais nous crièrent adieu, et nous partîmes. Nous longions la côte de près pour éviter les courants, qui sont rapides, et le vent, qui fraîchissait; nous allions ainsi vers le Phare, où nous devions nous arrêter pendant quelques minutes pour que le général pût donner et renouveler des ordres. Le soleil était déjà couché et le crépuscule tombé lorsque nous y arrivâmes; la nuit venait, on allumait des feux sur le rivage, plein de tumulte et de rumeurs; les barques pressées se heurtaient, poussées par le courant. Trois *steamers* laissaient échapper leur vapeur avec ces sifflements aigus qu'on prendrait pour les cris d'un aigle gigantesque ; les officiers couraient après leurs soldats, qui étaient partis à la recherche de quelque cantine où l'on pût boire un verre de *sambucco*. Les chevaux qu'on traînait sur le sable humide, vers les pontons atterris, hennissaient, se cabraient, se mordaient entre eux et parfois s'échappaient avec quelques belles gambades. Des tambours battaient le rappel, les trompettes sonnaient l'*assemblée*, les capitaines s'égosillaient à appeler leurs hommes, les lieutenants en faisaient autant, et les fourriers, et les sergents, et les caporaux aussi ; ceux qui ne parlaient pas criaient, ceux qui ne criaient pas chantaient, et tout le monde jurait.

Dès que nous eûmes terminé ce que nous avions à faire, nous nous éloignâmes vite de cette Babel en frairie, et coupant à travers le détroit, nous nous dirigeâmes vers la Calabre. Nos rameurs étaient fatigués, le vent soufflait contre nous, et ils maniaient sans énergie leurs pesants avirons. Parfois le général leur jetait un encouragement : « Allons, voguons, mes enfants ! » Les matelots le répétaient, s'excitaient par une ou deux paroles, donnaient quelques vigoureux coups de rame et retombaient dans leur mollesse. Nous étions immobiles et silencieux, enveloppés de nos manteaux, appuyés contre les plats-bords et lassés de la lenteur de nos mariniers, car celui que nous accompagnions souffrait, et nous sentions qu'il aspirait vers un lit avec l'impatience nerveuse de ceux que le mal travaille.

4.

Tout à coup l'un de nous, se retournant, s'écria : « Tiens! voilà une frégate napolitaine qui nous donne la chasse! » La plaisanterie eut un succès prodigieux : les marins se penchèrent sur leurs rames, et avec des *han!* profonds les poussèrent dans les flots; debout, courbés en avant, n'osant pas tourner la tête, ils imprimaient à la barque une vitesse sans égale. Jamais marsouin poursuivi par un squale ne fit des bonds pareils à ceux de notre *lancia;* elle sautait sur la mer, faisant jaillir autour d'elle des gerbes étincelantes. Un matelot demanda : « Voyez-vous encore la frégate? » On lui répondit : « Elle gagne sur nous, ramez vite. » Nous approchions du rivage, et d'une telle impulsion que la barque s'élança sur le sable, l'avant tout entier hors de l'eau. « Mais où donc est la frégate? — Bath! elle aura eu peur de vous, mes braves, et elle aura pris le large. » Les mariniers comprirent et n'en furent pas plus satisfaits, mais nous étions arrivés.

Trente maisons, une petite église, quelques jardins en amphithéâtre soutenus par des murs en pierres sèches, c'est Cannitello, bourgade située entre Punta del Pizzo et Scylla. Des officiers nous attendaient, et sous leur conduite nous nous rendîmes au presbytère, qui avait été préparé pour le général Türr et son état-major. L'épouvante était dans la maison ; on eût dit l'arrivée du diable. Le curé et son frère, qui était syndic [1], tremblaient, balbutiaient, s'in-

---

[1] Les fonctions de *sindaco* (syndic) correspondent à celles de nos maires.

clinaient, et nous appelaient tous, depuis Türr jusqu'au dernier palefrenier, « son excellence monseigneur le général en chef ! » Les pauvres gens faisaient pitié à voir ; blêmis par la peur, ils nous précédaient, montrant des vêtements sordides, troués aux genoux et aux coudes, retrouvés dans de vieilles défroques jetées au rebut et endossés pour la circonstance, afin de nous bien prouver que leurs propriétaires étaient pauvres, et qu'en essayant de les dépouiller, nous ferions une mauvaise affaire. On nous prenait pour des bandits de la pire espèce. Le curé, petit vieillard anguleux et ridé, grimaçait avec contrainte des sourires qui décomposaient son visage, où deux yeux roux troués à la vrille vacillaient d'émotion. Il avait une voix criarde que la terreur rendait plus aiguë encore ; un de nos jeunes officiers, l'entendant parler, s'écria : « C'est plus qu'une voix de tête, c'est une voix de chapeau ! » Tous nous nous mîmes à rire ; le curé rit aussi, mais cet effort dépassait son courage : il tomba assis et essuya son front mouillé de sueur. Son frère le syndic, gros et solide gaillard, levait les épaules, joignait les mains, et à tout ce que nous lui demandions répétait : « Que Sa Seigneurie nous excuse ! nous ne sommes que de pauvres gens. » Le cœur nous manquait à ce spectacle. Sous quelle oppression terrible ces gens ont-ils donc vécu pour être ainsi ? Les domestiques collés aux murailles écarquillaient les yeux et nous regardaient aller et venir ; quand on frappait à la porte, ils n'osaient pas descendre pour ouvrir, et nous étions obligés de les accompagner afin de les rassurer. Pendant ce temps, dans les autres maisons du village, on chantait à tue-tête et l'on criait *Vive Garibaldi!*

Les pontons avaient amené nos chevaux, les bateaux à vapeur partis du Phare débarquaient sans cesse de nouvelles troupes, tous les officiers de l'état-major arrivaient. A chaque nouvelle figure qui entrait dans la maison, nos hôtes étaient repris de frayeur, et la voix du curé montait encore de trois ou quatre tons. Vers onze heures du soir, on nous proposa de souper; nous acceptâmes, et bientôt nous entendîmes le râle sanglant d'un vieux malheureux coq qu'on égorgeait à notre intention. Une heure après, nous étions servis, et nous prenions place devant des assiettes en terre de pipe, écornées pour la plupart, près desquelles étaient rangés des couverts en fer battu. Le curé et le syndic, parlant à la fois, nous expliquèrent qu'ils avaient envoyé leur argenterie à Naples pour la faire arranger à la mode nouvelle. Par un hasard qu'ils regrettaient, ils n'avaient à leur disposition que des couverts indignes de nos seigneuries, mais dont cependant nos excellences seraient assez bonnes pour se contenter. Nous ne répondions rien, car le métal des couverts nous importait peu ; mais un de nous, tirant de dessous sa casaque rouge une ceinture qui contenait environ 6,000 francs en or, la remit au curé en lui disant : « Cette ceinture me gêne, veuillez me la garder jusqu'à demain. » Le curé devint écarlate et s'assit consterné, comprenant vaguement qu'on lui donnait une leçon, et ne sachant plus quelle contenance se faire.

Alors le colonel Spangaro, — un des cœurs les plus généreux que je connaisse, — appropriant son langage à ces tristes intelligences, raconta ce que nous voulions faire, et en vertu de quel droit nous agissions, il lui dit qu'entre l'abrutissement systématique que le droit divin des Bourbons de Naples avait imposé aux peuples et le développement normal des facultés humaines que les peuples se devaient à eux-mêmes de chercher, il n'y avait pas d'hésitation possible; puis passant à un argument *ad hominem* très-frappant pour un prêtre calabrais ignare, Spangaro lui nomma et pour ainsi dire lui *expliqua* tous les officiers qui dînaient; le hasard avait voulu que ceux qui étaient réunis là, sous l'uniforme rouge, eussent quitté des positions indépendantes ou agréables pour venir servir, avec un désintéressement profond, la cause de la liberté. En entendant des titres auxquels il ne s'attendait guère, le pauvre curé ouvrait de grands yeux, et comprenait de moins en moins. « Mais alors, dit-il, ce général qui dort maintenant et que vous entourez de tant de respect doit être au moins quelque fils de roi? — Non, lui répondit-on; il est très-intelligent et très-brave, c'est à cause de cela qu'il est notre chef. » Le curé prit un air fin et secoua la tête pour nous bien prouver qu'il n'était point dupe de notre mensonge, mais qu'il respecterait l'anonyme dont le général Türr paraissait vouloir s'entourer. — Avez-vous une école ici? » lui demandai-je. Il leva les bras au ciel avec effroi et me répondit : « Ah! Dieu merci, non ! » Dans presque tous les villages du royaume de Naples que j'ai traversés, j'ai fait la même question, et j'ai obtenu la même réponse. Souvent et avec tristesse je me suis répété la phrase d'un voyageur français, Richard de Saint-Non [1] : « Il semble que par une fatalité attachée à cette contrée, elle ait dû constamment être tenue sous l'empire et le voile de la barbarie. »

Le curé nous trouvait de bonne composition, et s'était graduellement rassuré ; nous en eûmes bientôt la preuve, car, lorsqu'on nous servit le café, une petite cuillère d'argent brillait dans chaque soucoupe. On en fit la remarque en riant, et aussitôt le syndic se remit à braire et à s'écrier : « Que vos seigneuries nous excusent ! nous ne sommes que de pauvres gens. » Avant d'aller nous jeter sur les matelas qu'on avait répandus çà et là dans les chambres à notre intention, nous restâmes à causer dans une longue salle d'où nous pouvions suivre du regard les débarquements d'hommes et de chevaux qui continuaient incessamment au milieu des cris de toute sorte, pendant qu'une brigade couchée sur le sable tachait de larges ombres noires la grève éclairée par la lune. Tout à coup le curé entra avec un air de mystère, fermant soigneusement la porte derrière lui et cachant une lettre dans sa main. A travers mille circonlocutions fort embarrassées, il nous dit qu'il voyait avec peine tant d'il-

---

[1] Richard de Saint-Non, *Voyage pittoresque à Naples et en Sicile*, t. III, p. 162.

lustres seigneuries marcher vers une mort certaine, et qu'il croyait faire son devoir de chrétien en nous communiquant un avis de haute importance qu'il avait reçu récemment. Il nous remit alors la lettre qu'il tenait ; c'était une espèce de circulaire demi-officielle qui avait été sans doute expédiée à tous les prêtres des provinces napolitaines, et par laquelle on les prévenait que, malgré les événements douloureux qui se produisaient, ils ne devaient pas cesser de prier pour le salut du roi, car saint Janvier lui-même avait daigné apparaître à François II, et lui promettre qu'avant la fin du mois l'armée des suppôts de Satan serait anéantie par la toute-puissance de Dieu. Nous promîmes au curé de ne jamais trahir le secret de sa communication, nous le remerciâmes, et nous allâmes nous coucher.

J'étais étendu, tout habillé, sur mon matelas et déjà je fermais les yeux, lorsque j'entendis ouvrir la porte avec précaution et je vis apparaître le curé, puis le syndic, puis la femme du syndic, puis une servante, puis un domestique ; ils marchaient à la suite les uns des autres, sur la pointe du pied, faisant des gestes de silence, éclairés par les reflets vacillants d'une veilleuse ; je restai immobile, fort intrigué de ces fantômes et riant dans ma barbe de leur grotesque tournure. Ils se dirigèrent vers une table appuyée à la muraille, le curé y monta, ses complices l'entourèrent. « Va-t-il prêcher ? » me demandai-je. Le curé se tourna vers le mur, leva les deux bras et saisit une grande lithographie encadrée qui n'était autre qu'un portrait oublié du feu roi

Ferdinand ; il le passa au syndic, descendit de dessus la table et le cortège, toujours silencieux, s'éloigna sinistrement. Ils venaient, à leur façon, de détrôner une dynastie. Ils étaient près d'atteindre la porte quand je leur criai : « Eh! là bas! les ombres! que venez vous chercher ici? » Ils s'enfuirent en se poussant et j'entendis leur avalanche qui s'écroulait dans l'escalier par-dessus les débris du portrait que leur terreur avait laissé tomber.

Le lendemain, au point du jour, j'entrai chez le général Türr pour savoir comment il avait passé la nuit ; il était debout et s'équipait. Comme les moyens de transport nous manquaient encore, et que le pays n'offrait aucune ressource, les ordonnances prirent une barque, y chargèrent notre bagage, et partirent en avant pour aller nous attendre ou nous rejoindre à Palmi. Les soldats, suivant la route qui longe la côte, devaient faire étape jusqu'à Bagnara, et nous, montant à cheval, nous allions les précéder. Tout était confusion dans le village; les paysans couraient après leurs poules et les vendaient au plus offrant; de belles filles, passant leur tête à la fenêtre à travers les pampres, souriaient à nos soldats, qui leur envoyaient des baisers; la cloche de l'église sonna pour appeler à la première messe, et je vis notre affreux petit curé, vêtu d'habits sacerdotaux, traverser la foule, qui s'écarta respectueusement devant lui.

A sept heures, le général Türr était en selle, suivi de quelques hommes de l'escadron des guides. L'azur infini du ciel s'étendait sans nuages au-dessus de nos têtes ; les figuiers verdoyants jetaient leur ombre autour d'eux, et la brise de la mer tempérait les ardeurs du soleil. Notre chemin, raviné par des torrents, côtoyait la montagne et parfois descendait sur la grève ; la route était déserte ; seuls, nous y soulevions la poussière. Avec son indomptable énergie, le général Türr avait forcé son mal au silence, et marchait en hâte là où le devoir l'appelait. Nous étions sortis enfin de la pesante inaction de Messine ; aspirant à toute poitrine les effluves salées qui passaient sur nous, riant, causant, nous étions dans un de ces rares moments où, l'acte et le milieu concordant juste avec la pensée, on se sent heureux de vivre.

Nous passâmes près du fortin de Torre-Cavallo, dont les portes ouvertes semblaient nous convier à entrer. Apre, dure, appuyée à des collines de roche feuilletée, la route monte et descend. Quelques soldats venus de Reggio, arrêtés par la fatigue au milieu de leur étape, dormaient couchés sur la bordure d'ombre que la montagne projette à ses pieds.

Nous arrivâmes bientôt à une petite ville agitée et remuante bâtie dans un entonnoir dont elle occupe le fond et les contours ; sur un piton isolé, relié à la terre ferme par une sorte de grand viaduc, au-dessus d'une anse sablée d'un beau gravier blond, en face de la mer qu'elle surveille et menace, s'élève une forteresse formidable, qui est Scylla. Les gens du pays, nos soldats, les femmes, les enfants, y entrent par le pont-levis abaissé ; on l'interroge, on s'y promène, on touche les canons, on ouvre les casemates, on fouille les magasins, et l'on compte avec joie les piles de jambons que les royaux ont abandonnées. La ville est en fête et danse de joie. Quelques grandes filles cependant, sérieuses et sombres, regardent du côté de la citadelle ; les beaux grenadiers de François II ont peut-être emporté bien des jeunes cœurs dans leur fuite. Les voyageurs ont ainsi la rage de tout expliquer, et mal m'en prit d'avoir fait comme eux. « Eh ! la belle, dis-je à l'une de ces femmes dont l'œil presque menaçant indiquait la tristesse irritée, si ton amoureux est parti, sac au dos, pour retourner à Naples, console-toi, tu es faite pour en trouver d'autres ; les garibaldiens vont venir en garnison ici, et les chemises rouges valent bien les vestes bleues ! — Vous parlez comme une girouette, me répondit-elle ; mon amoureux est un bon marinier qui travaille dur et qui passe ses nuits à la mer ; ce n'était pas un de ces soldats fainéants que rongent les poux de sa caserne. Je suis en colère parce qu'on a laissé partir ces gens-là impunément ; on aurait dû les saigner au cou, tous, comme des cochons gras ! » Assez découragé, je me tournai vers une autre en lui disant : « Et toi, pourquoi as-tu l'air si farouche ? » Elle s'écria avec violence : « Parce qu'il y avait là un gueux de capitaine qui s'est sauvé sans me payer la façon de trois gilets que j'ai faits pour lui. Par le grand chien de la Madone ! si jamais je le retrouve, je lui crève les yeux avec mes ciseaux. »

Incidit in Scyllam qui vult vitare Charybdim.

A Scylla, et en pareille circonstance, la citation est de rigueur. J'allai rejoindre mes compagnons qui se reposaient dans un café et déjeunaient de bon appétit avec un morceau de pain de munition et de l'eau à la neige. Toute petite qu'elle est, la ville est riche ; elle a un air cossu et bien portant qui fait plaisir à voir ; elle fait, dit-on, un fructueux commerce de soie et vend cher ses vins, qui sont recherchés parmi ceux de la Calabre ; mais il faut un autre palais que le mien pour apprécier de gros vins violets, capiteux, à la fois âpres et sucrés, que je ne pouvais boire sans grimacer. Aussi pendant toute notre pénible marche jusqu'à Naples, j'avais vite repris mes habitudes d'Orient ; dans un verre d'eau fraîche, je mettais la moitié d'une tasse de café noir, et je ne saurais trop recommander cette admirable boisson à ceux qui, en voyage, ont à lutter contre la chaleur, la fatigue et la soif.

Le fameux tremblement de terre de 1783, sur lequel j'aurai plusieurs fois à revenir dans le courant de ce récit, trouva à Scylla même son épisode le plus terrible. Le prince de Sinopoli, baron du lieu, ne se croyant pas en sûreté dans la ville, après la secousse du 5 février, monta sur une barque et jeta l'ancre près du rivage ; une partie de la population l'imita. Deux jours après, le 7, une secousse nouvelle agita les Calabres entières ; une montagne située près de Scylla, glissant sur sa base, tomba dans la mer, refoula vers la Sicile une vague énorme qui, revenant par impulsion, submergea les bateaux du prince, le noya et, avec lui, deux mille quatre cent soixante-treize personnes. On montre encore la place, au pied même de la forteresse ; je n'eus point la curiosité d'aller la voir.

Nous reprîmes notre route, qui suit en corniche les bords de la mer. La végétation est splendide. La côte, coupée de ravins qui doivent être terribles en hiver, et qui maintenant ne sont que des ruisseaux, descend jusqu'au chemin sous une forêt d'orangers, de citronniers, d'azeroliers, de figuiers ; l'eau coule à leurs racines, le soleil dore leurs sommets, une herbe drue et forte les entoure. La nature nous monte à la tête et nous grise un peu ; l'un de nous cite le Tasse et parle des jardins d'Armide.

Des hommes de Scylla marchent devant nous et se hâtent pour rejoindre Garibaldi, qu'on dit à Bagnara. Ils sont vigoureux, bruns de face et larges des épaules ; chaussés d'espadrilles, coiffés d'un haut bonnet de laine bleue à la marinière, les cuisses serrées dans une culotte presque collante retenue par une large ceinture où brille le manche d'un couteau, ils vont d'un pas régulier et ferme, portant sur l'épaule un long fusil qui, sauf la crosse, pareille aux vieilles crosses françaises, ressemble aux fusils albanais. Ils nous saluent d'un beau regard clair quand nous passons près d'eux, et crient en patois : *Viva la Talia, una!* « Où vas-tu ? demandai-je à l'un d'eux. — A Venise ! »

Un grand navire à vapeur longe la côte ; il est chargé de

troupes ; sur la dunette, sur les bastingages, sur les tambours, sur la passerelle, sur les haubans, nous ne voyons que des soldats. Ils reconnaissent le général Türr, facilement remarquable de loin par le grand manteau blanc qu'il porte d'habitude ; ils agitent leurs képis avec des cris de joie ; leur musique entonne une marche dont les notes guerrières nous sont apportées par la brise. Au petit village de Favazzina, le bateau stope et fait mine de vouloir débarquer les troupes ; le général envoie l'ordre de continuer jusqu'à Bagnara ; c'est à qui se hâtera et arrivera le premier, car le bruit court que les royaux nous attendent, dans la plaine de Monteleone. La route que nous suivions, et que parcoururent aussi nos troupes venant de Reggio longe la mer, une mer profonde qui permet aux plus forts navires de s'approcher des côtes. Une seule frégate ennemie naviguant sous vapeur aurait facilement pu escorter nos colonnes et nous anéantir ; ce ne sont pas les inoffensifs coups de fusil par lesquels nous aurions riposté qui l'eussent arrêtée ; mais nul ne pensait à ce péril, et l'on s'en allait insoucieusement, ne redoutant d'autres dangers que d'avoir trop chaud sous le soleil d'août.

Auprès de Bagnara, le paysage prend un tournure tropicale très-accentuée ; les aloès et les nopals se mêlent aux palmiers : il manque à la ville le minaret et le chant du muezzin pour être une cité de l'Orient ; telle qu'elle est, irrégulière et en amphithéâtre accidenté, elle est charmante, elle descend de la côte jusqu'au rivage : on dirait que jadis quelque géante portant des maisons dans son tablier, les a jetées du haut de la montagne; elles se sont arrêtées au hasard, sur les pentes, s'accrochant aux rochers, glissant jusqu'à la grève, et forment un coup d'œil plein d'imprévu. La plage est large, les barques y dorment tirées à sec sur le sable; on y construit beaucoup de bateaux, car des forêts n'en sont pas éloignées ; c'est là que le roi Joseph voulait établir les chantiers de constructions pour la flottille destinée à conduire ses troupes en Sicile, grand projet toujours rêvé par Napoléon et qui lui tenait fort à cœur.

« Vins de Scylla, safran de Cosenza, femmes de Bagnara, » dit le proverbe calabrais; il n'a pas tort, les femmes de Bagnara sont d'une beauté merveilleuse, non pas de cette beauté grecque, froide, imposante, sérieuse et faite pour trôner dans l'Olympe à côté des dieux, mais d'une beauté farouche, basanée, inquiète, et où s'est mêlé je ne sais quoi de sarrasin qui lui donne un charme de plus, l'étrangeté. Les plus belles parmi ces femmes pourraient être les filles du sphinx égyptien et de la Minerve d'Athènes. Assis à l'ombre, dans la grande rue, devant la maison de notre hôte, qui tenait *negozzio di cera e di vino pino*, je les ai vues passer en grand nombre, chargées de lourds paniers qu'elles soutenaient sur leur tête à l'aide de leurs bras reevés. Elles portaient les rations pour nos troupes à la petite citadelle qui domine la ville; elles semblaient une théorie de canéphores antiques : certes celles de Scopas tant vantées par Pline, celles de Polyclète que Cicéron réclamait à Verrès, n'étaient point aussi belles. Celles qui, devant moi, défilaient sous le soleil allaient d'un pas grave, avec la démarche ondulée et légèrement renversée en arrière ; leur visage immobile regardait fixement, car elles se sentaient admirées et suivies par nos yeux ; l'une derrière l'autre, elles passèrent ainsi, laissant après elles ce trouble invincible qu'inspire la contemplation de la beauté. Dans ces pays maritimes, la femme est réduite aux besognes les plus dures ; les hommes sont à la mer, la femme fait le métier de portefaix, conduit les bestiaux aux champs, fait la cueillette des olives, laboure la terre, et aux fardeaux qu'elle porte sur sa tête ajoute souvent celui de son enfant qu'elle porte sur le dos. Dans les rares moments de repos que lui laissent tant de soins, elle file en chantant quelque mélopée plaintive qui endort le petit dans son berceau.

On préparait les illuminations pour le soir. Qui saura jamais ce que l'expédition de Garibaldi a coûté de lampions à l'ancien royaume des Deux Siciles ? On pendait des lanternes et des verres de couleur autour du portail de l'église, aux chapelles votives élevées au coin des rues, aux fontaines, aux arcs de verdure, aux mâts des barques, aux corniches des maisons, aux fenêtres, aux portes, sur les toits, partout. Heureusement l'huile abonde dans ce pays où le soleil mûrit vite les olives, car cette fête de lumignons, qui, selon l'usage italien, devait durer trois jours, menaçait de brûler la récolte d'une année.

Garibaldi n'était déjà plus à Bagnara, qu'il avait quitté quelques heures avant notre arrivée ; mais nous y trouvâmes le colonel Frapolli, celui-là même avec qui nous étions partis de Gênes. Député au parlement de Turin, ancien ministre de la guerre à Modène, après la campagne de 1859, organisateur habile, voyageur bien connu de toutes les sociétés savantes, il avait abandonné ses études pour venir consacrer à la cause italienne son expérience et son courage. Il est peu de questions d'histoire, de sciences, de philosophie ou de morale auxquelles son esprit vaste et rapide n'ait touché, et j'ai béni ma bonne fortune toutes les fois qu'elle m'a permis de causer longuement avec lui. Après s'être entretenu le matin même avec Garibaldi, il se préparait à retourner en Sicile pour activer l'envoi des troupes et les diriger par mer, non plus sur Reggio et sur Scylla, mais beaucoup plus au nord, en prévision d'une résistance déterminée, pour les jeter à Paola, derrière Cosenza de façon à couper la retraite aux Napolitains, et sur Sapri, pour opérer un mouvement menaçant vers Salerne. C'était le moyen, fort bien imaginé par Frapolli lui-même, d'isoler les uns des autres et de réduire à néant les différents corps de royaux qui occupaient encore en forces la route de Naples, et qui pouvaient nous disputer très-sérieusement le passage dans l'occurrence peu probable où le pays entier ne se soulèverait pas à notre approche.

Frapolli partit seul sur sa petite barque pour regagner Melazzo, et nous, pour aller rejoindre Garibaldi, nous montâmes en voiture ; mais quelle voiture ! Élevée trop haut sur des essieux trop longs, qui rejetaient les roues trop loin d'une caisse peinte d'un bleu cru où le soleil, la lune, les étoiles et le crucifiement de Jésus éclataient en couleur jaune, elle remuait et s'agitait toute seule sur ses courroies détendues ; tapissée à l'intérieur d'une vieille toile de Perse qui laissait échapper l'étoupe, elle offrait à nos têtes le dur oreiller des compas rouillés et des clous en saillie. On y montait par un marchepied à six étages ; trois chevaux attelés de front traînaient ce berlingot difforme, qui bondissait à chaque cahot, et dont la capote en cuir s'ouvrait de larges gerçures par où le soleil nous envoyait ses flèches d'or. Les deux pieds sur une botte de foin, le cocher avait les genoux à la hauteur du menton ; il fouetta ses chevaux, et nous partîmes comme un ouragan de grelots et de vieille ferraille ; jamais charivari donné à des noces ridicules ne fit un tel tintamarre. En nous l'amenant lui-même, le syndic nous avait dit avec satisfaction : « C'est le plus beau carrosse du pays ! »

La route monte, monte ; elle se coupe à angle aigu, elle fait coudes sur coudes et zigzags sur zigzags pour atteindre sans trop de fatigues le sommet de la montagne. Nous avons déjà fait beaucoup de chemin, nous croyons être loin de Bagnara, et tout à coup, comme au fond d'un précipice, la ville apparaît juste au-dessous de nous avec ses maisons à toits plats. Nous montons toujours, au pas ; les chevaux haletants, égouttent leur sueur qui troue la poussière.

Bourdonnantes et implacables, des mouches nous assiégent, que nous ne pouvons chasser. Dans tous les pays que j'ai parcourus, dans les baies azurées où nagent les requins, sur le bord des fleuves que les crocodiles soulèvent de leur dos cuirassé, à travers les déserts où le lion pousse ses rauquements, dans les montagnes où bondissent les léopards, dans les solitudes que parcourt l'hyène immonde, parmi les ruines où rampent la céraste et le scorpion, je n'ai jamais rencontré qu'un seul animal vraiment féroce, la mouche. Après la bataille de Solferino, ivres de sang, les mouches suivirent l'armée ; nos soldats en étaient dévorés ; un de mes amis m'a dit avoir offert à ces insatiables harpies de la viande, du sirop, du sucre, du miel, des fruits, rien ne les retenait ; elles quittaient tout pour se jeter sur l'homme dont elles avaient apprécié la succulence.

A mesure que nous gravissons la montagne, la nature méridionale s'efface ; aux myrtes des haies, les ronces ont succédé ; les paysages de France apparaissent. Voici les châtaigniers, les fougères, les bruyères violettes comme un deuil royal, quelques tilleuls et des chênes. Sans ces beaux troupeaux de bœuf gris qui, couchés parmi les chaumes, ruminent mélancoliquement, on se croirait dans quelque pays de Bretagne, vers Ploërmel ou Quimperlé. De grandes fermes se montrent çà et là, entourées de murailles et précédées d'une porte où se lit le nom du propriétaire : *tenuta di Paolo Faliscarpa, tenuta di Giovanni Sanpolito.* Des femmes curieuses se mettent aux fenêtres quand nous passons; les hommes occupés aux travaux des champs, — ici nous sommes loin de la mer, — lèvent leur bonnet, l'agitent et reprennent leur besogne. Tout est calme, rassis, sans inquiétude On ne croirait pas qu'une révolution vient de se faire; nous ne sommes point une armée, nous sommes des amis qu'on attendait depuis longtemps : *Salute, fratelli,* nous disent ces bonnes gens. Dans un village, vers Seminara, ils chantent une chanson en patois que je comprends difficilement ; j'y distingue quelque lambeaux de phrases : « Vive Garibaldi ! — Vivent les chemises rouges ! — Le rouge est la plus belle couleur, — C'est celle du sang versé pour la liberté. — Il met le pied dans la Calabre noire, le héros de Varèse, — Et voilà que le Bourbon ne règne plus ! »

La route a fait comme Mme de Marlborough, elle monte *si haut qu'elle peut monter* ; il faut bien qu'elle finisse par descendre, et comme elle, nous descendons au grand trot de nos chevaux, que notre voiture presse de tout son poids. A mesure que les terrains s'abaissent, la végétation méridionale reprend le dessus et règne seule. Avant d'arriver à Palmi, nous entrons dans une forêt d'oliviers tels que je n'en ai jamais vu. Certes les oliviers de la plaine de Smyrne, énormes, larges, contournés de vieillesse, sont beaux et l'on peut saluer en eux les patriarches de la végétation ; les oliviers de l'Attique, j'entends ceux qu'a laissés debout le vandalisme des Turcs, qui, pendant la guerre de l'indépendance grecque, comblaient les puits, tuaient les bestiaux et coupaient les arbres fruitiers à ras du sol, sont splendides, ombreux, et agitent gracieusement leur tête argentée aux brises venues du golfe d'Égine ; les oliviers du jardin fameux à Jérusalem, malgré les blessures que le temps leur a faites, ont un aspect sévère et attristé qui émeut quand on pense au drame terrible dont ils furent légendairement les témoins. Ni les uns ni les autres cependant ne peuvent être comparés aux oliviers de Palmi. L'olivier est toujours bas, gagnant en grosseur ce qu'il pert en élévation, se tordant sur lui-même, économisant son maigre ombrage ; au lieu de s'élancer vers le ciel, il semble chercher la 'erre, comme pour lui donner plus facilement ses fruits. Ici l'olivier n'est plus un olivier, c'est un arbre feuillu comme nos hêtres d'Auvergne, haut comme nos tilleuls, projetant vers les nuages ses branches vigoureuses, et répandant autour de lui une ombre saine où croissent les fougères. Je les regardais avec admiration, avec envie, et involontairement je me disais ce que j'ai déjà dit si souvent : Ah ! je voudrais vivre là ! Vœu impie et qui m'aurait vite soûlé le cœur s'il eût été satisfait, car dans nos époques de transition tourmentée, la destinée de l'homme est de ne s'arrêter jamais. Le repos n'est pas dans les milieux, il est en soi-même, et je plains de toute mon âme les pauvres Juifs errants qui ne l'ont pas trouvé. Est-il dans la tombe même ? J'en doute ; la mort ne doit être qu'un relai.

Derrière ces oliviers merveilleux, à travers leur feuillage découpé qui m'apparaissait noir, le soleil se couchait,

Large et couleur de feu comme un manteau de guerre !

L'horizon, plein de fauves ardeurs, semblait une nappe vermeille sur laquelle la forêt appliquait sa gigantesque silhouette ; les faisceaux de nos soldats, campés sous les arbres, reluisaient aux dernières lueurs du jour pendant que les hommes, arrachant les fougères par brassées, se préparaient un gîte pour la nuit. La route fait un coude, se jette brusquement à gauche, et nous entrons dans une sorte de faubourg qui nous mène à Palmi.

II

Nous n'y restâmes pas longtemps, car la nouvelle se confirmait que nous étions attendus à Monteleone, où l'ennemi, appuyé d'un petit château fort, profitant de la plaine pour développer sa cavalerie et son artillerie, dont nous manquions absolument, pourrait nous attendre à l'issue des montagnes et nous rejeter dans le pays que nous venions de parcourir. La prudence la plus élémentaire invitait donc à prendre des précautions, et nous dûmes, le colonel Téléki et moi, repartir pour Bagnara, afin d'activer la marche de la brigade Eber; quant au général Türr, il demeurait naturellement près de Garibaldi. Vers dix heures du soir, après un copieux dîner qui nous fut offert par un des riches négociants de la ville (à la guerre, les repas se suivent et ne se ressemblent pas), nous descendîmes vers la *marine*. Quelle route! en pente rapide, autrefois dallée de larges pierres plates qui se sont usées ou soulevées, et contre lesquelles le pied bute à chaque pas, sombre, sous les arbres qui ne laissent même pas arriver jusqu'à elle cette obscure clarté qui tombe des étoiles et dont le Cid a parlé, faisant mille détours qui, dans les ténèbres, nous jetaient tout à coup contre un talus ou contre une haie armée d'épines! On croyait mettre le pied sur une ombre projetée, on le mettait dans un trou ; notre fatigue se doublait de la nuit, qui nous faisait aveugles. Au bout de trois quarts d'heure de ce supplice, nos fronts ruisselants et nos pieds meurtris témoignaient que nous ne l'aurions pas supporté encore bien longtemps. Nous nous assîmes sur le rivage, près d'une masure, et pendant une demi-heure nous attendîmes la barque qu'on avait donné ordre de préparer pour nous ; elle arriva enfin, et je m'y couchai à moitié, enveloppé dans une grosse capote de matelot, car j'avais sottement oublié mon burnous à Bagnara. Nos quatre rameurs, debout, poussèrent leurs avirons, et nous partîmes.

Nous longions la côte qui se dresse en hautes falaises, au pied desquelles les flots aboyaient contre nous comme des chiens embusqués derrière les récifs. Au loin nous entendions, sans le voir, un pêcheur qui chantait en jetant ses lignes. L'air était frais et doux à la fois ; Sandor Téléki et moi, nous causions : de la guerre? de Garibaldi?

des batailles possibles? de Messine? de Naples?... Non pas, mais de Paris, de ce que nous avions laissé, de nos amis, de ceux qui pensaient à nous et qui, dans cette minute même, inquiets et troublés, se disaient peut-être : « Où sont-ils? » Puis, la pente de la causerie nous entraînant, nous remontâmes plus haut dans le temps, vers l'époque où la Hongrie combattit si admirablement pour cette liberté que je ne sais plus quel poëte a appelée la grande ingrate! J'écoutais mon compagnon ; il me racontait la vie de sa jeunesse, quand il était libre, grand chasseur et grand seigneur en Transylvanie, puis la guerre de l'indépendance durant laquelle il fut chef de l'état-major du général Bem, l'un des hommes de guerre de ce siècle ; puis la capitulation de Gœrgey, trahison honteuse d'un magyar vaniteux qui eut en horreur les tendances égalitaires de la révolution, puis l'emprisonnement dans la forteresse d'Arad, la condamnation à mort, l'évasion, la fuite, l'arrivée en Turquie en haillons, pieds nus, l'hospitalité des pachas pour ces glorieux fugitifs que deux grands empires et la trahison seuls avaient pu vaincre ; enfin la vie de l'exil, vie errante, inquiète, pleine de trouble, de défaillances et d'espoirs tenaces qui, si souvent, sont démentis par la réalité.

— Pendant qu'il parlait, les heures fuyaient et la route aussi, car je me trouvai tout à coup, au moment où sonnait une heure du matin, près d'une belle grève derrière laquelle brillaient quelques lumières : c'était Bagnara.

Nous passâmes par-dessus les soldats couchés et endor-

mis sur le sable, nous communiquâmes au brigadier Eber
les ordres dont nous étions porteurs, et à quatre heures,
au petit point du jour, la brigade se mettait en marche.
Nous reprîmes donc à cheval et au soleil levant la route que
la veille nous avions parcourue en voiture et aux dernières
heures du jour ; elle s'éclairait de lumières blanches au
lieu de refléter des lueurs rouges, mais elle était aussi
belle. Quel paradis perdu que ces Calabres ! quelles ressources, quelle richesse, quelle forte race ! Rien n'y manque :
ni l'eau, ni la terre, ni le soleil, ni les hommes. Par quel
gouvernement malsain ce pays a-t-il donc toujours été
systématiquement écrasé pour qu'il soit si pauvre et si dénué ? La route, route carrossable et large, que nous foulons
aux pieds, et qui va de Naples à Reggio, n'existe que depuis
quarante ans à peine ; auparavant on allait comme on pouvait,
à travers champs, à travers des torrents, des sentiers, des
gués, des montagnes et des plages, à dos de mulet. Des
villes, on ne connaissait que celles du littoral, où l'on
abordait facilement en bateau ; quant à celles de l'intérieur,
nul ne se hasardait à les visiter ; elles étaient reléguées dans
leur isolément comme des pestiférés en quarantaine. « Je
n'ai trouvé dans le pays aucune imprimerie, il n'y en a point
dans les Calabres, » écrivait Masséna au roi Joseph [1] ;
je crains bien qu'on ne puisse écrire encore la même chose

---

[1] *Mémoires et Correspondance politique et militaire du roi Joseph*, t. III, p. 157.

aujourd'hui. Quelque préparés que nous fussions aux spectacles qui nous attendaient, nous restions parfois comme anéantis devant les exemples d'ignorance traditionnelle qui nous frappaient chez des hommes jeunes, vigoureux et pleins de bon vouloir. A Bagnara, j'eus à écrire, on demanda une plume dont j'avais besoin dans plus de dix maisons avant de pouvoir la trouver. « L'Etna est l'arsenal où Dieu avait réuni ses tonnerres pour anéantir les Sarrasins, » me disait un habitant de Messine. Moi, ne voyant naïvement dans cette phrase qu'une métaphore, je lui demandai : « Est-ce un poëte sicilien qui a dit cela ? — Ce n'est pas un poëte, me répondit-il avec vivacité, c'est le curé dernièrement au prêche, et il a ajouté que, si nous n'allions pas régulièrement à confesse et si nous ne donnions pas de l'argent pour faire rebâtir le campanile de l'église, Dieu se servirait de ces foudres contre nous. — Et vous avez donné ? — Certainement ! je n'ai pas envie d'être foudroyé ; ceux qui le sont vont directement en enfer à cause de l'odeur du soufre qui attire le diable, comme chacun sait. » Tout le système de l'ancien gouvernement napolitain est dans ce fait : maintenir les hommes dans l'ignorance, se servir de l'ignorance pour les effrayer, se servir de la frayeur pour leur extorquer plus facilement de l'argent.

Arrivés près de Palmi, nous nous y rendîmes, et la brigade continua son chemin pour aller prendre son campement. Nous descendîmes chez le général Türr, qui avait son quartier dans une grande maison où des appartements nous étaient réservés par ses soins. Là, comme à Cannitello, comme à Bagnara, comme partout dans ce royaume de Naples où les Grecs ont laissé une si profonde empreinte de leur génie, chaque chambre est peinte à fresque; ces fresques sont médiocres, j'en conviens, mais elles accusent un certain goût, distrayent l'œil, et sont cent fois préférables à nos papiers de tenture, malgré les velours et les ors dont ils sont ornés. Tous les sujets sont empruntés à la mythologie; ceux qui décoraient les murailles de notre salon représentaient l'enlèvement de Déjanire et Orphée emmenant Eurydice. Entre ces deux grands tableaux se carrait, dans sa lourde bordure dorée, le portrait du père de nos hôtes, de sa main étendue montrant une lettre de change tirée sur Trieste et paraphée par lui. Un de nous fit cette mauvaise plaisanterie d'écrire en travers, au crayon : *Acceptée pour la somme de...* et signa. En face, dans un cadre semblable, trônait le portrait de la femme du négociant; ce n'est pas un billet à ordre qu'elle tenait à la main, c'était bel et bien son contrat de mariage, dont il était facile de lire la première page. Ces puérilités provinciales peuvent sembler ridicules, mais elles ont un fonds de bonhomie naïve qui m'a toujours touché.

Nos soldats remplissaient la ville, qui leur faisait fête de son mieux. Elle est assez grande, irrégulière, comme toutes les villes des Calabres, et fort commerçante; elle doit même faire un négoce suivi avec nos ports de la Méditerranée, car en furetant par hasard je découvris un vice-consulat de France qui étalait orgueilleusement, au-dessus de sa porte, son écusson d'azur à l'aigle d'or empiétant un foudre du même. Le premier travail de la municipalité avait été de changer le nom des rues, et sur de larges pancartes, en grosses lettres tracées à la main, on pouvait lire : *rue Garibaldi, rue Victor Emmanuel, place de l'Indépendance*. Cela me fit rire et me remit en mémoire le débaptisement général que nos rues de Paris avaient supporté après la révolution du mois de février 1848 : *rue Lamartine, rue Ledru-Rollin,* et jusqu'à la rue de la Ferme-des-Mathurins qu'on avait appelée (j'ai vu l'écriteau) *rue du Père-du-Peuple,* parce que M. Odilon Barrot y demeurait. Les actions humaines, si graves, si terribles qu'elles soient, ont toujours un côté invinciblement comique qui semble apparaître à point nommé pour rassurer les esprits les plus anxieux.

Vers l'heure où le soleil se couche, j'allai sur une sorte de petite place qui domine la ville basse et la mer. Je pus alors me rendre compte de la situation de Palmi, qui est merveilleuse. Entre deux falaises hautes comme nos falaises de Normandie, non point chenues et désolées comme elles, mais boisées et toutes frissonnantes d'une verdure profonde, la ville s'asseoit sur une colline qui s'abaisse presque subitement en glacis, et se prolonge dans la mer par une langue de terre longue, effilée, empanachée d'arbres touffus où s'agitent quelques palmiers échevelés ; c'est un cap aigu, chargé de jardins et jeté au milieu des flots, qu'il divise en deux petits havres arrondis, où les bateaux trouvent un bon mouillage. Tout est végétation, végétation solide, violente, presque noire ; là, comme sur les côtes de la Phénicie, les lauriers-roses laissent volontiers glisser leurs racines jusqu'au-dessus des vagues, qui les mouillent en s'élançant. Tout le pays qui entoure Palmi a une vitalité que rien ne paraît pouvoir atteindre ; par ses sources, il a trop d'humidité pour être jamais brûlé du soleil ; par son soleil, il amasse trop de achaleur pour être jamais terni à l'âpre souffle des nuits d'hiver ; en outre les brises vivifiantes de la Méditerranée lui apportent chaque jour une santé nouvelle.

En face de nous, à l'ouest, noyées déjà dans les brumes empourprées du soleil couchant, les îles d'Éole s'élèvent au-dessus des flots, précédées par la solfatare de Stromboli, qui incline dans le vent son panache d'éternelle fumée ; plus loin, du côté de l'Afrique, la Sicile échancre ses côtes, que domine la masse énorme de son volcan. L'Etna d'autrefois s'appelle aujourd'hui Mongibello, c'est un souvenir de la domination sarrasine. Voyant la hauteur de l'Etna, les Arabes l'ont appelé *Djebel*, c'est-à-dire la montagne, la montagne par excellence ; les Siciliens ont pris cette dénomination pour un nom ; ils ont italianisé le mot et en ont fait Gibello, Monte-Gibello, puis par corruption Mongibello ; le patois de Sicile renchérit et prononce *Muncibeddu*. La géographie des peuples souvent conquis est pleine de semblables pléonasmes, que l'usage consacre faute de réflexion.

Palmi fut pour nous une ville de ravitaillement, nous y trouvâmes des mulets et des chariots attelés de bœufs; cela nous était devenu indispensable, car nous pouvions avoir à nous enfoncer dans l'intérieur des terres et les bagages de la brigade qui nous suivaient en barque depuis notre départ de Messine risquaient fort de ne plus nous rejoindre; heureusement tout avait été fidèle au rendez-vous, malles, sacs de nuit, caisse militaire, ordonnances et intendants, et on avait mis à notre disposition assez de bêtes de somme pour porter tout cela. Nous allions pouvoir marcher militairement, avec notre convoi de bagages, ainsi qu'il convient.

Garibaldi était déjà loin de Palmi; il en partait à l'heure où nous avions quitté Bagnara. Avant le jour, il s'était mis en route au galop, s'inquiétant peu de savoir s'il était seul ou escorté, courant là où on l'attendait, contraignant à force d'activité les destinées à s'activer elles-mêmes, ne s'arrêtant guère que pour recueillir un renseignement, pour donner un ordre, pour écrire un billet, et repartant à toute vitesse vers sa destination, que lui seul connaissait. Ses officiers d'état-major couraient à perdre haleine, crevaient leurs chevaux pour le rattraper, et quand enfin ils l'avaient rejoint à son gîte de la nuit et qu'ils croyaient pouvoir se reposer pendant quelques instants, ils apprenaient qu'il venait de repartir, et que déjà il était loin. On n'a compris que plus tard le motif de cette inconcevable rapidité : soulevant l'insurrection partout où il apparaissait, Garibaldi voulait arriver à Naples sans avoir fait verser une goutte de ce sang italien qui lui est si cher, et il y réussit.

La nuit durait encore lorsqu'à travers les ténèbres nous reprîmes notre route, escortés par un guide. Près de nous, dans la double obscurité des arbres et de la nuit, des fantômes blancs passent silencieusement : ce sont les femmes de Palmi qui vont porter des vivres aux campements militaires établis autour de la ville ; elles vont comme des ombres, sans bruit, se glissant le long des talus pour fuir les guides qui nous escortent, et leur jettent parfois quelques mots d'une galanterie trop épicée. Le jour se lève verdâtre et encore mal triomphant des derniers voiles de la nuit, quand nous arrivons à une large plaine nue, où se hérissent des tiges de maïs coupés. Trois ou quatre feux y flambent, hauts et clairs, mais impuissants à chasser la brume grise qui s'élève lentement des marais voisins. Les soldats, rangés en cercle, grelottent pendant l'appel, car la nuit a été froide et d'une humidité pénétrante qui a glacé leur chair. Les fanfares résonnent, on se sent plus joyeux, les yeux demi-clos encore s'ouvrent tout à fait ; l'avant-garde file à son poste au pas de course, nous prenons la tête de la colonne auprès du brigadier Eber ; les clairons jettent dans l'espace des notes rauques qui signifient : marche ! et nous partons.

Plus de montagnes, la plaine partout et à notre gauche la mer, qui s'arrondit dans le golfe de Gioja et se replie à l'horizon au cap Vaticano. A notre droite, derrière les haies plantureuses qui bordent la route, la plaine s'étend à perte de vue, humide, malsaine, tourbeuse et hantée sans doute à l'automne par les pâles fées de la *mal' aria*. Un pont traverse un cours d'eau à moitié bu par l'été, et qu'on appelle emphatiquement dans le pays le fleuve Marro ; la Normandie n'en voudrait pas pour rigole. Tel qu'il est cependant, laissant égoutter ses minces filets limpides à travers les cailloux, il nous donne un peu à boire et nous montre des jolies rives ou tremblent les tamarix. Nous marchons résolûment sous le soleil, qui brûle nos visages et mord nos mains. De temps en temps on fait battre les tambours ou sonner les trompettes pour redonner un peu d'élan aux hommes que la chaleur accable. Les Siciliens chantent, et avec leur blouse en cotonnade rouge bravent sans façon ce ciel ardent qui énerve leurs compagnons de l'Italie du nord. Au bout de la plaine, deux belles collines vertes et ombreuses surgissent tout à coup ; elles sont comme les vedettes de la petite ville de Rosarno, que nous laissons à notre droite pour aller faire notre grande halte sous des oliviers presque aussi beaux que ceux de Palmi. La nourriture n'était pas abondante, et je déjeunai de trois tomates crues. Ah ! le malplaisant déjeuner ! eût dit Gargantua dans sa jeunesse.

Quelques soldats s'étaient répandus dans le bois, marchant sur la pointe du pied, regardant aux branches, et tirant à balle sur d'innocents moineaux qui s'enfuyaient à tire-d'aile. Cette sorte de chasse, fort peu meurtrière, était expressément défendue, mais il n'est point facile d'empêcher un soldat volontaire de tirer des coups de fusil. J'étais étendu à l'ombre d'un vaste figuier, couché sur un bon lit de tiges de maïs, en compagnie des officiers de la légion hongroise, lorsqu'un Hongrois, tenant par l'oreille un cochon de lait qui semblait bien avoir été récemment assassiné, s'approcha d'un air piteux du chef de la petite troupe magyare, le major Mogyorody [1], et lui dit : « Mon commandant, est-ce que je peux accepter ce joli petit cochon qu'un paysan vient de me donner ? — On ne te l'a pas donné, tu mens ; c'est toi qui viens de le tuer, et tu sais cependant que c'est défendu. — Non, mon commandant, je ne l'ai pas tué ; c'est le paysan qui m'a prié très-poliment de l'accepter, et la preuve, c'est qu'il m'a demandé des nouvelles de M. Kossuth. — Comment as-tu pu savoir qu'il te parlait de Kossuth, puisque tu ne comprends pas l'italien ? — Je l'ai deviné à son air gracieux. » La raison était péremptoire, elle fut acceptée, et le petit cochon, enfilé sur une baguette de fusil, fut mis à rôtir, après qu'on lui eut préalablement enlevé la tête, qu'une balle avait fracassée.

Près de nous, derrière un champ de maïs verdoyant, bruissait un ruisseau tout fleuri de baumes et de menthes ; des fougères hautes comme des arbustes croissaient sous les

---

[1] Depuis lieutenant-colonel après la bataille du Vulturne, où il se distingua spécialement.

oliviers ; la colline montait en pente douce, couronnée de sa belle verdure ; au loin les montagnes de l'horizon apparaissaient bleues, semblables à une découpure du ciel. Je serais resté là volontiers tout le jour, sans parler, rêvassant et laissant mon esprit s'en aller dans le grand souffle de la nature ; mais un devoir impérieux m'appelait plus loin, à Mileto, et abandonnant la brigade, qui devait faire sa halte sous ces ombrages profonds jusqu'à l'heure où le soleil perd un peu de sa force, je partis seul à cheval, suivi d'un cavalier-guide.

Il est midi, le soleil de feu tombe d'aplomb sur moi ; la poignée de mon sabre me brûle comme un fer rouge quand j'y porte la main ; nos chevaux fatigués ne vont qu'avec peine, comme en rechignant, sur le chemin plat, gris d'une poussière tamisée qui s'élève en tourbillons sous nos pas et nous enveloppe. Le paysage est dur à force de lumière ; quelques miroitements carboniques semblent faire onduler les prairies; les arbres se détachent noirs et secs sur l'azur implacable. La solitude partout; à peine çà et là une vache haletante montre la tête au-dessus des herbes ; pas d'oiseaux, pas même de sautillantes bergeronnettes le long des fossés humides. Tout se tait sous la chaleur, la nature paraît silencieusement affaissée, nous en sommes le seul bruit. A travers la poussière de la route, j'aperçois des hommes qui se hâtent et marchent de mon côté. Ce sont des paysans d'un village qu'on voit au loin accroché à la montagne, et qui doit être Laureana ; ils sont armés, un prêtre les conduit, grand garçon de trente ans, large, apoplectique, roulant de gros yeux, en bas de soie, en culottes courtes, avec un large chapeau à ganse d'or, décoré d'un flot de rubans rouges, verts et blancs. Arrivés près de moi, les hommes me présentent les armes, et le prêtre, s'arrêtant devant mon cheval, se campant le poing sur la hanche avec des airs de matamore, s'écrie, sans reprendre haleine : « Vive Garibaldi ! — Vive notre roi Victor-Emmanuel ! — Vive l'Italie ! — Vive l'unité ! — Vive la casaque rouge ! — A bas les Bourbons ! — A bas les Autrichiens ! — A bas les évêques ! — A bas les impôts ! » Le pauvre homme faisait de si visibles efforts pour paraître convaincu de ce qu'il criait, qu'il ne me convainquit pas du tout et me fut même assez déplaisant. Je ne répondis donc pas à ses acclamations, et je me contentai de lui dire : « Combien comptez-vous de milles d'ici à Mileto ? » Il reprit à tous poumons : « Vive Garibaldi ! — Vive notre roi !... » Je donnai un coup d'éperon à mon cheval et je partis au trot, laissant la manifestation, qui resta quelques instants à se consulter et reprit rapidement sa route vers le campement de la brigade.

J'arrive à une rivière presque sans eau, qui est le fleuve Messima [1]. En 1783, pendant le tremblement de terre, il disparut englouti dans un convulsion, et reparut tout à coup. Un grand pont le traverse, pont de bois dont les balustrades vermoulues tombent de vieillesse, disjointes et pourries. Les lambourdes qui composent le tablier sont sé-

---

[1] Nommé en patois calabrais indifféremment *Métramo* et *Métauro*; les anciens l'appelaient *Métaurus*.

parées les unes des autres, et d'un tel écartement, malgré le sable qu'on y a jeté, que les chevaux hésitent à passer. Je n'avais vu semblable incurie qu'en Orient, dans les plus mauvaises provinces de l'empire turc, celles qu'on a pour ainsi dire abandonnées aux Turcomans nomades. Les voyageurs qui, parcourant l'Asie Mineure, se sont rendus d'Aïa-Soulouk, où sont les ruines d'Éphèse, jusqu'à Sardes, en passant par Tyra et Birké, doivent se rappeler une assez large rivière qu'on appelle le faux Méandre, et qui est enjambée par un pont de bois plus dangereux et plus semé de trahisons que les courants les plus rapides. Les poutrelles transversales sont tellement éloignées les unes des autres qu'on descend de cheval et qu'on saute de poutre en poutre, comme si le tablier n'avait pas encore été posé. Les chevaux, pris de terreur à ces éclairs de lumière humide qui du lit du fleuve montent vers eux, se cabrent, refusent d'avancer, et l'on est souvent obligé de les conduire le long de la rive pour chercher un gué, afin d'éviter les périls de ce que l'administration de la Sublime Porte nomme un pont. Le pont du fleuve Messima ressemble à celui qui s'élève sur la route de Tyra à Birké, et il y a longtemps qu'il est dans cet état de périlleux délabrement, car un opuscule publié en 1783 [1] donne à ce sujet des détails qui semblent écrits d'hier. La plaine qui s'étend près du

---

[1] *Lettre du chevalier Hamilton au président de la Société royale de Londres* (sur les tremblements de terre arrivés dans les royaumes de Naples et de Sicile depuis les premiers jours de février jusqu'en mai 1783).

pont est comme mouvante, moitié sable et moitié fange ; l'herbe rare semble n'y pousser qu'à regret, pourrie au pied par la stagnante humidité, brûlée à la tige par le soleil. Tout dans cet endroit a un air de désolation malsaine ; une ou deux basses collines de gravier tristes et mornes servent de retraites à des lézards qui se sauvent au moindre bruit. Les arbres ici ont disparu, et avec eux la verdure des prairies ; ce sont des champs en friche ou moisonnés, on se croirait dans la Beauce ; des corneilles à mantelet courent gauchement parmi les chaumes; au loin, on entend le crécellement aigu des cigales. Auprès d'une meule de paille, des soldats royaux, déserteurs des brigades qui furent cernées à Villa-San-Giovanni, se reposent et font paisiblement la sieste; ils portent le pantalon et la veste en cotonnade bleue, uniforme de la troupe napolitaine pendant l'été. Je les appelle, j'interroge un sergent qui paraît les guider : « Où allez-vous ? — A la maison ; nous avons quitté le service. — Où sont vos camarades? — Envolés comme des oiseaux, chacun vers sa ville ou son village. — A quelle brigade apparteniez-vous? — A la brigade Briganti. — Où est le général Briganti? » A cette question, ces hommes, ils étaient neuf, parurent hésiter, et tout à coup, tournant les talons, ils se sauvèrent. Mon cavalier-guide voulait courir après eux ; je le rappelai et continuai ma route. Pourquoi cette fuite précipitée? Je ne devais pas tarder à en avoir l'effroyable explication.

Les horizons sont beaux parce qu'ils sont étendus et

noyés dans la lumière rouge du soleil ; mais le paysage ne se relève pas, il reste laid et aride ; la chaleur est terrible. A toutes les maisons devant lesquelles nous passons, mon guide demande de l'eau malgré mes conseils. « C'est plus fort que moi, » me dit-il, et plus il boit, plus il a soif. « Mais comment faites-vous donc pour ne jamais boire, » me demande-t-il. Pour toute réponse, je lui montre un tout petit morceau de pierre à fusil que j'ai dans la bouche. « Ah! reprend-il en soupirant, cela ne vaut pas un verre de vin d'Asti, comme on en boit dans mon bon pays de Montferrat. »

En haut d'une âpre côte que nous avions gravie dans la poussière, je rencontrai une troupe de soldats appartenant, je crois, à la division Medici, et qu'à leur costume gris foncé je reconnus pour des Toscans. Réunis à l'ombre douteuse de trois ou quatre arbres maigrelets, ils jouaient ensemble, chacun faisant le moulinet avec son fusil, le portant debout en équilibre sur un doigt, le lançant en l'air pour le rattraper au vol. En passant près d'eux, je leur jetai un avertissement sur ces jeux pleins de péril. On me répondit par la phrase commune : « Il n'y a pas de danger! » Je n'avais pas fait vingt pas que j'entendis une détonation : je me retournai et j'aperçus un de ces jeunes hommes qui s'affaissait, il se roulait sur la terre et se débattait en criant. Nous détachâmes sa blouse; la balle avait pénétré dans la région intermédiaire du diaphragme, et elle était ressortie par le dos. Le pauvre enfant pâlissait, ses yeux cernés de tons livides flottaient sous les paupières déjà trop pesantes. Nous l'appuyâmes contre un arbre. « Laissez-moi dormir, disait-il, j'ai la tête lourde. » Une voiture passa, je la fis requérir, on y coucha le blessé sur les coussins réunis ; une demi-heure après, il était mort.

III

J'étais, on le comprendra facilement, sous une triste impression en arrivant à Mileto. La ville me parut affreuse, carrée, petite, rebâtie à neuf avec de vieux matériaux et composée de trois rues parallèles si larges qu'elles ressemblent à des places. Elle s'agitait, courait, faisait plus de bruit que de besogne et criait à rendre sourd. Garibaldi s'y trouvait. A l'aide de tentures de soie et de coton, de draps et de tapis, on avait improvisé, sous un arbre, dans un champ, une tente où le dictateur se tenait. Il était à demi couché, ayant près de lui des cartes déployées ; deux prêtres debout le regardaient avec une sorte de curiosité farouche, pendant qu'il écoutait une députation des habitants de Monteleone qui le priaient d'accourir au plus vite pour empêcher la garnison napolitaine de se porter à des excès redoutables. Les troupes royales, du reste, faisaient, dit-on, leurs préparatifs de départ, et au lieu de nous livrer bataille dans les plaines de Monteleone, ainsi que nous l'avions pensé d'abord, elles se retiraient sous les ordres du général Ghio pour aller nous disputer le passage des défilés qui mènent à Cosenza; mais on craignait qu'en se retirant de Monteleone, elles ne rançonnassent la ville. « J'y vais tout de suite, » répondit Garibaldi, et il sauta dans une calèche qui partit grand train; chacun à pied, à cheval, en voiture, s'élança pour le suivre. Le général Tűrr, que je venais de retrouver, partit comme les autres pour rejoindre ce chef d'armée qui ne marchait qu'au galop. Ils arrivèrent à Monteleone; à leur aspect, la ville entière se souleva, et la garnison s'éloigna sans retourner la tête.

« A Reggio les pêcheurs d'espadons, à Catanzaro les tisseurs de soie, à Mileto les brigands et les prêtres! » c'est encore un proverbe des Calabres, et il est aussi vrai que le premier. Relativement, Mileto est une ville neuve : le tremblement de terre de 1783 l'a littéralement engloutie; le sol s'est ouvert et refermé, gardant la ville dans ses entrailles, et l'on n'a pas encore fini de la reconstruire : des chaumières, quelques hangars, un vaste séminaire, le palais de l'évêque et une moitié d'église coiffée d'un affreux dôme en zinc. C'était la ville chérie et favorisée des princes normands; ils la dotaient, faisaient des pèlerinages à sa chapelle, lui donnaient des fiefs et lui soumettaient les colonies du Bas-Empire, dont l'origine grecque est attestée encore aujourd'hui par le nom des villages voisins : Ierocarno, Potame, Dafina, Policastro. C'est aujourd'hui un misérable bourg d'aspect sinistre, et qui compte à peine deux mille habitants. De ses splendeurs passées il ne lui reste rien qu'un évêché d'où l'évêque s'est enfui à notre approche. Des prêtres noirs la parcourent timidement et curieusement; ils nous regardent avec anxiété quand ils pensent n'être pas remarqués, et s'étonnent de ne point voir à notre front les cornes du diable et à nos pieds ses ongles fourchus. Lorsqu'ils passent près de nous, ils nous saluent de cet air humble et quémandeur qui indique la crainte prête à toutes les concessions; il n'y a de franchise ni dans le regard, ni dans le geste, ni dans la voix. Là, dans une bourgade des Calabres, dans ce pays perdu dont le nom n'est venu qu'à bien peu d'oreilles, la providence des événements a réuni pour quelques heures, face à face, les deux frères ennemis, les deux lutteurs irréconciliables, les robes noires et les casaques rouges, l'autorité quand même, la liberté quand même. La guerre entre ces deux principes semble près de s'engager dans le monde entier : à qui restera la victoire?

Dans les murailles de l'église nouvelle, froide et suant l'humidité, on a encastré des bas-reliefs recueillis parmi les débris échappés à l'engouffrement d'autrefois; ils représentent des princes normands, des Humfroy, des Robert Guiscard, vêtus de la chemise de mailles, agenouillés et mains jointes; à côté, je vois deux sculptures peu chrétiennes figurant je ne sais quels amours, trouvés sans doute dans les ruines de quelques villes du vieux Brutium, ou arrachés à Hipponium, dans le temple de Proserpine, dont le comte Roger donna les colonnes à l'abbaye de Mileto. Les a-t-on mis là comme un simple ornement, ou pour prouver que la religion romaine, en donnant asile aux restes de toutes les croyances sur lesquelles elle s'est fondée, mérite bien son nom de catholique? Je ne sais.

Nous étions au 27 août, et deux jours auparavant cette odieuse ville de Mileto avait été le théâtre d'une tragédie terrible. Le 15e régiment de ligne napolitain, revenant de Villa-San-Giovanni, avait campé sur la place et dans les rues; ses officiers le conduisaient, mais les troupes indisciplinées murmuraient, voyant avec terreur s'allonger devant elles les fatigantes étapes, dont la dernière ne devait être que Naples, et, répudiant le métier de soldat, demandaient sourdement à être renvoyées libres, en congé illimité. Les officiers découragés ne répondaient rien, ou répondaient qu'ils étaient eux-mêmes contraints d'obéir à des ordres supérieurs. Le général Briganti arriva sur ces entrefaites, à cheval, suivi d'un seul domestique. Les soldats, en le reconnaissant, crièrent : « A mort! à mort! chez nous! chez nous! » Briganti passa outre, sans s'arrêter à ces clameurs. Il avait déjà franchi le village et se trouvait sur la route de Monteleone, quand il tourna bride et revint sur ses pas. Qui le ramenait? La volonté de faire tête à l'orage et de calmer une sédition militaire qui pouvait, en éclatant, amener le pillage de la ville? ou plutôt cette invisible et invincible main qui pousse les hommes vers les destinées qu'ils doivent accomplir? Je ne sais, mais il revint. Dès qu'il parut, les cris recommencèrent, et les menaces aussi, plus violentes encore. Il était sur la place, devant un grand hangar qui sert d'écurie à la poste. Il s'arrêta et voulut parler; deux coups de feu abattirent son cheval, qui roula dans la poussière. Le domestique épouvanté prit la fuite. Les officiers impassibles n'essayaient même pas de calmer leurs hommes. Le général Briganti se releva et alla droit aux mutins, avec courage et une grande sérénité. Il leur parla de son âge, leur rappela les soins paternels qu'il avait toujours eus pour eux, il invoqua la discipline, sans laquelle les soldats ne sont plus que des bandits armés. La révolte hésitait et semblait près de s'apaiser, lorsqu'un sous-officier, s'approchant du général, lui dit : « Mes souliers sont usés, et je vais presque pieds nus; toi, tu as de trop belles bottes! » et il lui tira un coup de fusil à bout portant. Plus de cinquante balles lui furent encore envoyées. Le sous-officier l'avait déchaussé, et toute la troupe enivrée du meurtre se jeta à coups de baïonnette sur son ancien général et le mit en pièces. On ne put qu'à grand'peine arracher à ces sauvages le corps mutilé pour le cacher dans l'église. Ils défoncèrent alors quatre ou cinq boutiques où l'on vendait des cigares, du vin et du café, et les pillèrent. Je ne sais quel cannibalisme les avait saisis et affolés. Ils retournèrent vers l'église, en forcèrent la porte, et, tirant par ses pieds nus le pauvre cadavre, ils l'accablèrent d'outrages sans nom, lui arrachant les cheveux et les moustaches, enfonçant dans les orbites des capsules auxquelles ils mettaient le feu, lui traversant le nez avec des épinglettes. Ce fut un cauchemar. Quand ils furent las, ils se réunirent de nouveau sur la place, et, laissant leurs armes, ils partirent débandés, chacun tirant vers son propre pays. Les officiers muets laissèrent faire et burent leur honte jusqu'à la lie. Les habitants de Mileto étaient terrifiés. On prit quelques-uns de ces misérables assassins et on les interrogea : « Pourquoi l'avez-vous massacré? — Parce que c'était un bourbonien, dirent les uns. — Parce que c'était un libéral, » dirent les autres. Un seul approcha de la vérité : « Nous l'avons tué parce que c'était notre général! »

Certes, j'ai lu et entendu bien d'ineptes calomnies sur cette loyale et franche armée que commandait Garibaldi ; ceux qui avaient le plus puissant intérêt à mentir pour jeter sur elle toute sorte de défiances n'ont cependant jamais osé inventer le crime dont une armée régulière, destinée, disait-on, à combattre le désordre, venait de nous donner l'irrécusable exemple. Je sais tous les mensonges qu'on a accumulés contre l'armée de Garibaldi ; mais je n'ai même pas à les réfuter, car ils sont morts d'eux-mêmes, ce qui est la destinée des mensonges. Je dirai seulement que pendant quatre mois, jour et nuit, j'ai vécu avec cette armée, et que jamais je n'y ai vu un fait d'insubordination. On commandait sans peine et sans peine on obéissait, car tous, officiers et soldats, étaient animés du même esprit et marchaient d'un commun accord vers un but connu d'avance, l'affranchissement de l'Italie. Pendant les lentes étapes, sur la poussière et sous le soleil, dans les froides nuits brumeuses aux avant-postes du Vulturne, dans les pénibles attentes des rations en retard, dans l'encombrement fatigant des bateaux à vapeur, dans les marches forcées, après des heures sans sommeil, jamais je n'ai entendu ni une plainte ni une imprécation. Une seule fois j'ai vu un officier s'oublier à ce point qu'il frappa un de ses soldats au visage ; le soldat, très-pâle et faisant manifestement un effort pour se contenir, lui dit : « Je suis un homme libre ; vous n'avez pas le droit de me frapper, quoique je vous reconnaisse pour mon supérieur ; vous-même, vous avez des supérieurs, et ce sont eux qui me feront rendre justice. » Le soldat fit en effet sa plainte au chef direct de l'officier, qui fut mis aux arrêts et courut grand risque d'être cassé. Nous avons traversé bien des villages et des villes : pas un vol n'y fut commis ; on maraudait peu, même devant les jardins et par les heures de la plus vive soif. Si de mauvais exemples furent parfois donnés, ce ne fut ni par des Italiens, ni par des soldats, ce fut par des étrangers qui portaient au képi plus de galons qu'on n'aurait dû leur en accorder. Du reste, dès qu'un coupable était connu, on en faisait rapide justice en l'expulsant.

Il y avait à Mileto un homme qui ne pensait guère à Briganti ni à ses soldats débandés : c'était le syndic. Le pauvre homme faisait pitié à voir et ne savait auquel entendre, car on lui faisait des demandes que les insuffisantes ressources du pays le mettaient dans l'impossibilité de satisfaire. Comme il n'y a qu'une route de Reggio à Naples, toutes nos troupes y passaient forcément et devaient traverser Mileto, à qui son évêché donnait une importance malheureusement plus fictive que réelle : d'heure en heure des officiers d'ordonnance, expédiés par les brigades restées en arrière, apportaient au syndic l'ordre de faire préparer pour le soir, pour le lendemain, pour le surlendemain, tant de milliers de rations de pain, de riz, de viande et de vin. Il accumulait les ordres devant lui, sur une table, les regardait d'un air consterné, mettait la tête entre ses mains et se désespérait. Quand on le pressait un peu trop, il poussait des cris et appelait tous les saints à son secours mais les saints ne s'en souciaient guère, et les rations n'arrivaient pas. Je contemplais cette scène avec une curiosité insouciante, car je savais que notre brigade avait reçu le matin même ses rations à Rosarno. Un vieil officier qui philosophiquement s'obstinait à pousser sous les yeux du syndic un ordre que celui-ci s'obstinait à ne point lire, lui dit avec une extrême douceur : « Monsieur le syndic, en Espagne, pendant la guerre révolutionnaire, que j'ai faite, quand les syndics ne fournissaient pas les rations requises, on les faisait pendre. » Le syndic fit un bond, arracha sa cravate, sauta sur un paquet de cordes accroché à la muraille, et le jetant aux pieds de l'officier : « Eh bien ! pendez-moi, s'écria-t-il, et je vous baiserai les mains. Des rations ! des rations ! Est-ce que j'en ai des rations, moi ? J'aime mieux être pendu ! Voulez-vous me pendre ? Non ! Eh bien ! bonsoir ; je vais retrouver ma femme ! » Et le malheureux se sauva en agitant les bras au-dessus de sa tête. On prit un parti plus simple, on envoya à Monteleone un aide de camp qui revint, quelques heures après, suivi de charrettes chargées de vivres. Quant au syndic, on courut après lui pendant toute la nuit sans pouvoir le rejoindre : il était parti pour sa campagne.

Les étoiles brillaient depuis quelque temps déjà lorsque la brigade Eber arriva ; elle venait prendre son campement dans la ville à la place des troupes du général Cosenz, qui partaient pour Monteleone. Nous étions accoudés au balcon de l'évêché, où nous avions notre logement, respirant à pleins poumons la bonne brise du soir, lorsqu'on vint nous donner une sérénade. Une guitare et quatre trombones composaient l'orchestre, qui, a défaut de chant national ou patriotique, nous joua l'air napolitain si connu sous le nom de *Piedigrotta*. La pauvre guitare bourdonnait et frétillait de toute la force de ses cordes pour faire entendre un peu sa petite voix plaintive au milieu des *tron tron* cuivrés des trombones qui jouaient faux à faire grincer des dents. Nous subîmes sans nous plaindre cette terrible musique, car il faut savoir souffrir pour la bonne cause ; mais nos soldats étaient las, ils avaient besoin de dormir, et ils ne tardèrent pas à reconnaître que ce charivari endiablé ne portait pas précisément au sommeil ; ils prirent donc délicatement les musiciens par le bras et les conduisirent chez eux avec force compliments, en les engageant à se taire d'abord et ensuite à se coucher.

Les approches de Monteleone, où nous arrivâmes le lendemain dans la matinée, sont d'une beauté grasse et plantureuse, qui me charma d'autant plus que j'avais encore dans les yeux le souvenir des tristes paysages traversés la veille. Ces campagnes fleuries étaient célèbres dans l'antiquité. Proserpine, échappée de Sicile, vint récolter des fleurs dans les champs d'Hipponium, qui fut ensuite Vibona-Valentia et plus tard Monteleone. En souvenir de la fille de Cérès, les femmes du pays cueillaient elles-mêmes les fleurs dont elles tressaient leurs couronnes pendant les jours de fêtes sacrées. A gauche, vers l'ouest, la Méditerranée échancre les côtes par un beau golfe adouci qui ressemble au galbe d'un vase antique; à droite, les champs verdoyants, plantés de mûriers, où se mêlent quelques pins-parasols, s'étendent comme une nappe d'émeraude, jusqu'aux montagnes qui ferment l'horizon. Au bord d'une route ombragée par les trembles et les peupliers de Virgile, Monteleone se dresse en amphithéâtre, dominé par un vieux château à tourelles qui, du haut de la montagne, semble se pencher au-dessus d'un abîme. La ville m'apparaissait, sous un ciel ardent, baignée par des lueurs si perpendiculaires qu'elle me semblait noire, car la lumière ne dessinait plus d'ombres sur les murs. Cet effet étrange d'un soleil d'aplomb m'a souvent frappé dans les pays méridionaux, surtout dans le désert de Qoseyr, sur les rivages de la mer Rouge, où, vers l'heure implacable de midi, la nature revêt une teinte morne, farouche, et d'une lumière si intense qu'elle en paraît obscure. Arrivant, partant, nos troupes se croisaient, se heurtaient dans la ville avec une telle rumeur que les pauvres hirondelles épouvantées, ne savaient où chercher un refuge. Presque toutes, ahuries et tremblantes, se pressant les unes contre les autres, s'interrogeant avec mille petits cris, elles s'étaient rassemblées sur la corniche d'une petite église élevée au *Largo Santa-Maria*. Les plus hardies reprenaient parfois leur vol, attirées sans doute par quelque bupreste doré qui passait en bourdonnant ; mais bien vite, se trouvant mal à l'aise et comme dépaysées dans cet air ébranlé par les clameurs confuses, elles retournaient s'abriter près de leur nid pour y trouver un asile et peut-être pour le défendre.

Monteleone offrit à nos soldats une bonne fortune dont ils profitèrent amplement ; on y trouva une caserne précédemment occupée par les gendarmes royaux, et dans la caserne un magasin complet de bottes et de sabres : c'étaient des bottes à l'écuyère, bottes fortes, montant au-dessus du genou et dures comme du bois ; il y en avait une centaine de paires, provision de gala et de grande tenue. Une folie de bottes monta à la tête de tous nos hommes ; ils en demandaient en suppliant ; ils venaient à nous, les mains jointes : « Ah! mon officier, faites-moi donner des bottes ! » On en distribua aux cavaliers ; les fantassins réclamèrent, et on leur en accorda quelques-unes. L'orgueil de ceux qui avaient pu chausser ces machines incommodes ne se peut concevoir ; ils allaient par la ville

> Plus fiers qu'un capitan sur la barque amirale,

faisant résonner leurs talons ferrés, s'embarrassant dans leurs éperons, qui souvent les jetaient contre le pavé. Les plus sages quittèrent le lendemain même ces instruments de supplice ; mais quelques-uns tinrent bon, et je me rappelle avoir rencontré, six semaines après, au quartier de Santa-Maria, des soldats qui marchaient encore triomphalement dans ces lourds entonnoirs de cuir ; la gloire avait couronné leur effort, ils étaient célèbres dans leur brigade : on les appelait les *bottés de Monteleone*. On ne saurait se figurer l'attrait invincible que les chaussures, et spécialement les bottes, exercent sur les soldats ; disons le mot franchement, c'est une fascination. Paul de Flotte tombé remuait encore, que déjà on lui avait volé ses bottes ; sans un sous-officier qui eut envie de celles de Briganti, ce malheureux n'aurait peut-être pas été massacré.

Ce fut au bruit de notre musique sonnant ses plus belles marches que le soir nous quittâmes Monteleone. Déjà le crépuscule avait éteint les dernières lueurs du soleil couchant ; les fenêtres de la ville s'allumaient peu à peu, et la nuit planait sur nous lorsque nous dépassâmes les dernières maisons. Le long de la mer, qu'elle domine, la route est ouverte aux flancs d'une montagne dont elle suit les rampes irrégulières. Aux pâles clartés de la lune, qui jette devant nous les ombres bizarres des arbres et des rochers, le pays paraît très-beau ; il me semble que les oliviers et les mûriers y abondent, entrelacés avec des vignes. Vers onze heures nous passons au-dessus d'un gros amas de maisons couchées sur le rivage, et d'où sortent des clartés vacillantes, c'est Pizzo, où nous descendons, pendant que la brigade continue sa route.

Pizzo me semble une ville en cascade, tant la pente de

ses rues est raide et coupée d'angles subits ; sur les dalles luisantes, nos chevaux glissent et font des écarts tels que nous prenons le parti de les conduire à la main : rues étroites, maisons hautes, place biscornue où coule une fontaine autour de laquelle les chevaux se battent à qui boira le premier et le plus longtemps. A grand'peine, dans la nuit et à travers un dédale de ruelles, nous découvrons la demeure du syndic ; il faut insister beaucoup et même menacer un peu pour obtenir le sac d'avoine dont nous avons besoin, avant toute chose, pour réconforter nos chevaux harassés. On nous promit de nous l'envoyer dans une heure, plus tôt même, à notre campement ; mais nous n'en voulûmes démordre, et bon gré, mal gré, nous eûmes notre sac, que Sandor Téléki chargea virilement sur ses arçons. Je soupçonne la ville de Pizzo de n'être point de complexion fort libérale ; cela peut s'excuser lorsqu'on pense aux immunités considérables que les Bourbons de Naples lui ont accordées et maintenues depuis leur restauration. La capture accidentelle de Murat, « le beau roi, » amena sur la ville une nuée de grâces royales que notre expédition devait égalitairement faire évanouir. J'aurais aimé, si j'en avais eu le loisir, à visiter les lieux où s'accomplit la sinistre aventure du 13 octobre 1815. Certes Murat n'était point fort intéressant, mais ses côtés chevaleresques et essentiellement gaulois lui méritent une grande indulgence. Un de ses derniers mots m'a toujours touché profondément, car j'y retrouve l'homme tout entier : « Tirez à la poitrine et respectez le visage ! » Sa tentative fut ridicule, comme toutes les hardiesses avortées. Un autre, qui trouva pour une meilleure cause une mort horrible sur les côtes de l'Italie méridionale, savait bien, avant de se jeter dans son expédition folle à force de générosité, que pour être absous il faut réussir. Pisacane, qui fut un grand cœur, et qui, blessé, désarmé, après s'être loyalement rendu, fut assommé à coups de bâton et déchiré à coups de fourche comme un loup enragé, écrivant son testament avant de partir, disait[1] : « Je suis persuadé que si l'entreprise réussit, j'obtiendrai les applaudissements universels; si je succombe, le public me blâmera, on m'appellera fou, ambitieux, turbulent, et ceux qui, ne faisant jamais rien, passent leur vie à critiquer les autres, examineront l'œuvre minutieusement, mettront à découvert mes erreurs, et m'accuseront d'avoir échoué faute d'esprit, de cœur et d'énergie. » Pauvre Pisacane ! quels regrets toujours saignants il a laissés dans le cœur de ceux qui l'ont connu ! Sans cesse j'ai entendu parler de lui par les hommes les plus éminents de l'Italie nouvelle ; un de nos généraux, mettant pied à terre à Sapri avec ses troupes, pleura en prononçant le nom de Pisacane, car c'est là qu'il avait débarqué en appelant le peuple aux armes. Dans son testament, il résumait toutes ses théories politiques par deux mots : *liberté, association*. Quelle est la grande idée religieuse, politique ou morale qui n'a pas eu ses martyrs ? Pourquoi trop les regretter? N'est-ce pas leur sang versé

---

[1] Voyez le testament de Carlo Pisacane, daté de Gênes, 24 juin 1857, et publié dans le *Journal des Débats* du samedi 25 juillet 1857.

et le souvenir de leur abnégation qui ont fait la route moins difficile à ceux qui viennent après eux pour continuer et achever leur œuvre? On oublie les intérêts momentanément compromis par ceux qu'on appelle des fous et des utopistes pour ne plus se rappeler que les souffrances expiatoires qu'ils ont endurées ; la captivité légendaire de Sainte-Hélène a été pour beaucoup dans l'éclosion du second empire, et la défaite de Novare est la mère de la victoire de Solferino. C'est peut-être le long supplice de Venise qui sauvera définitivement l'Italie.

Quand, vers une heure du matin, nous arrivâmes au campement, situé à droite de la route, dans un bois d'oliviers appuyé contre une petite colline, les hommes dormaient ; les chariots de bagages, rangés sur une seule ligne, s'étendaient près de la lisière d'un champ que côtoyait un sentier bordé de haies vives. La lune avait quitté l'horizon, et le ciel fleuri d'étoiles semblait sombre dans ses profondeurs. Tout était calme ; on n'entendait d'autre bruit que celui des chevaux broyant leur avoine et des bœufs mangeant des tiges vertes de maïs, puis çà et là la plainte confuse de quelque soldat qui parlait en rêvant. Je me couchai sur la terre nue, la tête sur ma selle, emporté bien loin du temps présent par mes souvenirs vers l'époque heureuse où, jeune, ayant fait de ma vie une expansion d'indépendance, je dormais en plein air sur les sables encore tièdes de la chaleur du jour, pendant que les dromadaires ruminaient non loin de moi, et que les chameliers veillaient en attisant le feu pour éloigner les animaux féroces qui hantent les déserts. Il y a dans cette existence, malgré les fatigues qu'elle comporte, je ne sais quoi de sain et de fortifiant, de hardi et d'imprévu, qui charme et complète. L'homme est ainsi fait que souvent le moment présent lui suffit; il se fait vite illusion, et il pense qu'il est délivré dès que les exigences de la civilisation, disparues pour quelques heures, ne sont plus là prêtes à l'étreindre. Que de fois, en me réveillant dans mes nuits de voyage et en voyant le ciel briller au-dessus de ma tête, je me suis cru libre, et j'ai joui des joies puissantes de la liberté! Ce sentiment était si profond que je bénissais les hasards bruyants qui, en m'arrachant au sommeil, me faisaient ouvrir les yeux vers les étoiles, et me donnaient ainsi conscience de dormir seul et comme perdu sous l'immensité.

Cette indépendance, je la sentais en moi à cette heure dont je parle, mêlé par le seul fait de mon vouloir à une action de liberté, couché sous le ciel sans limite et suivant des yeux les constellations qui gravitaient dans leur lumineuse harmonie. Longtemps je rêvai sans dormir, puis peu à peu le sommeil détendit mes membres et ferma mes paupières. Un son de clairon me réveilla. L'étoile de Vénus, éblouissante, large comme un jeune soleil, apparaissait au-dessus des arbres obscurs. Debout sur une éminence, le trompette sonnait la diane, air triste, langoureux et comme imprégné encore des mélancolies de la nuit. Semblables à des morts qui se lèveraient de leurs tombes, nos soldats se dressaient un à un, étendant les bras et secouant leur dernier sommeil. Un feu s'alluma, puis un autre; des cris de commandement retentirent ; les bœufs mugissants furent attelés aux chariots ; le clairon jetait toujours aux quatre coins de l'horizon ses notes émouvantes et sérieuses. — O trompette, que sonnes-tu là au-dessus de ces jeunes hommes qui se lèvent ? — Le réveil d'une nation ! la diane de l'indépendance !

Largement rassasiés d'avoine, nos chevaux avaient bonne vigueur. Je pris les devants avec Sandor Téléki. Quand le jour apparut, nous vîmes des montagnes à notre droite, et à notre gauche des marécages herbus qui précèdent la mer. Le golfe de Sainte-Euphémie s'arrondissait, bleu et calme, près de nous, sur le rivage plein des tristes souvenirs de 1806. C'est là, en effet, entre la petite rivière d'Angitola et le fleuve Lamato, que le général Reynier fut battu, le 4 juillet, par le général anglais Stuart, qui commandait les Napolitains amenés de Sicile. Les suites de cette défaite furent désastreuses ; nous perdîmes momentanément la basse Calabre, Reynier put à grand'peine aller chercher un refuge jusqu'à Catanzaro, et le pays entier se souleva contre nous avec de si cruelles atrocités que le général anglais lui-même, voulant y mettre un terme, promit dix ducats par soldat et quinze ducats par officiers français qu'on amènerait vivant à son quartier général. Les grands propriétaires du pays, soupçonnés de n'avoir pas désapprouvé l'ordre de choses nouveau, furent rançonnés et mis à mort. Joseph écrivait à Napoléon [1] : « Dans la ville de Nicastro, le

---

[1] *Mémoires et Correspondance politique et militaire du roi Joseph*, t. II, p. 391.

commandant des gardes d'honneur a été crucifié après avoir eu les yeux crevés ; c'était un prince qui m'avait reçu chez lui. » Harcelés, massacrés, brûlés dès qu'ils se montraient hors des portes, nos soldats étaient comme perdus et voués aux supplices dans ces montagnes où chaque habitant était un ennemi. Cette situation terrible pour eux, mais légale pour les Calabrais, qui, malgré leur odieuse cruauté, se soulevaient avec raison contre une domination étrangère, dura jusqu'après la capitulation de Gaëte (18 juillet 1806); les troupes employées au siége de la ville purent alors, sous les ordres de Masséna, venir en Calabre, délivrer Verdier à Cosenza, Reynier à Cassano, et pacifier le pays par des moyens qui ne furent guère moins blâmables que les atrocités commises et qu'on voulait réprimer. Et cependant à cette époque déjà, on pouvait écrire cette phrase si vraie encore aujourd'hui : « Il est impossible qu'un gouvernement inspire moins d'intérêt que la maison de Naples n'en inspire à ses peuples [1]. » On se soulevait en criant : Vive le roi ! cela est incontestable ; mais en réalité on se soulevait beaucoup moins pour le roi que contre l'invasion. Quant aux cruautés inutiles qu'on a tant reprochées aux Calabrais dans cette circonstance, comment ne pas les excuser quelque peu lorsqu'on pense que ces montagnards, naturellement farouches, ne jouissant même pas d'une civilisation embryonnaire, catholiques fervents,

[1] Joseph à Napoléon, *ibid.*, p. 204.

étaient guidés par leurs prêtres, qui prêchaient du haut de la chaire que Jésus avait été jadis crucifié à Jérusalem par des Français déguisés en Juifs? On ne peut croire jusqu'où va l'excès de crédulité de ces pauvres cervelles que nulle instruction n'a jamais éclairées. En 1851, dans la Pouille, un cultivateur aisé m'a demandé, s'il était vrai que Napoléon Ier dut son invincibilité à l'habitude qu'il avait de boire chaque matin le sang d'un soldat spécialement égorgé pour lui! Tous les peuples ignorants sont ainsi, on leur fait croire ce que l'on veut. Les Hindous sont persuadés que la compagnie des Indes est une vieille demoiselle qui porte un chapeau de paille et des lunettes vertes; les Turcomans disent que le pape est un vieillard archicentenaire enfermé dans une boîte dont il soulève parfois le couvercle pour demander si la fin du monde est proche. Sans aller chercher des exemples si lointains, on peut voir quel est encore aujourd'hui le rôle des sorciers dans nos campagnes de France, et se rappeler le miracle de la Salette. Sous toutes les latitudes et par toutes les regions, les mêmes causes produisent les mêmes effets. Il n'y a qu'un moyen de dissiper les ténèbres propices aux fantômes, c'est d'y apporter la lumière.

Sur la route, abrités çà et là dans les anfractuosités des rochers, les traînards des brigades qui nous précèdent dorment auprès de leurs fusils. Un cavalier s'approche d'eux pour les réveiller et les pousser en avant : c'est Menotti, le fils aîné de Garibaldi, bon et joyeux jeune homme, qui prouve sa bravoure en se battant comme on sait, et sa jeunesse en dansant à perdre haleine toutes les fois qu'il en trouve l'occasion. Nous échangeons un bonjour, puis nous arrivons à une belle colline plantée d'oliviers, qui descend en pente douce jusqu'à la rivière d'Angitola, que traverse un pont en très-bon état, fait notable dans ce pays d'incurie administrative. Des champs s'allongent où foisonnent les mûriers. La terre est vigoureuse, et porte sans fatigue les moissons et les arbres ; dans ce pays du soleil, il faut jeter de l'ombre au-dessus des céréales pour qu'elles ne soient pas dévorées par les ardeurs du ciel. On plante des arbres dans tous les champs pour abriter et protéger le blé futur. Il en est de même pour la vigne ; réduite aux proportions françaises, c'est-à-dire courte et soutenue par un échalas, elle serait vite désséchée par la double action du soleil et du rayonnement terrestre ; on la pique au pied des arbres, elle y grimpe, saute d'une tige à l'autre, et va chercher loin du sol, sous les feuilles des mûriers ou des trembles, l'air et la fraîcheur dont elle a besoin, car ce n'est pas la chaleur qui lui manque jamais. Loin d'être nus comme les nôtres et secs sous les yeux, les champs italiens, avec leurs plantations enguirlandées de pampres, sont toujours animés de verdure et pour ainsi dire vivants. Ceux que nous traversons frissonnent au souffle de la brise, et laissent tomber sur le chemin une ombre profonde que nos chevaux vont chercher d'eux-mêmes, car la poussière est épaisse et le soleil ardent.

Toujours cheminant, nous atteignons une maison effondrée, noircie et qui fume. Tout auprès, sur la route, des paysans consternés sont réunis. Une vieille femme s'élance au-devant de nous, elle écarte son corsage, et, mettant à nu sa poitrine ridée, elle la frappe à grands coups en criant des phrases que déchirent ses sanglots, et que nous ne comprenons pas. Nous descendons de cheval, nous calmons la pauvre vieille avec quelques pièces de monnaie, irrésistible consolation que je ne sais plus quel ministre espagnol appelait la parole même de Dieu, et nous finissons par démêler, à travers son récit, que, la veille, les troupes napolitaines, passant sous les ordres du général Ghio, sont entrées dans sa maison. Les soldats ont demandé à boire et ont bu ; puis ils ont parcouru les chambres, se sont approprié ce qui leur convenait, ont battu à coups de plat de sabre la vieille, qui se lamentait, ont pris des bottes de maïs sec, les ont répandues dans la maison, les ont allumées, et tout s'est mis à flamber. L'incendie a duré le jour et la nuit ; sauf les murailles, il a tout dévoré ; parmi les cendres chaudes, on cherche quelques ferrailles qui pourront servir encore. La vieille femme regarde cette ruine et éclate en larmes nouvelles. Les hommes sont silencieux et taciturnes ; ils parcourent les décombres, haussent les épaules, font entendre une imprécation et lèvent le poing vers l'horizon, menace lointaine jetée aux incendiaires. Je me suis assis à l'ombre de ces murailles lézardées que le feu a léchées de ses langues sanglantes, et j'ai senti l'amertume de cette désolation monter jusqu'à mon cœur. La vieille femme revient invinciblement vers nous, et nous raconte pour la vingtième fois comment « ces fils de chiens » l'ont frappée et ont brûlé la maison. « Où dormir, où manger, comment vivre maintenant? Les bandits ont mis le feu à tout, à tout ! Il ne reste plus rien ! » En la contemplant, en écoutant ses plaintes, je pensais involontairement à la magnifique comparaison d'Alfred de Musset dans sa *Lettre à Lamartine*, et je me répétais :

> Il s'assoit à l'écart, les yeux sur l'horizon,
> Et regardant s'enfuir sa maison consumée,
> Dans les noirs tourbillons de l'épaisse fumée
> L'ivresse du malheur emporte sa raison !

Nos peu nombreux cavaliers passent sous les ordres de Caselli, puis deux brigades, celle de Sacchi et celle de Bixio. La vieille femme se jette sur la route et recommence ses lamentations ; les chefs laissent tomber quelques piastres dans ses mains tendues. A un moment, elle semble devenue folle : elle ramasse des cendres brûlantes et les lance dans la direction du nord, en criant des malédictions contre les Napolitains : « Tueurs de femmes, fuyards devant votre ombre, assassins d'enfants, que votre face soit noire, que vos mains soient rouges quand vous irez dans vos suaires au jugement dernier ! »

IV

Après une heure de repos, nous repartîmes. Il me faut remonter jusqu'au mois d'août 1850, pendant mon voyage sur les bords de la mer Morte, pour trouver le souvenir d'une chaleur aussi aiguë. Nous traversons deux lits de rivières qui sortent du fleuve Lamato, mais d'eau il n'y a point vestige : des cailloux, des cailloux, et quelques pâles bouquets de tamarix. Près d'un de ces ruisseaux de pierre, s'étend un petit plateau où hier les royaux ont eu un engagement avec les Calabrais. Les cadavres déjà gonflés de deux ou trois mules indiquent l'emplacement ; une nuée de corbeaux se gorgent de cette chair immonde que les mouches leur disputent. A notre approche, ils s'enfuient en croassant, tournent en vaste cercle au-dessus de leur proie, et se rabattent à la curée dès que nous sommes éloignés.

Nous quittons la grande route qui conduit à Nicastro, et nous nous jetons sur la droite, par un large chemin, vers Maïda, qui, en haut de la montagne, nous apparaît sombre, aplatie comme une immense carapace de tortue. La pente qui y mène est difficile ; elle est abrupte et grimpe entre deux précipices qui semblent des torrents de verdure, tant les arbres ont poussé drus et serrés. L'aspect de Maïda est farouche ; on sent que là doit vivre une race forte, demi-sauvage, pleine de rancunes terribles, n'oubliant point les injures et chérissant la vengeance. S'il est vrai, comme l'ont dit les poëtes, que les lieux participent de l'âme des hommes qui les habitent, Maïda doit être implacable et hospitalière, douce avec ceux qu'elle aime, sans pitié ni merci dans ses haines. Quand nous y entrâmes, elle était en pleine ardeur comme une ruche de frelons révoltés. Chacun courait aux armes ; des enfants de quinze ans et des vieillards courbés se hâtaient de se rassembler sur la place, portant de longs fusils, des cartouchières bourrées de munitions et le fort couteau national passé dans la ceinture de cuir. Un signal avait été donné, et tous ils allaient partir pour rejoindre le baron Stocco, patriote célèbre, exilé depuis 1848, et qui, revenu depuis peu, s'était jeté dans son cher pays des Calabres en l'appelant à la bataille. Chacun s'était levé pour répondre au chef montagnard, et Maïda accourait tout entière. Comme la plupart de ceux qui habitent sur les hauteurs, près du ciel et dans une pure atmosphère, ces hommes me parurent hardis, agiles, bien découplés, musculeux sous leur maigreur; un front bas, ombragé de cheveux noirs bouclés, des yeux rapprochés d'un nez très-accentué donnent à leur physionomie quelque chose d'âpre et de sérieux qui rappelle la tête de l'aigle. Nous étions les deux premières chemises rouges qu'on voyait dans la ville ; aussi nous y fûmes reçus comme on peut penser. Une heure après, Menotti arrivait, prenait le commandement des Calabrais et s'éloignait avec eux.

Ce fut le syndic qui tint à nous héberger lui-même, et nous acceptâmes ses offres avec empressement. Il nous conduisit à son palais ; c'en était un ou quelque chose d'approchant, délabré, il est vrai, habité aux angles des plafonds par les araignées, brisé aux marches des escaliers, écaillé au stuc des murailles, mais de belle construction et d'imposante tournure. Dans une énorme salle peinte à fresque et dallée de marbre, nous fûmes reçus par la mère de notre hôte : c'était une femme âgée, maigre, hautaine, dont les yeux bordés de rouge et sans cils regardaient d'une manière indécise ; sa peau avait cette profonde pâleur de cire qui indique les maladies incurables ; des cheveux bruns cachaient à demi son front ridé ; elle était tout en noir et debout. Jamais je n'oublierai ce moment. Dès que nous eûmes franchi le seuil, elle marcha vers nous, se prosternant plutôt qu'elle ne salua, et d'une voix creuse, donnant à ses paroles une intonation traînante qui les faisait ressembler à un chant à peine rhythmé, elle nous dit : « Je suis la mère de quatre fils et de deux filles, beaux parmi les beaux enfants de Maïda; trois de mes garçons partent pour aller rejoindre l'envoyé du Seigneur; le quatrième reste ici pour veiller sur la ville et préparer les armements; mes filles, mes servantes et moi, nous faisons des casaques rouges, nous effilons la charpie, nous aiguisons les couteaux, nous fondons les balles. Celui que j'ai aimé pendant toute ma vie, que j'ai cousu moi-même dans son linceul, qui fut le père de mes enfants et l'époux que j'avais librement choisi quand j'étais belle, celui-là est au ciel, assis dans la gloire des saints. Toujours il a combattu, souvent il s'est enfui dans la montagne, plus que tout autre il a crié : liberté! S'il avait vu ce beau jour, dont mon cœur se réjouit maintenant pour lui, il serait mort de joie; mais il le voit du haut du séjour divin qu'il habite, et il vous bénit, vous tous qui portez l'humble livrée de l'indépendance! Vous avez à toujours sanctifié ma maison en y mettant le pied; le blé croît où vous marchez, la vigne devient féconde quand vous la regardez; l'esprit de Dieu circule dans vos veines avec votre sang; vous serez victorieux toujours, toujours! Vous êtes *le droit*, et la défaite ne peut l'atteindre! Il faut que tous se lèvent pour vous suivre : il faut égorger les royaux, les jeter en pâture aux loups de la montagne, brûler leurs palais, éventrer leurs femmes et broyer la tête à leurs enfants! Nous le devons à nos chers morts qui ont souffert par eux et nous ont légué leur vengeance. Que Dieu m'écoute et m'exauce! que les Bourbons périssent honteux et misérables! que leur pain soit de cendre, leur vin de fiel ! que l'or leur brûle les doigts comme du feu ! que la trahison veille à leurs côtés ! que la stérilité frappe leurs entrailles ! qu'ils soient maudits dans cette vie et dans la vie de Dieu ! » Quelques servantes qui l'écoutaient se signèrent et répondirent : *amen!* Je restais saisi, ayant vainement essayé plusieurs fois d'interrompre ce discours terrible ; elle était calme, soutenue par une haine qui touchait de près à la folie, et semblait, en prononçant ces effroyables paroles, réciter une leçon déjà souvent répétée. Puis, se tournant alternativement vers ses domestiques et vers nous, elle reprit : « A-t-on mené les chevaux à l'écurie ? Qu'ils aient un tonneau d'avoine et de la paille jusqu'au ventre, car ils ont porté les libérateurs ; qu'on prépare un repas, et le meilleur et le plus copieux ! Leurs seigneuries excuseront la pauvreté de ma maison ; telle qu'elle est cependant, elle est à vous, brûlez-la si cela vous plaît ; notre fortune, nos champs, nos greniers pleins, tout est à vous, prenez, prenez ; j'ai maintenant du bonheur pour toute ma vie, puisque je ne suis pas morte avant d'avoir vu les Calabres enfin délivrées ! » Notre contenance était fort embarrassée, on le comprendra, et après quelques paroles vagues, nous alléguâmes notre fatigue, et nous nous retirâmes dans la chambre qu'on avait préparée pour nous. Nous y dormîmes après avoir fait un excellent déjeuner pendant lequel il nous fut impossible d'empêcher notre hôtesse, qui portait un titre et un nom assez retentissant, de nous servir elle-même.

La ville est bossue, elle est bâtie sur les gibbosités sans nombre de la montagne ; ses rues ont des pentes si raides qu'on ne peut y marcher qu'à pied ; le cheval y est dangereux et la voiture impossible. Maïda est purement orientale par ses ruelles étroites, ses basses habitations, ses détours infinis, et surtout par son inconcevable saleté. C'est un monceau d'immondices où s'élèvent quelques maisons. Il faut penser aux cités juives de Tabarieh et de Safeth pour retrouver le souvenir d'une si radicale incurie. Dans les rues, qui ressemblent à des escaliers dont les marches seraient descellées et bouleversées, des ordures de toute sorte, restes de la cuisine, restes de l'écurie, s'entassent sous l'incessant bourdonnement des mouches ; des chiens fauves, pelés, rogneux, ayant quelque ressemblance avec les chiens errants de Constantinople, s'en vont au hasard, cherchant pâture, et semblent vivre en bonne intelligence avec des bandes de porcs noirs qui fouillent du grouin cet épais lit de fumier, s'y vautrent, y dorment, et s'en croient si bien les maîtres qu'ils chargent l'imprudent qui les dérange pour passer. Des enfants nus, vêtus seulement d'une écaille de crasse, courent à travers les chiens, les cochons et ces sanies immondes d'une ville entière. Devant les portes, les femmes, nonchalamment étendues, regardant le ciel, murmurant quelque refrain mélancolique, se font peigner par leurs compagnes, qui ne mettent pas plus de mystère à leur recherche que le jeune mendiant peint par Murillo.

En voyage, j'ai fait souvent une observation que je livre sans commentaires au lecteur. On peut affirmer qu'entre le degré de propreté d'une ville et la religion professée par ses habitants il y a une corrélation intime. Plus une religion est matérialiste, plus ceux qui la pratiquent ont une tendance à l'abandon des soins les plus simples ; plus elle est spiritualiste, plus la propreté est en honneur chez ses adhérents. Le type principal de malpropreté est la religion juive, religion presque exclusivement matérialiste, circonscrite dans ses préceptes à la vie mortelle, ainsi que le prouvent les lois de Sinaï. Vient ensuite l'islamisme, qui impose, il est vrai, cinq ablutions par jour aux croyants, mais qui laisse les villes dans un état de telle négligence que sans les chiens, les milans, les percnoptères, qui sont pour ainsi dire chargés de la voirie, la peste ne tarderait pas à y éclater. L'islamisme, en effet, n'est qu'un judaïsme déguisé, il ne voit dans la vie future qu'une continuation de l'existence terrestre embellie par une extrême sensualité. La religion grecque, dite orthodoxe, quoique un peu plus propre que le mahométisme, ne marque sur lui qu'un progrès insignifiant. Plus le catholicisme est absolu, c'est-à-dire ultramontain, plus ses partisans oublient les lois de la propreté : l'Italie et l'Espagne le prouvent ; la France a moins d'incurie, parce qu'elle est gallicane, et aussi, il faut le dire, parce qu'elle subit depuis quelques années l'influence de la protestante Angleterre. Dès que nous entrons dans le protestantisme, la propreté nous apparaît avec toutes ses recherches ; dans certaines sectes méthodistes, elle s'exaspère et devient une sorte de maladie, ainsi qu'on peut le remarquer dans plusieurs villes hollandaises et notamment dans le village de Broek. Quelle tache immonde le quartier juif ne fait-il pas au milieu d'Amsterdam ! Et en suisse, quelle différence subite et saisissante entre les cantons catholiques et les cantons protestants ! On pourrait, sans craindre de se tromper, formuler cet axiome : plus les hommes par leur religion se rapprochent du judaïsme, plus ils sont sales; plus ils s'en éloignent, plus ils sont propres. Le paganisme, au moins autant que l'hébraïsme, devait avoir à ce sujet des négligences absolues ; il a fleuri de toutes ses forces dans l'Italie méridionale, dans la grande Grèce, où tous les cultes ont passé tour à tour, et qui fut une sorte d'Olympe successif. Ses traces n'y sont encore que trop vivantes; les Calabres, et Naples elle-même, ne sont que des tas d'ordures. L'idée très-naturelle d'approprier les villes n'est venue à aucune des administrations qui ont gouverné le pays, et Maïda sous ce rapport est un échantillon curieux : c'est l'idéal même de la saleté.

Elle est belle cependant, cette ville juchée sur sa montagne isolée, entourée de verdures qui s'élancent vers elle et lui font un touffu piédestal, commandant la plaine qu'elle surveille du haut de sa crête, ainsi qu'une vedette toujours en alerte, et ne laissant à nulle autre le droit de marcher avant elle au combat. La plaine qui s'étend à ses pieds, et que coupent les méandres du fleuve Lamato, semble être formée des plateaux réunis d'un grand nombre de basses collines ; elle est fermée vers l'ouest par le golfe Sainte-Euphémie, que je vois briller à l'horizon, au nord par la chaîne des Apennins, qui se dresse, comme une infranchissable muraille, dans une anfractuosité de laquelle la petite ville de Nicastro s'étale en amphithéâtre. Vers la fin du jour, à l'heure malsaine où la brume s'amasse lentement au-dessus des marais, de grandes bandes de nuages ternes s'allongent sur les montagnes et les traversent comme un fleuve de couleur sombre. Quand la nuit est tout à fait descendue sur la terre, nous apercevons trois incendies qui flambent : ce sont des fermes que les Napolitains ont allumées dans leur retraite.

Le soleil apparaissait au-dessus des monts, quand le lendemain nous rejoignîmes la brigade, qui était déjà en marche ; elle traversait le fleuve Lamato, qui n'est plus qu'un simple filet limpide coulant entre deux larges rives de cailloux. Les rangs de nos soldats sont plus pressés que d'habitude, on marche en meilleur ordre ; des guides ont été envoyés en arrière pour ramener les traînards, notre avant-garde est plus nombreuse que les jours précédents. Attentifs au premier signe de leurs chefs, nos hommes semblent joyeux et comme défatigués. Qu'est-ce donc ? Une dépêche vient d'être remise à Eber et lui apprend que les Napolitains nous attendent, dit-on, à Tiriolo, dont nous sommes séparés seulement par une douzaine de mille

Nous examinons nos cartes; la position est bien choisie : Tiriolo couronne une montagne plus élevée que celle de Maïda; l'aire d'un aigle ne serait pas plus inaccessible.

On hâte le pas, car on a bon espoir de rejoindre enfin cet invisible ennemi qui se dérobe à notre approche et fond comme la neige au vent du sud. La route nous mène à travers des ravins et des défilés, par-dessus de belles collines plantées d'oliviers, devant des fermes où il n'y a plus que des femmes, parmi des champs où paissent des bestiaux. On arrive ainsi, vers onze heures du matin, à Marcellinara, belle petite ville où s'élève une large maison carrée qui a quelques vagues semblants de poste fortifié, et qui est l'habitation d'un gros personnage du pays, le baron San-Severino. Là, de nouveaux ordres nous parviennent et nous arrêtent; Tiriolo est évacué, rien n'empêche plus de donner aux troupes un repos que leurs marches forcées depuis notre débarquement en Calabre a rendu nécessaire. Nos hommes sont mal satisfaits, et la joie de se reposer enfin ne diminue pas leur désappointement.

Garibaldi s'attendait si bien à trouver la position de Tiriolo défendue par les Napolitains qui, sous le commandement du général Ghio, avaient abandonné précipitamment Monteleone, qu'il avait adressé l'ordre du jour suivant à ses soldats : « L'Italie, depuis quelques mois, a mis en vous ses espérances les plus chères. Vous avez souffert beaucoup de privations, et voilà que, pour vous récompenser, je vous demande des privations nouvelles. En vingt-quatre heures, les destinées de notre pays seront décidées. Que cette récompense de vos travaux soit présente à vos yeux ! Je ne doute pas d'un dernier effort de mes compagnons d'armes ! » Les Napolitains, se sentant à Tiriolo entourés par un pays en complète insurrection, cernés de toutes parts et menacés par les chemises rouges, qui accouraient, quittèrent leur position, se replièrent et s'arrêtèrent aux défilés de Soveria [1], couvrant ainsi l'importante ville de Cosenza et défendant la route qui y mène ; mais les mêmes périls qui les avaient chassés de Tiriolo se retrouvèrent plus pressants et plus nombreux encore à Soveria : là aussi toute la contrée en armes était debout. Sur leurs flancs, l'insurrection s'étendait ; le baron Stocco, avec ses Calabrais, les avait tournés par une marche rapide, et coupait les communications avec Cosenza. Garibaldi arriva pour livrer bataille. La troupe royale, découragée par des défaites qu'elle ne pouvait ignorer, démoralisée par un esprit d'indiscipline dont nous avions trouvé déjà tant de preuves sur notre route, ne pouvait opposer une résistance bien sérieuse à des hommes ardents qui sentaient la victoire s'agiter dans leur cœur. Les généraux napolitains le comprirent et capitulèrent, abandonnant à Garibaldi deux bat-

---

[1] Soveria est un gros bourg placé précisément sur l'extrême limite de la Calabre ultérieure deuxième, au fond d'un défilé ; il ne faut pas confondre ce bourg avec la petite ville de Soveria, située à l'est de Catanzaro, au haut d'une montagne, derrière le fleuve Simmari.

teries d'artillerie, les chevaux et les mulets, dont nous avions grand besoin. La capitulation de Soveria laissait sans défense la route de Cosenza et découvrait la ville, où déjà fonctionnait régulièrement un comité national choisi parmi les notables habitants. Le général napolitain Cardarelli, qui y commandait avec une brigade, sentit facilement que sa position était compromise; il savait que nos troupes de Sicile pouvaient débarquer à Paola et à Sapri pour intercepter toute retraite sur Naples. Sagement il pensa qu'il était odieux de faire couler un sang inutile, et que l'honneur de ses armes était sauf, puisqu'il se trouvait dans une position inextricable. Il capitula donc entre les mains du comité de Cosenza [1], « comité central de la Calabre citérieure. » Le corps sous ses ordres comprenait un régiment de carabiniers à pied, une compagnie de gendarmes, une batterie d'obusiers de montagne, deux escadrons de lanciers. Qu'aurait pu faire cette petite troupe contre l'insurrection et notre armée? On a accusé les généraux napolitains de lâcheté et même de trahison dans les Calabres; on a eu tort. Ils ont été constamment coupés, isolés les uns des autres et mis dans l'impossibilité d'agir par le général le plus merveilleusement actif qui soit au monde. Il est une preuve de cette activité qui sera surtout convaincante pour les hommes habitués aux choses militaires. Vingt-huit

---

[1] La minute de la capitulation est signée : « Cav. Giuseppe Cardarelli; — le comité, Francesco Gozolini, Pietro Compagna, Donato Morelli, Carlo Compagna, Domenico Fruginele. »

étapes régulières séparent Reggio de Naples; notre brigade les fit en seize jours, et encore prit-elle deux jours de repos à Marcellinara et autant à Catanzaro [1]. Malgré ces fatigues, l'ardeur des soldats était telle que Sirtori, chef de l'état-major général, fut obligé de la modérer par un ordre du jour [2] Nous pouvons dire sans exagération que nous avons traversé les Calabres et la Basilicate au pas de course.

Quoi qu'il en soit, Cardarelli, par sa capitulation, s'engageait sur son honneur militaire à ne plus prendre les armes contre « la cause de l'unité de l'Italie, du roi Victor-Emmanuel, du dictateur Garibaldi, de ses soldats et des gardes civiques mobilisées de toutes les provinces du continent napolitain et de la Sicile. » Il s'engageait en outre à se rendre et à rester à Salerne ; ses étapes étaient prévues et indiquées, avec leurs jours de repos ; il partait avec

[1] Les *vetturini* mettent dix jours pour aller de Naples à Reggio.

[2] « Le moment de combattre viendra pour tous, et alors ceux qui croyaient rester les derniers se trouveront les premiers au combat. Le désir d'être au premier rang à la bataille est très-louable chez le soldat ; mais le sentiment du devoir, qui le retient à son poste quoi qu'il arrive, obéissant à quelque ordre que ce soit, est plus honorable encore. Ce n'est point pour vous distinguer que vous êtes ici sous les drapeaux, c'est pour servir la patrie, quelques sacrifices que la patrie réclame. Vous êtes prêts à donner votre sang pour elle : ne pouvez-vous donc pas lui sacrifier les impulsions d'un amour-propre nécessaire ? Ce n'est pas là de la vertu. Ce n'est pas l'amour-propre qui accomplit les grandes entreprises. Soldats ! souvenez-vous que le sacrifice de l'amour-propre vaut mieux que le sacrifice de la vie. — SIRTORI. »

armes et bagages, ne laissant à l'insurrection que trois cents fusils mis en dépôt au quartier de Sainte-Thérèse. Par le fait de cette capitulation, notre expédition des Calabres devenait une simple promenade militaire, fatigante il est vrai, mais sans dangers. La route nous était ouverte, non pas jusqu'à Naples, mais jusqu'à Salerne, car chacun de nous croyait fermement alors que le roi François II viendrait à la tête de son armée, de ses Suisses et de ses Bavarois, sur la fidélité desquels on fondait bruyamment tant d'espérances, nous attendre lui-même dans les plaines de Salerne et nous disputer au moins l'entrée de sa capitale. Le repos ordonné à nos soldats confirmait encore cette prévision, et nous pensions que Garibaldi rassemblerait toutes ses troupes soit à Cosenza, soit à Lagonegro, pour aller avec ses meilleures chances livrer bataille à la monarchie.

Ce fut à Soveria même, après la capitulation, que Garibaldi reçut des mains de M. J. La Cecilia une lettre écrite par ordre du roi François II et datée du 27 août. Par cette lettre, le roi offrait au dictateur, à la condition qu'il ne chercherait pas à renverser le gouvernement bourbonien, — l'abandon de la Sicile, qui serait appelée à décider elle-même de son sort par le suffrage universel ; — le passage libre pour lui et son armée sur les terres napolitaines, mais sans traverser Naples ; — 3 millions de ducats comptants ; la coopération pendant six mois de cinquante mille hommes de l'armée royale et de la flotte pour aller attaquer l'Autriche dans la Vénétie ou l'armée du pape à Ancône ; — le droit de lever des volontaires dans tout le royaume. Le piége était grossier, et de toute façon il s'adressait mal. Garibaldi sait mieux que personne que les adeptes du droit divin, — rois ou prétendants, — admettent à leur usage une morale particulière relative à certains cas de force majeure dont nous avons eu, en Espagne, récemment encore un triste exemple. Il n'oubliait pas en outre que François II était le fils de ce Ferdinand qui, en 1848, avait déclaré à la face du monde « vouloir contribuer, avec les autres princes de l'Italie, à la sainte guerre de l'indépendance italienne par l'envoi d'un large contingent de terre et de mer [1]; » ce qui ne l'empêcha pas de mitrailler son peuple le 15 mai, de retirer la constitution jurée, de rappeler les troupes et les navires envoyés au secours de la Vénétie soulevée. Garibaldi savait qu'entre les deux principes qui sont, quels que soient les prétextes dont on les enveloppe, le fond de toutes les guerres qui secouent l'Europe depuis tant de siècles, il n'y a pas de pacte possible. « L'un des deux est de trop dans le monde ; » Le mot est de Lucien Bonaparte, et il est juste. Il savait en-

---

[1] Planat de La Faye, *Documents et pièces authentiques relatifs à Manin*, t. 1er, p. 285. Il faut lire dans le même volume, p. 247, le cri de douleur que cette trahison arrache à Leopardi, envoyé du roi de Naples auprès du roi de Sardaigne « Le colonel Lahalle s'est tué, le colonel Testa est mort d'apoplexie à force d'angoisses. O éternelle infamie des Bourbons ! » Les chefs de corps, avant de quitter Naples, avaient reçu directement du roi la défense de franchir le Pô.

core que si, par faiblesse, il acceptait le marché proposé, il serait joué, bafoué, berné par des hommes dont la politique est basée uniquement sur cet adage, que la fin justifie les moyens ; il savait enfin que l'acceptation de ces offres, en admettant même la loyauté du jeune roi, conduirait vers une fédération l'Italie, qui ne cherche et ne veut que son unité. Garibaldi refusa donc, verbalement je crois, et sans même répondre à la lettre royale.

V

Le jour de notre arrivée et le lendemain, nous restâmes donc à Marcellinara, où notre état-major était gracieusement hébergé dans la maison du baron San-Severino. Pour ma part, ce repos me fit grand bien, car un cruel accident me l'avait rendu nécessaire. Peu d'heures après avoir quitté Maïda, j'avais été frappé au-dessus de la cheville par un coup de pied de cheval lancé à toute volée, et qui avait failli me jeter hors de selle. Mon pied tuméfié, piqué de taches violettes, n'avait plus forme humaine, et c'est à grand'peine que j'avais pu demeurer à cheval pour terminer l'étape. On me coucha sur un lit où je m'étendis avec délices, et, grâce au colonel Eber, qui possédait de l'*arnica*, j'employai trente heures à me soigner.

On comprendra facilement que je ne puisse faire aucune description de Marcellinera ; par les fenêtres ouvertes de ma chambre, j'apercevais les larges tiges des figuiers, plus loin les montagnes, et sur l'un des plus hauts sommets la ville de Tiriolo, qui, ainsi vue à distance, me rappelait les acropoles escarpées dont les ruines couvrent les lieux élevés de la Grèce. La maison de notre hôte se présentait à nous vaste et spacieuse ; tous les escaliers étaient de marbre vert antique, luxe inconcevable en France, mais qui là est fort simple, car les carrières sont proches d'où l'on tire à profusion ces marbres précieux. Des peaux de loup et de renard répandues sur les dalles attestaient que dans le pays environnant la chasse est abondante.

Malgré mon immobilité forcée, je ne m'ennuyais pas. Notre hôte nous témoignait un empressement qui nous prouvait que les Calabres ont conservé intactes leurs antiques traditions d'hospitalité, et les officiers de notre état-major me laissaient rarement seul. C'étaient pour la plupart des Hongrois. Par leur nature à la fois naïve et hardie, les Hongrois inspirent un sérieux intérêt. Beaux parleurs, de tournure élégante, d'une bravoure proverbiale, complaisants et fort doux, ils offrent un type particulier auquel je ne vois rien de comparable chez nous. Ce n'est pas le *gentleman*, qui a quelque chose d'étriqué, d'anguleux, et qui n'agit jamais qu'en vertu de certaines conventions de coterie ; ce n'est pas non plus le *gentilhomme*, race absolument disparue aujourd'hui, et qui, par le souvenir que nous en avons gardé, semble avoir eu je ne sais quoi de protecteur et de servile, de courageux et d'immoral qui rend peu regrettable son absence définitive. Les Magyars sont mieux que cela : ils sont chevaleresques. Ce sont des enfants héroïques. Ils se content volontiers de belles histoires pleines d'apparitions et de fantômes ; ils se jettent à travers les escadrons pour y conquérir, sabre en main, un cheval qui leur a plu ; ils restent dix années et plus enfermés dans une forteresse, au *carcere duro*, sans daigner solliciter leur grâce, et dans les batailles on ne les voit jamais reculer. Ce sont des hommes capables de grandes choses ; ils l'ont prouvé et le prouveront encore. Ils me rappelaient involontairement les Niebelungen : « Ces seigneurs issus de haute race étaient humains, très-renommés, d'une valeur sans pareille : ils firent des prodiges dans les terres d'Attila. » Et n'est-ce point aussi au général Türr, leur jeune chef, qu'on peut appliquer ce portrait du Sigefried de l'épopée allemande : « Ce guerrier louable se reposait rarement ; personne n'osait l'insulter depuis qu'il portait les armes ; il ne cherchait que les combats, et son bras le rendit fameux par delà les terres étrangères ? » Les Hongrois aiment leur patrie avec fureur et tendresse ; leur voix se trouble quand ils disent : *Magyar ország*, la terre des Magyars ; c'est pour eux une sorte de paradis terrestre d'où ils ont été expulsés, et qu'il leur sera donné de reconquérir. Rarement ils en parlent, semblables à ces amants désespérés qui ne prononcent jamais le nom de leur maîtresse absente. A Catanzaro, Eber, qui est excellent musicien, improvisait sur un piano des mélodies attristées. Je lui demandai de me jouer l'air national des Hongrois, la marche de Rakoczy. Son visage, habituellement très-pâle, s'éclaira d'une rougeur subite. « Non, pas cela ! me répondit-il avec vivacité. En Hongrie, je vous le jouerai tant que vous voudrez; mais c'est impossible, tant que la patrie ne sera pas à nous. » Ils ont pour l'Autriche une haine terrible; j'en ai connu un qui terminait tous ses discours en disant : « Et Dieu maudisse la maison de Habsbourg! » C'était son *delenda Carthago!* Ils aiment la liberté avec passion, et tous sont prêts à dire, comme leur poète Sandor Petofi : « Liberté, tu es la divinité de mon âme ! Liberté, ô ma déesse, c'est pour toi seule que je vis encore, pour toi seule! Et qu'un jour pour toi je meure ! Et au bord de la tombe, si pour toi je puis verser mon sang, je bénirai ma vive maudite ! »

La plupart de ceux qui étaient avec nous avaient connu les dévorantes mélancolies des prisons d'État. Incarcérés après les événements de 1849, ils étaient restés de longues années dans les forteresses de Comorn, d'Arad, du Spielberg; ils en avaient conservé une taciturnité qui parfois leur fermait la bouche pendant des jours entiers, et d'où ils échappaient tout à coup en flux de paroles, comme rappelés subitement à la sensation de leur délivrance. A les voir, les mains derrière le dos, la tête inclinée sur la poitrine, l'œil rêveur, se promener de long en large dans une chambre, on pouvait dire, à coup sûr, combien de pieds mesurait le cachot qui les avait si longtemps gardés. Ils souriaient à cette observation, s'asseyaient ; mais l'habitude contractée pendant leur solitaire emprisonnement reprenait sa tyrannie ; ils se levaient et recommençaient leur promenade régulière toujours limitée au même nombre de pas. Presque tous ils avaient été officiers au service de l'Autriche, car il est à remarquer que ce sont les armées de l'absolutisme qui donnent des chefs aux armées de la liberté, de même que c'est le pays de la liberté, la Suisse, qui fournit des soldats aux armées de l'absolutisme. On peut être certain que, dans un corps de troupes levées pour l'indépendance, parmi vingt officiers, il y a dix déserteurs autrichiens. Il ne faut, du reste, que jeter les yeux sur une carte de l'empire d'Autriche pour comprendre qu'il ne peut en être autrement. Composé de nations différentes, cet empire, pour tenir ses peuples en repos, est obligé d'avoir des armées toujours prêtes et qu'il ne peut recruter que parmi ceux-là même qu'il possède et opprime. On oppose les uns aux autres : on fait garder les Hongrois par des Italiens, les Italiens par les Hongrois, les Croates par des Polonais, les Polonais par des Croates ; mais la lassitude atteint vite les hommes intelligents de ces races conquises ; l'amour de la patrie leur parle plus haut qu'une vaine et menteuse discipline, l'imprescriptible droit à la liberté leur apparaît dans sa logique impérieuse ; ils désertent alors la cause qu'on les forçait de servir et vont consacrer leurs talents, leur science, leur bravoure à la cause de leur propre pays. Le Turc, ainsi que l'on disait autrefois quand il était tout-puissant et toujours en menace contre l'Europe, donnait seul raison d'être à l'empire des Habsbourg, car il avait été nécessaire de grouper dans une seule main tous les éléments chrétiens désunis, afin de lutter victorieusement contre les envahissements de l'islamisme ; mais depuis que le trône des sultans ne subsiste guère plus qu'en vertu de conventions diplomatiques, l'empire d'Autriche n'est-il pas une anomalie en Europe, un danger et une faute? Voilà une question posée. Qu'on laisse faire les peuples, et la question sera promptement résolue. L'Europe pourra dès lors désarmer sans crainte, car les causes de guerre seront très-diminuées. Le duché d'Autriche rentrera dans l'empire d'Allemagne, l'Italie sera libre, et l'on verra se former la prospère confédération des États unis du Danube. Les Hongrois pourront être les instruments de cette révolution désirable, à moins que la Russie, emportée loin de ses intérêts directs, ne commette la folie qu'elle a commise en 1849, pour éprouver sans doute jusqu'à quel degré de profondeur peut descendre l'ingratitude des Habsbourg.

La légion hongroise faisait partie de notre brigade, elle était pour le colonel Eber un motif de légitime orgueil ; plus tard, dans les combats, elle a fait des prodiges. Elle était divisée en fantassins et en cavaliers ; pour le moment, les cavaliers, faute de chevaux, marchaient modestement à pied, traînant leurs grands sabres sur les routes pou-

dreuses. C'était pour eux un sujet d'humiliation perpétuelle.
« A-t-on jamais vu des hussards aller à pied ? » disaient-ils
en baissant la tête et en montrant leurs chaussures usées.
Toujours maugréant, mais cheminant toujours, ils arrivèrent
ainsi à Naples, où ils trouvèrent enfin les chevaux si impa-
tiemment attendus et l'*attila*, la veste à brandebourgs qui
leur est si chère. Le colonel Eber, qui savait les réconforter
par de bonnes paroles lorsqu'ils se désespéraient de n'être
que des piétons, est un homme de haute valeur, âgé de
trente-six ans à peine, et doué d'une remarquable aptitude
militaire, quoiqu'il n'ait, avant l'expédition de Sicile, jamais
fait la guerre qu'en amateur : au Montenegro avec Omer-
Pacha, en Crimée avec les Anglais, pendant la campagne
d'Italie avec les Piémontais. Son attitude fut telle à la prise
de Palerme que Garibaldi le pria de prendre le commandement de la brigade que le général Türr abandonnait momentanément. Cette fois encore Garibaldi eut la main
heureuse. Eber (Nandor, Ferdinand) n'était cependant à la
rigueur qu'un écrivain ; mais tout Hongrois naît hussard.
Il est l'un de ces remarquables correspondants que le
Times envoie à travers le monde entier : c'est ainsi qu'il
a fait les guerres dont je viens de parler et accompli de
longs voyages qui l'ont rendu cosmopolite. Entraîné par
sa froideur naturelle, il penche vers les mœurs anglaises,
et parfois il est sujet à des accès de *spleen* qui n'ôtent à
son caractère aucune de ses douceurs. Sa vaste instruction l'appellera sans doute à jouer un grand rôle dans sa

patrie, lorsque les événements lui permettront d'y rentrer en la délivrant.

On comprendra que j'ai gardé un précieux souvenir de ce voyage dans les Calabres. Rien n'unit les hommes, rien n'adoucit leur caractère, rien ne leur rend la vie commune facile et glissante comme la certitude de travailler ensemble à une cause juste où n'intervient nul intérêt personnel. Pendant quatre mois passés dans l'état-major du général Türr, état-major où les éléments italiens, anglais, hongrois et français étaient mêlés dans d'inégales proportions, je n'ai pas assisté à une seule dispute ; je n'ai pas entendu un mot plus vif qu'il n'aurait convenu. S'il y eut quelques duels dans l'armée garibaldienne, ils furent déterminés par des causes personnelles ; l'un de ces duels fut terribles et entraîna la mort d'un homme. Celui qui tomba, frappé pour ne se relever jamais, fut justement puni d'une insulte qui était à la fois une lâcheté et une calomnie.

On m'avait proposé de rester à Marcellinara le temps nécessaire à ma guérison complète et de rejoindre ensuite la brigade en voiture de poste ; mais je ne voulais à aucun prix demeurer en arrière, loin des événements imprévus qui pouvaient surgir. A une heure du matin, le 1er septembre, je me levai donc au moment où la diane sonnait. Un pied chaussé, l'autre enveloppé de langes, je montai à cheval comme je pus, et nous partîmes. Rien n'est plus doux que de faire étape pendant les nuits d'été ; la fraîcheur passe sur nos membres comme une caresse humide ; on dirait que la poussière des routes est endormie, car elle est plus lourde, plus lente à se soulever, et ne nous enveloppe pas, comme pendant le jour, de ses nuages desséchants. On va plus vite, et si par bonheur la musique se fait entendre, on écoute avec un charme extraordinaire les fanfares qui éclatent dans le silence et vont réveiller dans leur lointaine obscurité les échos qui sommeillent au flanc des montagnes. Malgré soi, l'on parle à voix basse, et l'on s'étonne des formes étranges que les objets les plus simples prennent au milieu des ténèbres.

Le bouleversement des habitudes ordinaires de la vie n'a rien de désagréable, car l'homme s'accoutume à tout avec une facilité merveilleuse : on déjeune à dix heures du soir, on dîne à sept heures du matin ; on dort le jour, on marche la nuit ; on n'a aucune de ces recherches qui, dans nos milieux civilisés, rendent l'existence supportable ; le plus souvent on couche en plein air, sur un matelas d'herbes fraîches, dans l'alcôve des haies, appuyé sur un oreiller fait d'une selle ou d'un porte-manteau ; si le fleuve qu'on traverse n'a pas été absorbé tout entier par la canicule, on y fait sa toilette ; si les serviettes manquent, le soleil y supplée ; tout en cheminant, on mange un bon morceau de pain de munition qu'on assaisonne d'une figue arrachée à l'arbre qui ombrage la route ; on rit aux trous de ses vêtements et aux défoncements de son chapeau ; on se laisse philosophiquement dévorer par le monstre que Boileau appelait

Du repos des humains l'implacable ennemie,

et l'on ne s'ennuie pas et l'on ne se plaint pas, et si l'on regrette quelque chose, ce n'est ni le bon lit, ni la bonne table, ni le bon fauteuil, ni la bonne existence de la maison.

Ah ! pendant cette nuit de marche, je ne regrettais rien, car la nature était splendide. La lune, « cette souveraine maîtresse des mélancolies profondes, » comme l'appelle Shakspeare, semblait au centre du ciel un trou ouvert sur un océan de clarté ; elle était si brillante qu'elle éteignait les étoiles. Les pléiades, groupées comme des marguerites dans une prairie, s'effaçaient humblement ; l'orgueilleuse ceinture d'Orion pâlissait de dépit; seule en apparaissant, Vénus garda son éclat et sembla dire : « Me voici, moi, la plus belle ! » la route serpente à travers la montagne ; deux fois, sur des ponts aux arches très-élevées, elle franchit le fleuve Corace, qui s'en va, parmi des galets sans nombre, se jeter, au golfe Squillace, dans la mer d'Ionie. Le jour se lève ; des haies de romarins nous envoient leur senteur pénétrantes; des aloès cierges poussent leurs longues tiges au-dessus de leurs grosses feuilles courbées, semblables à un jet d'eau au-dessus d'un bouillonnement. Dans des jardins retenus par des murs en pierres sèches et superposés en amphithéâtre sur le revers de la montagne, s'épanouissent d'immenses figuiers et des mûriers pleins d'ombres. La culture paraît bien plus soignée que dans les autres parties des Calabres que déjà nous avons parcourues. Dès le point du jour, les paysans sont à la besogne, sarclant la terre, émondant les arbres et dirigeant l'eau des nombreuses sources dans des rigoles creusées en arête qui portent à boire aux plantes altérées.

A un détour du chemin, Catanzaro nous apparut, rose sous le soleil, et tout en haut de la montagne dont elle couronne le plateau. Des restes de fortifications la précèdent, fortifications inutiles aujourd'hui, qui datent sans doute du neuvième siècle, époque où la ville fut fondée, et qui nous montrent aux merlons de leurs créneaux de longues et étroites embrasures propres au déployement de l'arc. Sur la route extrêmement escarpée qui avoisine Catanzaro, des gardes civiques réunis nous présentent les armes et se joignent à nous. Dans les rues, les hommes s'entassent, les femmes, folles de joie, agitent leurs mouchoirs, nous jettent des fleurs et des bénédictions ; les enfants courent, des vieillards levant leurs mains tremblantes s'écrient : « Enfin, vous voilà! » Nous sommes obligés d'aller au pas pour éviter les accidents, car on se précipite avec une frénésie qui épouvante nos chevaux. La ville entière nous acclame ; ce n'est qu'un cri de bonheur, ce n'est qu'un battement de mains. Toute la population est là, quinze mille personnes dont le cœur frémit à l'unisson. Notre musique s'avance, jouant ses marches retentissantes. Ces fanfares, ce bruit d'une foule en ivresse, la vue de ce peuple exalté par la première heure de liberté, me remuaient jusqu'au plus profond des entrailles ; un flot monta de mon cœur à mes yeux, j'éclatai en pleurs. Je sentis dans ma conscience s'imprimer la consécration de notre cause. Tout un peuple nous criait : « Ce que vous faites est juste ! » et là, dans ce pays ignoré, sous un soleil tropical, au milieu de cette foule éperdue, en présence de nos soldats qui défilaient parmi les ovations, j'eus un instant de joie désintéressée que je n'oublierai jamais.

Pas plus que de Marcellinara je n'ai à parler de Catanzaro, car là aussi je restai couché. Cependant le lendemain de notre arrivée je montai en voiture, et je fis le tour de la ville. Deux fleuves, l'un l'Alli, l'autre qu'on nomme simplement la Fiumarella, se réunissent au pied de la montagne où cette ville de Catanzaro est bâtie. Le lit de ces rivières, large et aride, est parsemé de petites îles de verdure qui doivent produire un effet charmant, lorsque le printemps, ayant fondu la neige des Apennins, verse l'eau entre ces bords, aujourd'hui desséchés. Jusqu'à la mer, de belles collines, qu'on aperçoit du sommet à la base, comme sur une carte en relief, continuent le paysage en ondulations successives qui finissent par mourir au rivage, là même où Annibal avait construit un camp retranché, quand ses revers le forcèrent à se retirer chez les Brutiens. Sur ces collines, les arbres sont rares ; avec leurs chaumes et leurs champs en friche, elles paraissent vêtues d'une couverture fauve, tachetée de brun, qui ressemble à la peau des léopards ; mais la ville elle-même est entourée d'oliviers, de mûriers et de haies magnifiques où les grenadiers s'inclinent sous le poids de leurs fruits. Au delà du ravin où devrait couler l'Alli s'élève un grand couvent de capucins que précède une belle plantation de pins-parasols. On doit y avoir une vue incomparable embrassant la mer, les soubresauts de la montagne et une partie des Calabres. Il est à remarquer que les couvents sont toujours admirablement situés, et dans des emplacements très-habilement choisis au double point de vue de l'aspect et de la salubrité. On dirait que les moines, sachant par avance que la méditation sur soi-même et l'amour de Dieu sont insuffisants pour retenir l'homme dans le lien des vœux éternels, ont voulu y joindre l'absorbante contemplation de la nature.

Sur la route, des mendiants sortis de toutes les haies psalmodient leur plainte nasillarde à l'ombre des grands arbres. Quelques-uns de ces malingreux sont défigurés par les violences orientales d'un mal dont le docteur Pangloss seul oserait dire le nom ; j'aperçois aussi deux ou trois cas d'éléphantiasis. Cette épouvantable maladie ne me paraît pas aussi rare dans les Calabres qu'on pourrait le croire : à Maïda, j'en ai vu plusieurs exemples. Le moyen âge, qui vit encore ici par ses superstitions, y vit aussi par ses maladies asiatiques ; je suis certain à Monteleone d'avoir reconnu la lèpre blanche au visage d'un homme qui me demandait l'aumône.

VI

Le 3 septembre au matin, le colonel Spangaro, Sandor Téléki et moi, nous reçûmes une dépêche du général Türr, qui nous mandait d'aller le rejoindre en toute hâte. On mit à notre disposition une voiture et des chevaux de carrosse, et nous partîmes pour Cosenza, espérant y trouver le général Türr et arriver avec lui à Salerne, car un bruit persistant affirmait que notre armée était attendue par François II en personne ! La route est belle et large, mais plus bossue que la fée Carabosse; elle ne fait que monter et descendre. A Tiriolo, nous nous arrêtâmes quelques instants pour faire souffler les chevaux, épuisés par une ascension pénible. Tiriolo est bas, noir, grec, précédé et dominé par deux immenses pitons décharnés, comme ces mornes dont on parle dans les récits de l'Ile-de-France, et coiffés par les ruines d'une acropole. Dans la longue et unique rue ouverte à travers la ville, qui n'est qu'une grosse bourgade, des troupes sont campées et attendent la fin du jour pour se mettre en marche. Pendant que je dîne hâtivement d'une croûte de pain trempée dans une tasse de café noir, je suis abordé par un jeune soldat portant la blouse gris de fer des hommes du général Medici. C'est un Français, perdu seul dans une compagnie d'Italiens, dont il n'entend pas le langage, et qui, apprenant que je suis son compatriote, me demande de l'emmener avec moi, ce qui ne m'est pas possible, car notre voiture est déjà trop étroite. C'est un Bourguignon des environs de Montbar ; il s'ennuyait au pays ; son amoureuse l'avait trompé, et le dégoût du métier de vigneron l'avait saisi. Une année auparavant il était tombé au sort; mais, comme il avait quelque bien et n'aimait point l'état militaire, il avait acheté un remplaçant. Il avait lu dans les journaux ce qui se passait en Italie, et découvert subitement en lui-même les aptitudes qui font les bons soldats ; il mit quelques écus dans ses poches, quitta le village sans dire adieu à ses amis, arriva à Gênes et s'engagea parmi les volontaires. Maintenant il s'aperçoit qu'il était réellement né pour être vigneron, que la guerre ne peut lui convenir, et il demande avec inquiétude : « Cela va-t-il durer encore bien longtemps ? » Je le réconforte de mon mieux, mais j'y perds mes raisonnements. « Croyez-vous donc que ce soit amusant, me dit-il, de vivre avec un tas de sauvages qui ne savent même pas un mot de français, et de se promener du matin au soir dans la poussière, en portant un grand bêtat de fusil qui vous embarrasse, dans un chien de pays où le vin est plus dur que notre eau-de-vie? » Plus tard, à Santa-Maria de Capoue, je retrouvai le même homme, et je lui proposai de le faire rapatrier : « Ah! bien oui! me répondit-il, qu'irais-je faire en France, dans un pays froid, où le vin est hors de prix, où il faut travailler comme un cheval pour ne pas mourir de faim? Ici au moins le vin n'est pas cher, et l'on a une petite paye qui adoucit l'existence. Et puis tous les Italiens sont de bons enfants, je n'ai jamais été si heureux ! » O Français, ô mon frère, je salue en toi l'esprit logique et conséquent de cette nation de quarante millions d'hommes à laquelle j'ai l'honneur d'appartenir !

Après Tiriolo viennent tantôt des champs nus et moissonnés, tantôt des bois qui nous envoient la double fraîcheur de la verdure et de la nuit. Nous écoutons Spangaro, qui nous raconte sa vie. Lui aussi, il fut officier au service de l'Autriche, et en 1848, quand la Lombardie se souleva, il se rappela sa patrie et vint combattre pour elle. Il fut en 1849 à Rome, où il fit son devoir d'Italien, et ne quitta la partie que lorsqu'elle fut perdue sans ressource. Il se rendit ensuite en Grèce, où il fut réduit à travailler à la terre, puis en Égypte, où il établit une maison de commerce, qu'il abandonna en pleine prospérité pour accourir se mêler au réveil des siens. Il faut, en 1849 et 1850, avoir parcouru l'Orient pour se figurer le nombre de proscrits que cette époque de deuil et de défaite venait de pousser vers l'exil ; les routes en étaient couvertes, les villes en regorgeaient. A Alexandrie, j'eus besoin d'un armurier, je trouvai un Italien ; il venait de Milan, et avait quitté cette ville après la rentrée de Radetzky. Au Caire, il me fallut un ébéniste habile pour réparer un pied de daguerréotype ; on m'indiqua un Bergamasque qui avait fui après avoir été blessé au combat de Curtatone. A la première cataracte, une barque aborda la nôtre ; elle portait le baron Anca, un des députés du parlement de Palerme. A Beyrouth, un homme vint me voir et me demanda les moyens de se rendre à Jérusalem : c'était un officier qui arrivait de Venise. Le général Guyon entrait à Damas comme j'en partais. A Alep, Bem comprimait la révolte des Arabes. A Cutaya, les chefs des gouvernements populaires pensaient à l'avenir qu'ils préparaient. A Constantinople, je trouvai les Polonais, les Hongrois, les Allemands, que les victoires de l'absolutisme avaient chassés vers l'hospitalité musulmane. A Athènes, je dînais souvent avec Morandi, un des généraux qui tinrent à Venise jusqu'au dernier jour. En Béotie, des pluies torrentielles m'arrêtèrent au *khani* de Livadia : trois hommes vinrent chanter près de ma chambre ; je les fis entrer. « D'où venez-vous ? — Nous sommes Italiens, nous venons de Rome, où nous étions avec Garibaldi. — Où allez-vous ? — En mendiant, hélas ! jusqu'à Athènes, pour y trouver du travail et du pain ! » O pèlerins blessés de la liberté, quand donc parviendrez-vous au but poursuivi à travers tant de fatigues et de déboires ? Combien j'en ai rencontrés de ces humbles héros qui expiaient leur dévouement par une vie d'effroyables misères ! Ils étaient tristes à voir, mais combien plus tristes encore ceux qui n'avaient pu quitter la patrie humiliée! Les voyageurs qui ont traversé Venise après la seconde invasion des Autrichiens ne peuvent en parler sans frisson.

J'étais avec le colonel Spangaro en communion parfaite; nous avions parcouru les mêmes pays, dormi sous les mêmes cieux, et nous pouvions causer indéfiniment sans nous lasser jamais. Avec un sourire doux, il racontait les difficultés de son existence, et quand je lui disais : « Comment, ayant tant souffert, êtes-vous resté si gai ? » il me répondait : « Je ne l'étais plus : mais l'Italie se délivre, et toute la gaieté de ma jeunesse est revenue en moi ! » Dans sa vie de garnison, d'exil et de combats, il était resté dix-huit ans sans voir sa mère; dès qu'il se sent libre, il court chez elle, à Milan. C'est tout au plus si elle le reconnaissait. Le jour, la nuit, à chaque instant, sur la pointe du pied, elle entrait et le regardait. « Que voulez vous, ma mère? — Je viens voir si vraiment tu es bien revenu, et si déjà tu n'es pas reparti. » Il devait la quitter inopinément encore pour aller débarquer à Marsala, et combattre de telle sorte à Calatafimi, qu'on fit rechercher parmi les simples soldats ce volontaire vêtu en bourgeois qui s'était jeté au plus épais de la mêlée. On reconnut Spangaro, et on le mit tout de suite au poste qu'il méritait d'occuper. C'est un homme de quarante-cinq ans, de très-haute et forte stature, avec un beau visage à barbe fauve, très-rieur, soldat de grande distinction et infatigable. On ne l'a jamais vu qu'au premier rang. A la bataille du Vulturne, où il commandait une brigade, si notre droite, déjà débordée par les Napolitains, n'a pas perdu sa position, c'est sans aucun doute à lui qu'on le doit. Il était fort aimé de ses troupes, qui l'avaient surnommé le colonel *Dunque*, car c'est par ce mot qu'il commençait invariablement toutes ses phrases.

Au milieu de nos causeries, nous traversâmes le village de Soveria, encore embarrassé par l'artillerie et les caissons que le général Ghio avait abandonnés. Nos pauvres chevaux, peu habitués à de pareilles étapes, ralentissaient le pas pour nous attendrir. Vers minuit, ils s'arrêtèrent tout net, déclarant, à leur manière, qu'ils n'iraient pas plus loin.

Force nous fut de faire halte. Nous trouvâmes un ruisseau près duquel nous nous établîmes ; nous tirâmes la voiture hors de la route ; bêtes et gens se mirent à manger. Nous étions couchés sous un grand chêne ; la fée du ruisseau murmurait à mi-voix une petite cantilène argentine, les étoiles nous regardaient de leurs doux yeux d'or, et les menthes versaient près de nous le parfum des fraîcheurs matinales.

A trois heures, on fut debout, et, les chevaux attelés, on partit. Quel pays ! à chaque pas éclatent des végétations splendides ! Jamais la vieille Cybèle ne m'est apparue si féconde; incessamment elle demande à produire. Quoi qu'on puisse exiger d'elle, elle est toujours prête : depuis les fruits des arbres vigoureux qu'elle porte à sa surface jusqu'aux marbres et aux métaux qu'elle garde encore dans ses entrailles, elle ne demande qu'à donner à l'homme, qui daigne à peine se pencher sur elle. Nelson pourrait encore écrire cette phrase accablante pour l'administration napolitaine : « J'ai sous les yeux le plus beau pays du monde et le plus fécond en ressources ; cependant on n'y trouve pas de quoi suffire aux besoins publics [1]. » — « Riches terres, gens de paresse; terres pauvres, gens de travail : » le proverbe a raison.

Nous avions bien des chevaux et une voiture, mais en réalité nous fîmes presque toute la route à pied, car nos pauvres bêtes, à moitié fourbues, avaient grand' peine à se traîner elles-mêmes. Nous franchîmes le fleuve Savuto, qui n'est guère moins à sec que toutes les rivières déjà traversées, et nous arrivâmes enfin à Rogliano, précédant notre voiture, qui nous suivait de loin comme elle pouvait. A Rogliano, nous découvrîmes la poste, et dans l'écurie des chevaux frais. Deux postillons, enrubannés à toutes les boutonnières, sautèrent en selle, et nous partîmes comme la foudre. Le paysage, devenu plus calme, donne moins de place aux arbres et s'étend en larges plateaux où les céréales sont déjà moissonnées. Les montagnes s'abaissent, la route

[1] *Histoire de Nelson, d'après les dépêches officielles*, etc., par E.-D. Forgues.

n'est plus qu'une descente tracée en zigzags pour éviter les pentes trop rapides ; à un coude, elle nous met en présence de quelques groupes de maisons précédées d'un immense terre-plain carré, soutenu par des maçonneries couvertes de lézardes, et où les herbes folles ont poussé à l'envi : ce sont les ruines d'un château fort détruit par le tremblement de terre de 1783 et renversé complétement par celui de 1854. Ces maisons sont le faubourg de Cosenza, où nous arrivons pour apprendre que le général Türr a déjà quitté la ville en nous invitant à le rejoindre au plus vite. Nous ne pûmes trouver à Cosenza ni un cheval ni un mulet disponible, et nous fûmes forcés d'attendre.

Ce que j'ai dit de Maïda, je pourrais le répéter de Cosenza, car la saleté de l'une vaut la saleté de l'autre. Cosenza a de plus un air de délabrement pitoyable ; elle a été si rudement secouée en 1854 par le tremblement de terre, que ses maisons ébranlées semblent près de s'écrouler malgré les poutres qui soutiennent les murs oscillants. Bâtie au confluent du Basento et du Crati, elle s'étend sur leurs rives et gravit la montagne qui est derrière elle par des rues en escaliers, étroites, sombres, bordées de très-hautes maisons, des fenêtres desquelles on fait pleuvoir mille immondices. L'eau coule en abondance dans le fleuve ; du pont de bois tremblant sur lequel des mendiants alignés vous fatiguent de leurs plaintes, on voit l'endroit même où, selon la tradition, Alaric fut enterré dans le lit du fleuve détourné.

Le jour de notre arrivée, on célébrait à la cathédrale, avec force encens et musique, un service pour le repos de l'âme des frères Attilio et Emilio Bandiera, car on venait de réintégrer leurs dépouilles dans le lieu saint. En 1848, pendant les quelques heures de liberté dont put jouir l'Italie méridionale, on avait déterré leurs corps et on les avait triomphalement portés dans les caveaux de la cathédrale ; le général napolitain qui en 1849 vint rétablir le pouvoir du roi Ferdinand, fit simplement prendre et jeter dans la rue les restes des deux jeunes patriotes. De pieuses mains recueillirent et cachèrent ces reliques sacrées, et on venait de leur rendre des honneurs que rien, j'espère, ne profanera plus. Cette histoire des Bandiera est déjà vieille, mais le souvenir en est vivant comme au premier jour. En 1844, je me rappelle avoir souvent rencontré à Smyrne, dans la rue des Roses, un vieillard qui se promenait lentement et devant lequel chacun se découvrait, car il portait sur son visage ridé les traces d'une douleur profonde : c'était le baron Bandiera, amiral de la marine autrichienne et monté alors sur la *Bellone*, ancienne frégate française que l'Autriche avait trouvée à Venise en 1814. Ses fils venaient de se jeter dans une généreuse aventure dont le dénoûment devait être terrible. Tous deux, ils étaient officiers de marine et ne rêvaient que l'affranchissement de l'Italie. Dès 1842, Attilio Bandiera écrivait à Joseph Mazzini : « Plus je pense aux conditions de notre patrie, plus je me persuade que la voie la plus sûre pour émanciper l'Italie de l'état honteux où elle languit à cette heure est dans le manége ténébreux des conspirations. » Erreur profonde que l'histoire a démontrée déjà depuis longtemps! M. Taxile Delord a exprimé une vérité saisissante en écrivant : « Les sociétés secrètes ont fait vivre plus de mauvais gouvernements qu'elles n'en ont tué. » Un an après, les pensées vagues qui s'agitaient dans la tête d'Attilio prennent une forme précise; il écrit : « Mon idée serait de me constituer sur les lieux *condottiere* d'une bande politique, de me cacher dans les montagnes et de combattre là jusqu'à la mort pour notre cause. » Il rêvait alors de s'emparer de la frégate la *Bellone* et d'aller directement attaquer Messine ; son frère Émilio et plusieurs jeunes officiers de marine furent associés à ce projet que la police autrichienne ne tarda point à découvrir. Les deux frères s'enfuirent à Corfou; la femme d'Attilio mourut, bouleversée par l'effroi que lui avait causé une perquisition domiciliaire. La mère des Bandiera, munie pour ainsi dire des pleins pouvoirs de grâces du gouvernement autrichien qui redoutait l'influence que le nom des deux conspirateurs pouvait exercer sur la révolution italienne, accourut près de ses fils, à Corfou. Ses larmes et ses supplications furent vaines, ses enfants demeurèrent inflexibles. La police anglaise de Corfou veillait sur eux et révélait leurs menées à la police autrichienne, qui en instruisait la police du gouvernement de Naples. Ils étaient vingt qui s'embarquèrent. Le 12 juin 1844, ils partirent et ne touchèrent terre que le 15, à l'embouchure du fleuve Neto, entre Strongoli et

Cotrone. Le mot d'ordre était la devise de la *Jeune-Italie* : *Ora e sempre*. Ils gagnèrent la montagne, où les attendaient quelques Calabrais armés. Le 18 au soir, s'étant arrêtés dans un bois près de San-Severino pour dormir, ils s'aperçurent tout à coup qu'un des conjurés, Corse d'origine et nommé Pierre Boccheciampe, avait disparu. En effet, resté momentanément en arrière, il avait couru tout d'une haleine jusqu'à Cotrone vendre le nom, le nombre et le projet des conjurés. Ces derniers furent bientôt entourés. Contre cette poignée d'hommes, qui ne comptait pas trente combattants, des régiments marchèrent, et cependant la première attaque ne lui fut pas défavorable ; une seconde l'écrasa. On s'empara d'eux ; quelques-uns étaient blessés. Le 23 juin, les prisonniers arrivèrent à Cosenza ; le procès était jugé d'avance. Dès le 11 juillet, six Calabrais compromis avaient été passés par les armes. Le 23 juillet, une sentence condamna tous les insurgés à la peine de mort ; ils écoutèrent leur arrêt sans protester et se donnèrent le baiser fraternel de ceux qui vont mourir. Ils furent chargés de fers et mis en chapelle ; à des prêtres qui vinrent pour les exhorter, Attilio Bandiera répondit avec douceur : « Nous avons pratiqué la loi de l'Évangile, nous avons cherché au prix de notre sang à la répandre parmi les enfants du Christ : Dieu tiendra plus compte de nos mérites que de vos paroles ; réservez-les, vos paroles, pour apprendre à nos frères opprimés la religion du Christ, qui est la religion de la liberté et de l'égalité. » Dominique Lupatelli, nature vive et joviale, disait aux soldats : « Chargez bien vos fusils, car j'ai la peau dure ; après la première décharge, je suis capable de sauter encore en criant : *Vive l'Italie !* » lugubre plaisanterie qui était une prédiction. Joseph Pacchioni faisait le portrait de ses compagnons. J'ai vu ces portraits que conserve un employé supérieur de la prison ; le dessin en est ferme, la main n'a pas tremblé. Le 25 juillet 1844, au matin, pendant que toutes les églises de Cosenza sonnaient pour les trépassés, les frères Bandiera et sept de leurs compagnons se mirent en marche. — La grâce royale avait commué la peine des autres condamnés en celle des galères à perpétuité. — Ils sortirent de la prison, vêtus d'un drap noir et la tête voilée ; au milieu des soldats qui les conduisaient tenant leurs chaînes en main, ils chantaient en chœur :

Chi per la patria muore
Ha già vissuto assai.

Ils arrivèrent au lieu du supplice. On commanda le feu ; pris de pitié et le cœur ému, les soldats hésitèrent. Les condamnés eux-mêmes leur crièrent de tirer. Le feu éclata ; il fallut achever Attilio, qui longtemps se débattit. Ainsi qu'il l'avait prédit la veille, Lupatelli se redressa après la décharge, courut en trois bonds vers les soldats et cria *vive l'Italie !* On lui brûla la cervelle à bout portant. Puis on creusa une fosse, où ils furent tous jetés, auprès de la petite église Santa-Maria, hors des murs de la ville. Je visitai l'endroit où la terre a bu leur sang. C'est un petit champ abrité par des oliviers ; des croix noires fichées dans le sol indiquent la place où ces jeunes hommes sont tombés ; près de là s'élève une chapelle basse, dont le toit en tuiles rouges surmonte à peine la verdure des arbres. Le vent agitait l'ombre sur l'herbe épaisse, et des mouches dorées jouaient dans un rayon de soleil.

Cosenza, avec ses rues nombreuses et ses maisons à plusieurs étages, offre l'animation d'une capitale de province, capitale mal fournie du reste des objets qui ne sont pas d'une nécessité absolue, car ayant perdu ma carte d'Italie, il me fut impossible de m'en procurer une autre. Partout j'obtins la même réponse : « Il doit y en avoir à Naples. » En revanche, les images de sainteté abondent : portraits de saints et de saintes, tableaux de l'enfer et du paradis, amulettes, scapulaires, rosaires, reliquaires, chapelets, médailles bénites ou à bénir, etc. Cosenza est la métropole de l'iconolâtrie. Dans la maison où nous sommes logés, maison de grande apparence et dont le propriétaire, homme noble du pays et libéral, dit-on, s'est enfui à la campagne, redoutant les excès de la brigade Cardarelli, les murs disparaissent littéralement sous une incroyable quantité d'estampes infimes représentant toutes des saints et des saintes dont le nom même nous était inconnu. De petites images ornées d'une légende en vers de mirliton, sont accrochées aux quatre pieds de chaque lit. Pourquoi ? « Pour éloigner les punaises ! » Ce fut, je l'affirme, la réponse qui fut faite à notre question. Je serais tenté de dire comme le président de Brosses : « Laissons ces pauvretés et n'achevons point, il est indigne de voir combien la misérable superstition souille la religion par ses momeries : » mais il faut ajouter que cette superstition est la religion même du pays ; c'est par elle que ces peuples intelligents et vigoureux ont été réduits à un état d'incroyable atonie. Ici l'image n'est pas seulement la figuration de la Divinité, elle est la Divinité elle-même. Toucher à une image est un sacrilége. C'est à l'image et non à ce qu'elle représente que l'on adresse des vœux, des prières et des offrandes. A Naples, la statue de saint Janvier a une *cour* (c'est le mot consacré) formée par un régiment de statues de saints qui dit-on, lui sont inférieurs. A Rome, le *bambino* d'*Ara Cœli* a un maillot de perles fines qui vaut plusieurs millions ; il a un carrosse de gala pour le conduire près des malades désespérés que sa vue seule rappelle à la santé. La vieille histoire du brigand romagnol qui, après avoir tué et pillé, va dévotement offrir à la *santissima madre* une part de son butin, est absolument vraie. Pour la plupart des Italiens, et l'on peut dire pour tous ceux de l'Italie méridionale, l'image est Dieu, c'est l'image même qu'on invoque, qu'on prie, qu'on accuse, par qui l'on jure. Les plus intelligents, les plus violents esprits même n'échappent point à cette contagion que transmet la tradition, que cultive la famille et qu'augmente avec soin l'intérêt de ceux qui l'ont fait naître. J'en eus un exemple curieux il y a déjà longtemps. C'était au mois de mars 1851 ; revenant du Péloponèse, j'avais pris terre en Italie au petit port de Brindisi. Pour me rendre à Naples, j'allai en *vetturino* jusqu'à Bari. Là, mon compagnon et moi, nous prîmes la malle-poste dont nous voulions le coupé pour nous seuls. Une place qui y avait été retenue nous fut gracieusement cédée par un jeune homme, qui voulut bien se caser dans l'intérieur, nous demandant seulement la permission de nous faire une visite le lendemain. Quand la nuit fut passée, il monta avec nous. Il pouvait avoir vingt-deux ans ; il était intelligent et bavardait à outrance pour nous montrer son savoir dans la langue française, qu'il possédait parfaitement. Il avait beaucoup lu, était instruit, et ne songeait qu'à venir à Paris pour voir la statue de Voltaire. Il nous récita, avec l'emphatique et sonore débit italien, une longue et très-belle pièce de vers où il exhortait les patriotes à ne point se décourager, à revenir de leur exil, et à tuer simplement, à coups de couteau, le roi de Naples, l'empereur d'Autriche et le pape. Comme on peut le voir, sa poésie n'y allait pas de main morte. Nous dîmes ce qu'il fallait dire, et nous écoutâmes ce jeune Brutus nous parler de sa patrie. « C'est moins la monarchie que la puissance des prêtres qu'il faut renverser. C'est cette puissance illimitée, sans contrôle, qui nous écrase et nous enténèbre. Ce qui a manqué à l'Italie, ce ne sont pas les hommes de courage ; il lui a manqué les hommes de génie que vous avez eus : Voltaire, Rousseau et les encyclopédistes. Si nous avions eu votre dix-huitième siècle, nous serions peut-être comme vous à la tête du mouvement européen. Le protestantisme, avec son libre examen, qui des hauteurs religieuses descend forcément dans le domaine politique, pourrait nous sauver encore ; mais comment voulez-vous le faire accepter par un peuple qui n'a d'autre culte que celui des images, et qui va benoîtement s'agenouiller devant des bons dieux de plâtre qui servent de retraite à toutes les souris de la paroisse ! Tenez ! regardez ce paysan qui passe ! — Eh ! tête de caniche, s'écria-t-il en se jetant presque tout entier hors de la portière, qu'est-ce que tu fais là, imbécile ? Pourquoi salues-tu cette madone ? C'est un morceau de carton peint ; il faut que tu sois plus bête que tes bœufs pour ne pas le savoir. » Il continua sur ce ton et longtemps. Le soleil s'était levé et il faisait chaud. Notre jeune philosophe voulut ôter son paletot ; mais, pris entre nous deux, il ne put s'en débarrasser qu'avec peine. Dans ses mouvements difficiles, son gilet s'ouvrit, et j'en vis sortir une amulette suspendue à un cordon. C'était, si je m'en souviens, l'image de Notre-Dame du mont Carmel. Je m'en emparai. « Qu'est-ce que cela ? lui dis-je. » Il devint sérieux, reprit l'image entre ses mains : « Ah ! dit-il, ça, c'est ma vierge, à moi ; c'est ma seule dévotion. » Et l'ayant humblement baisée, il la cacha sur sa poitrine.

VII

Nous réussîmes cependant à découvrir deux mules et à quitter Cosenza. Toutes les brigades qui arrivaient dans cette ville recevaient l'ordre de se rendre sans délai à Paola, où on les embarquait pour Sapri ; de là, on les dirigeait sur Salerne. Avec un peu de hâte, nous espérions bien arriver à temps pour la bataille attendue qui devait nous ouvrir la ville de Naples. Nos braves mules, « ces chères amours, » comme les appelait Spangaro, quoique n'ayant jamais fait que le métier de porteurs, trottinaient fort agréablement sur la belle route plate qui côtoie le fleuve qu'entourent des marécages malsains, mais où la flore des marais pousse avec une vigueur extraordinaire. A travers les roseaux, les glaïeuls, les iris, j'aperçois d'énormes touffes d'agnus castus, semblables à celles que, sur le bord des rivières, j'ai admirées en Syrie, en Grèce, en Asie Mineure et dans l'île de Rhodes. D'immenses prairies grasses et d'aspect biblique s'étendent à notre gauche, foulées aux pieds par les troupeaux de bœufs et des bandes innombrables de chevaux en liberté que gardent les pâtres armés de fusil. Réveillées par notre bruit, des judelles et des bécassines, qui faisaient paisiblement la sieste parmi les herbes humides, s'envolent à tire d'aile en poussant un cri. Derrière ces nappes de verdure, le Crati nous apparaît parfois, luisant comme une apparition d'acier; nous nous gardâmes bien de nous y baigner, car Strabon a dit : « L'eau du Sybaris rend les chevaux ombrageux, aussi en éloigne-t-on les haras; celle du Crathis fait blondir et blanchir les cheveux des personnes qui s'y baignent; mais du reste elle guérit beaucoup de maladies. » Je croirais plutôt qu'elle en donne, car à l'air tiède, épais, et pour ainsi dire vaseux qu'on respire sur les bords de ce fleuve, il est facile de comprendre que la fièvre les habite. Le teint des paysans riverains est plombé, la sclérotique de l'œil est jaune, les pommettes sont saillantes et les lèvres pâles; c'est une race dolente que l'haleine du marécage affaiblit. Nous n'avons voulu partir qu'au soleil levé, et nous avons eu soin de boire un verre de vin saturé de poudre de quinquina, bonne précaution que ne dément pas l'expérience des voyages. Nous nous sommes arrêtés pendant quelques instants près d'une grande ferme composée d'un seul bâtiment carré, entouré d'un mur percé de meurtrières et fortifié à chaque angle d'une échauguette en nid d'aronde. C'est une véritable petite forteresse qui rappelle nos *maisons de commandement* en Algérie. Tout cela est un peu lézardé par le temps, mais de bonne tournure encore et très-capable de résistance. Dans ce pays des Calabres, pays inquiet et insoumis qui s'est si souvent révolté, c'est un bon refuge et qui doit être connu de ceux qui font le rêve « de prendre la montagne, » c'est-à-dire de renvoyer le gouvernement établi, sous prétexte que l'impôt est trop lourd et la conscription vexatoire.

Nous arrivons à Tarsia après avoir fait vingt-deux milles, au moins dix lieues, depuis le matin. La poste nous y fournit des chevaux. Dans un champ, nous vîmes au pacage ceux des guides de Garibaldi ; nous en tirâmes un bon augure ; le dictateur cependant avait trois jours d'avance sur nous ; mais nous espérions le rejoindre. « Puisqu'il ne s'est point arrêté à Cosenza, il faudra bien qu'il s'arrête à Lagonegro, afin d'attendre ses troupes ; » c'est ce que nous disions sans cesse pour nous faire prendre patience et nous consoler de notre retard involontaire.

Notre espérance était vaine, car Garibaldi voyageait avec une rapidité égale à la nôtre, et nous ne devions le retrouver qu'à Naples. En effet, aussitôt après avoir reçu à Soveria la capitulation du général Cardarelli, il s'était rendu à Cosenza, où ses officiers les plus intimes croyaient qu'il ferait une halte prolongée ; mais Garibaldi se donna à peine le temps de se reposer, et repartit en hâte. Obéissait-il à un appel venu de Naples ou à la conviction que sa présence seule désarmerait la monarchie ? Je ne sais ; il traversa Tarsia, Castrovillari, Lagonegro, s'arrêtant une heure ici ou là pour jeter des paroles d'encouragement et appeler aux armes ceux qu'il espérait alors pouvoir mener à travers les États du pape jusqu'aux confins de la Vénétie. Partout on accourait : du haut des montagnes, les paysans armés venaient au-devant de lui et l'entouraient ; les villes se pavoisaient à son approche, et les habitants restaient debout, éveillés pendant des nuits entières, suspendus par l'attente de cet homme qui passait plus rapide et plus fort que le tonnerre. Il allait si vite que ses officiers d'ordonnance le perdaient quelquefois ; l'un d'eux, un Palermitain, le chercha pendant cinq jours. Il n'y avait que des cris de joie autour de lui et nul péril, car les troupes napolitaines, dispersées et débandées, laissaient la route libre ; à peine çà et là, comme nous, rencontrait-il quelques groupes de royaux découragés qui tendaient la main au passant. Quelquefois, toujours courant, il ramassait ces hommes au hasard du chemin. « Qui voulez-vous servir ? — L'Italie ! » Il les confiait alors à quelque officier qui les conduisait à la brigade la plus voisine ; ils quittaient la veste bleue, prenaient la chemise rouge et criaient *vive Garibaldi!* avec plus de confiance qu'ils n'avaient crié *vive le roi!* Ainsi dans cette course frénétique il trouvait moyen d'augmenter son armée et d'amoindrir celle de François II. Quant aux habitants des villes qu'il traversait, ils restaient comme en extase pour l'avoir aperçu. Ceux à qui il avait parlé devenaient un objet de curiosité pour les autres ; de ce qu'il avait touché, on faisait des reliques. Traversant un village, j'entrai dans une maison pour boire : je vis un verre sur une planche et je le pris ; le propriétaire me le retira des mains. « Garibaldi a bu dans ce verre, me dit-il ; nul ne doit plus s'en servir ! » Il courait donc à son but, pendant que nous marchions à sa poursuite, ignorant ce qu'il devenait et espérant toujours finir par le rejoindre.

Jusqu'à Spezzano, le paysage est insignifiant, gris, sans couleur déterminée ; mais dès qu'on a traversé la ville et qu'on est arrivé au sommet d'une côte que la route gravit péniblement, on s'arrête émerveillé. C'est la nature dans toute sa grâce et toute sa force. La mer apparaît tout à coup dans l'est avec le golfe de Tarente, dont les côtes aplaties disparaissent sous les verdures profondes que coupent les brillantes ondulations de Coscile. Une immense plaine s'étend sous nos pieds, fermée vers le nord par l'aridité bleue d'une chaîne de montagnes. Les eaux vives coulent en bondissant dans des bois de chênes mêlés d'aulnes et de roseaux ; les champs de maïs s'encastrent dans des plantations de coton dont les fleurs jaunâtres ressemblent à des fleurs de mauve pâlies. A travers les arbres et les hautes herbes, on aperçoit de petits étangs près desquels ruminent des bœufs tranquilles. Des tourterelles font entendre sous la feuillée leur roucoulement monotone, et des cigognes arpentent de leur pas régulier les champs où chacun les respecte. Pas une haie qui n'ait ses fleurs, myrtes ou roses ; pas un grain de terre qui n'ait son brin d'herbe, scabieuse ou folle avoine. Poussés par la force de cette fécondité redoutable, les arbres s'enchevêtrent, les lianes les enserrent de leurs rameaux, où d'autres lianes grimpent encore, depuis leurs pieds couverts de mousse jusqu'à leurs branches empanachées de gui à perles vertes. L'Inde seule, dans les parties où son soleil torride chauffe jusqu'à l'ébullition les épais marécages, doit pouvoir donner une idée de ces profusions plantureuses. « Quel pays ! » m'écriai-je involontairement à haute voix. — « Pays maudit ! me répond un postillon ; l'herbe y croît et l'homme y meurt. Les Marais-Pontins sont la pure santé en comparaison de cette plaine exécrable que vous trouvez si belle et où chaque soir la fièvre danse des sarabandes à faire frémir les chrétiens. — Comment appelles-tu cette plaine ? lui demandai-je. — Je ne sais pas comment les savants l'appellent, répliqua-t-il, nous autres nous la nommons la *febbrosa* (la fiévreuse), » et il continua à grommeler tout bas des malédictions contre « cette terre pourrie qui mange plus d'hommes qu'elle n'en peut nourrir. » Cette plaine est celle où fut Sybaris ; il y aurait de belles fouilles à y faire, mais il faudrait creuser profondément, car les continuelles inondations du Crati et du Coscile ont recouvert sous l'épais linceul des alluvions le cadavre de la vieille indolente. Moi qui passais et ne redoutais guère le souffle empesté de ces lieux où la Gomorrhe païenne est enfouie pour toujours, j'admirais, et je pensais aux rives du Mélèze et du Méandre, qui, dans les chaudes contrées de l'Asie Mineure, m'avaient offert un spectacle presque aussi beau que celui qui ravissait mes yeux.

Je ne cessai de m'extasier jusqu'à Castrovillari, qui est une grosse ville où s'élève une large tour, seul reste de ses fortifications du moyen âge. Après y avoir rapidement relayé, nous restâmes longtemps à tourner et à franchir une haute montagne pelée qui ressemble à ce mont Santa-Cruz qui domine Oran, et la nuit était venue quand nous arrivâmes à Morano, ville étrange, bâtie tellement en amphithéâtre, que les maisons semblent sortir les unes des autres, les fondations s'appuyant sur les toits : sauf la grande rue qui est la route, il n'y a que des escaliers. Une ruine immense couronne Morano : forteresse, église, palais ou couvent? Je ne sais. A travers les baies des portes et des fenêtres de cette ruine, j'apercevais le ciel encore teint des pâleurs du crépuscule et déjà parsemé d'étoiles ; cela faisait l'effet d'un vaste décor d'opéra. Les habitants armés et rangés sur la route, prêts à partir pour aller rejoindre Garibaldi, entourèrent notre voiture ; le syndic vint nous questionner ; Spangaro leur parla, et nous les quittâmes après avoir échangé des poignées de main et poussé des hourras en l'honneur de l'unité italienne.

Sombre et sans lune, la nuit nous enveloppa. Quel paysage nous environnait? Je ne pus le voir. Parfois il m'apparaissait tout à coup dans une éclaircie des ténèbres avec un aspect rugueux et féroce qui me remettait en mémoire le *hail* des sorcières de Macbeth. Je ne sais, du reste, si je dors ou si je veille ; une fatigue aiguë m'a saisi et des impatiences nerveuses me parcourent les membres. Je m'agite sans pouvoir trouver une place qui me convienne ; j'ai des envies brutales de jeter mes deux compagnons hors de la voiture afin de pouvoir seul m'étendre à mon aise ; l'un d'eux dort et ronfle ; je lui en veux de son repos que j'envie. A la fin je me sens si injustement bête, que j'éclate de rire à ma propre sottise, malgré mon humiliation d'être à ce point dominé par une souffrance de surface. Je rêve des bains tièdes, des lits bassinés, des édredons de soie. Tout peut se résumer par ce mot des enfants : Je tombe de sommeil, mais je ne puis dormir. A Rotonda, où nous arrivâmes vers dix heures du soir, il fallut nous arrêter : une roue de notre voiture s'était brisée ; on alla réveiller le charron. Cela demanda du temps : j'ouvris une grande porte qui se trouvait devant moi, et j'entrai dans une écurie ; j'avisai des bottes de paille dont j'eus bientôt fait un lit, et pendant deux heures je dormis de ce sommeil frère de la mort que nul bruit ne parvient à troubler. Je me réveillai en sentant quelque chose d'insolite s'agiter sur mon visage : c'était un coq qui avait pris mon menton pour perchoir, et qui me battait les paupières de sa queue en panache.

La route s'aplanit au sortir de Rotonda et nous mène

jusque sur les bords d'une rivière qui doit être une bifurcation du fleuve Lao. Pendant que notre voiture roulait péniblement sur le gravier criard, des ombres sortirent de derrière une cépée d'arbres, vinrent silencieusement prendre nos chevaux par la bride et les firent entrer dans le lit du fleuve, que nous franchîmes ainsi. Ces fantômes étaient les gardiens du gué ; ils sont responsables des accidents qui peuvent se produire sur les rives qu'ils surveillent, et acceptent volontiers le pourboire des voyageurs. Vers deux heures du matin, à Castelluccio, nous attendîmes une grande heure avant de pouvoir relayer, et nous la passâmes dans un café ouvert sur la place. Les gardes civiques qui étaient de service pendant cette nuit, vinrent nous trouver pour nous parler des événements extraordinaires qui s'accomplissaient. Parmi ces bonnes gens, il y avait un homme dont l'intelligence me frappa ; c'était un ancien négociant de Naples : son commerce l'avait souvent appelé en France ; il avait visité Marseille, Bordeaux, et s'en montrait extrêmement fier. A chaque phrase, il répétait : « Moi qui ai voyagé ! » et parfois il disait aussi avec orgueil : « Moi qui ai une bibliothèque ! » Nous parlions de l'état moral du pays, et voici presque textuellement ses propres paroles : — Ici, à Castelluccio, me disait-il, nous sommes environ cinq mille cinq cents habitants ; il n'y a qu'une école ; on y envoie à peu près huit ou dix enfants ; sur ce nombre, deux peut-être y restent assez longtemps pour apprendre à lire et à écrire ; les autres épellent à peine l'alphabet et parviennent tout au plus à signer leur nom. A ces pauvres gens l'instruction cause une sorte de terreur superstitieuse que les prêtres entretiennent avec soin, car l'ignorance de tous leur rend très-facile la tâche de les diriger. Un homme qui sait lire et qui lit est mal vu, soupçonné d'appartenir à des sociétés secrètes, traité d'esprit fort, accusé d'impiété, et si bien surveillé que, pour détourner les soupçons, il exagère ses croyances religieuses : il se fait hypocrite pour qu'on le laisse en repos. C'est en suivant assidûment le service divin, en se confessant, en communiant publiquement, qu'il obtient de n'être pas trop molesté par la police, qui dans tout homme instruit voit un libéral, un *carbonaro*, car ce dernier mot est resté dans notre langue. Un intendant de province me disait qu'il cherchait le moyen de détruire tous les avocats, et quand je lui demandai la cause de cette fureur contre une très-honorable classe de la société, il me répondit : « Tous les avocats sont mazziniens, forcément et sans exception. » Dans certains districts, les curés refusent l'absolution aux mères qui envoient leurs enfants aux colléges de Naples. A Salerne, l'archevêque a prêché en chaire que l'instruction était la révolte ; or, la révolte étant le fait de Satan, tous ceux qui répandent ou acceptent l'instruction sont nécessairement les suppôts de l'enfer, et comme tels destinés aux feux éternels. Le roi Ferdinand, lisant, après le 15 mai 1848, un journal français où sa conduite était sévèrement appréciée, s'écria d'un mouvement involontaire :

« L'écriture est l'invention du diable ! » Ici le clergé et le gouvernement marchent d'accord dans cette voie de ténèbres où ils ont poussé la nation. Le clergé n'est pas seulement l'allié du gouvernement, il est même plus que son complice ; il est son agent, agent terrible, car il guide les âmes et possède entre les mains le formidable instrument de la confession. Parce que les livres saints ont dit : « Bienheureux les pauvres d'esprit ! » le prêtre dit aux ouailles : « Qu'avez-vous besoin de savoir ? Croyez à mes paroles cela suffit à votre salut, et le salut éternel est seul ce qui doit importer à l'âme humaine. » Tous ceux qui, dans le souterrain noir où l'on nous a parqués, ont voulu s'ouvrir une fissure vers la lumière ont été frappés, emprisonnés, internés. Tout livre qui paraît, quel qu'il soit, est dangereux : c'est la mèche qui peut mettre le feu aux poudres révolutionnaires. Aussi de quelles précautions ne les entoure-t-on pas, ces pauvres livres ! Censure ecclésiastique, censure politique, censure policière pour les livres qui entrent à la douane, pour les livres qui sortent des imprimeries, toutes cependant surveillées par le gouvernement [1]. Les censeurs tremblent de n'être pas assez sévères. A l'un d'eux on apporta un jour un manuscrit sur le galvanisme. Il ignorait ce que pouvait être le galvanisme ; mais le mot lui parut avoir quelque rapport avec le mot

On trouvera de curieux détails sur la censure italienne, dans l'impartial livre de M. Marc Monnier, *l'Italie est-elle la terre des morts ?*

calvinisme. « C'est sans doute, dit-il, une attaque contre la papauté, » et il refusa l'autorisation. Pour les malheureux enfants que l'on condamne ainsi à l'ignorance forcée, ce système a les suites les plus graves. Sous prétexte de leur éviter des erreurs, on ne leur apprend même pas la vérité, et pour qu'ils ne puissent lire les prétendus mauvais livres, on les met dans l'impossibilité de lire les bons. « Tu en sauras toujours bien assez long, » c'est la réponse ordinaire des directeurs spirituels à ceux qui demandent le pain fortifiant du savoir. On leur raconte, en l'interprétant, la vieille histoire du paradis terrestre d'où Adam et Ève furent chassés pour avoir voulu s'instruire ; la pomme de l'arbre de science, c'est l'écriture et la lecture, arts maudits qui ouvrent l'âme à tous les crimes, et surtout aux deux plus grands, la discussion du dogme, la discussion des actes du gouvernement. L'un peut conduire à l'hérésie, l'autre peut mener au désir d'un gouvernement meilleur : dans les deux cas, c'est la révolte, c'est-à-dire Satan, l'ennemi de Dieu [1]. Ces maximes des puissances papales et royales ne sont pas neuves, du reste ; voyez les contes pieux du moyen âge : le savant finit toujours par

---

[1] Au moment de la votation du royaume de Naples, un prêtre, à Ischia, déclara en chaire que tous ceux qui voteraient *oui* seraient damnés, et que les enfants qui pourraient naître d'eux seraient damnés aussi. Le soir, les maris trouvèrent les portes de leurs maisons fermées par leurs femmes, qui ne voulaient plus avoir aucun rapport avec des hérétiques condamnés par Dieu ; ils en furent quittes pour passer par la fenêtre.

être emporté sur les ailes du diable, à qui d'avance il a vendu son âme. Le grand damné de la légende, c'est Faust, l'inventeur de l'imprimerie.

— Quel remède voyez-vous à ce crime permanent de lèse-humanité? dis-je à l'homme qui me parlait ainsi. Il regarda autour de lui avec défiance, comme s'il craignait d'être entendu, et, baissant la voix, il me répondit : — Un seul, l'instruction exclusivement confiée aux laïques et obligatoire pour tous, sous les peines les plus sévères; pour l'amélioration des hommes, la liberté a le droit et même le devoir d'être dictatoriale.

IV

En sortant de Castelluccio, nous sommes dans la Basilicate ; le pays est beau, mais plus aride que les Calabres. Les montagnes sont chenues et dépouillées ; on sent que le roc est à la surface, et que l'herbe y trouve à peine assez de terre végétale pour verdir à l'aise. On dirait que la mer n'est pas loin, et que son souffle desséchant passe sur le paysage qu'il flétrit. En effet, du haut d'une côte, pendant deux minutes, nous apercevons dans une échappée lointaine la nappe pâle du golfe Policastro. La poussière des routes est bleuâtre, comme dans un pays d'ardoisières ; la terre a je ne sais quoi de sombre, de triste, de trop sérieux ; l'arbre a presque disparu ; je ne vois plus que des pâtis brûlés par le soleil, des buissons amaigris par la soif et des rochers grisâtres que des convulsions antérieures ont jetés les uns par-dessus les autres. La malle-poste nous croise, nous l'arrêtons. « Quelles nouvelles de Naples ? — Aucune. — Où est Garibaldi ? — Eh ! qui peut le savoir ?

— L'armée napolitaine est-elle à Salerne. — On le dit. »

A Lauria, la roue de notre voiture se brisa complétement. Il fallut attendre quatre heures. J'étais assis à l'ombre d'un quartier de rocher qui surplombe la route, et je considérais un vieux bourrelier qui raccommodait un bât de mulet. Le bonhomme, ridé, jauni, chantonnait à demi-voix tout en poussant avec régularité sa grosse aiguille à l'aide d'un gant de cuir armé de fer; il y avait dans son attitude une si insouciante tranquillité, que j'en fus surpris, et m'approchant, je lui dis : « Eh bien! mon vieux père, la guerre ne vous fait donc point peur ? » Il interrompit sa besogne, et, me regardant d'un air étonné : « Quelle guerre? me demanda-t-il. — Mais celle que nous faisons. — Ah ! reprit-il, vous appelez cela la guerre? Vous êtes jeune, vous! Ce que vous faites ne ressemble pas plus à la guerre que je ne ressemble au clocher de la paroisse. J'ai vu la guerre, moi, et je sais ce que c'est. Je l'ai vue deux fois, je n'étais pas grand, pas plus haut que votre sabre ; mais je ne l'oublierai jamais. La première fois, c'était dans le mois d'août 1806. Les gens du pays tenaient pour le roi Nasone, qui était en Sicile, et recevaient de l'argent, des munitions, tout ce qu'il fallait enfin, du cardinal Ruffo, qui fut un saint homme, et qui n'était pas plus embarrassé pour faire pendre un chrétien que moi pour dire un *pater*. La ville qui est là en bas, et aussi la ville haute, étaient pleines d'hommes qui avaient des fusils, et qui, déjà dans la montagne, avaient fait une dure chasse aux Français, dont l'idée, à cette époque, était de changer la religion et de nous forcer à devenir juifs. Les Français vinrent donc pour nous attaquer, parce qu'il paraît que cette pauvre ville de Lauria les gênait entre nos mains et leur était nécessaire. Celui qui les commandait avait des dorures plein son habit; il parlait bien italien, mais avec l'accent du nord : on l'appelait Masséna. Il commença donc à attaquer par en haut, par en bas, de tous côtés. Il y avait une espèce de muraille en maçonnerie qui entourait la ville ; en comptait qu'elle arrêterait les Français, mais ils sont leste comme des singes ; il sautèrent par-dessus, et les voilà dans la ville, courant, criant, tuant : des démons! Nos hommes s'étaient jetés dans les maisons et les défendaient à outrance, comme c'était naturel. Cela n'accommoda pas les Français, qui y mirent le feu ; la ville brûla ; ils tuèrent à coups de baïonnette ce qui vivait encore, violèrent les femmes et pillèrent tout. La ville flamba pendant trois jours. Moi, j'avais gagné la montagne du côté de Monte-Rotondo, et bien m'en prit, car on tua les enfans aussi bien que les hommes et que les vieillards. Une autre fois, quatre ans après, à l'époque du roi Joachim, qui montait si bien à cheval, nous étions encore en émotion contre le gouvernement. On avait écorché quelques Français. Alors arriva dans le pays un autre général qu'on nommait Manhès. Ah! celui-là, c'était un rude homme qui n'avait guère le mot pour rire. Il fit promulguer un règlement en beaucoup d'articles et une seule peine : la mort. Le long des routes, on ne voyait que des gibets, et à ces gibets on ne voyait que des pendus ; les Calabres et la Basilicate devinrent folles de terreur. On entassait les condamnés dans les cachots, dans les couvents transformés en prisons, et là, on les laissait périr. La tour de Castrovillari est restée dans nos souvenirs un lieu de mort et d'épouvante. Bien des gens se signent en passant près de ses murs. On y avait enfermé un si grand nombre de prisonniers, qu'à peine ils pouvaient remuer. On ne les nourrissait guère. Ils moururent de faim, d'asphyxie. Les geôliers, reculant devant l'effroyable infection, n'osaient plus entrer. Les vivants dévorèrent les morts ; la peste s'y mit. Tous périrent rongés, décomposés par l'horrible pourriture qui montait autour d'eux. La tour entière n'était plus qu'un charnier d'où les corbeaux sortaient ivre et repus. A plus de trois lieues à la ronde on le sentait, et pendant longtemps l'air en fut empoissonné. Quand on voyait apparaître un uniforme français, on se sauvait, on fermait ses portes, on éteignait les lumières, nul n'osait plus parler, et l'on recommandait son âme à Dieu [1].

[1] Le récit du vieux bourrelier n'a rien d'exagéré. Je trouve la confirmation du sac de Lauria dans la *Correspondance du roi Joseph*. — Le 15 août 1806, Joseph écrit à Napoléon : « La ville de Lauria, de sept mille habitants, n'est plus qu'un monceau de ruines ; hommes, femmes, enfants, tout a péri dans les flammes. » (T. III, p. 124.) — Cette nouvelle dut faire plaisir à l'empereur, qui sans cesse recommandait à son frère l'emploi des moyens extrêmes ; ainsi il lui écrivait le 30 juillet 1806 : « Faites piller deux ou trois gros bourgs, de ceux qui se sont le plus mal conduits ; cela fera des exemples et rendra aux soldats de la gaieté et le désir

C'était là de la guerre, je le sais, puisque je l'ai vu ; mais ce que vous faites, ce n'est rien du tout qu'une promenade bonne pour la santé. La guerre ! vous en parler à votre aise. Où sont les gens que vous avez pendus ? Où sont les femmes que vous avez violées. Où sont les villes que vous avez incendiées et pillées ? Où sont vos lois martiales ? Où sont vos gibets ? C'est tout au plus si vous avez des fusils. Tenez, laissez-moi en repos avec votre guerre, car, sans le respect que je vous dois, je vous dirais que vous n'y entendez rien. » Et, hochant la tête avec un mouvement de mauvaise humeur, le vieux bourrelier reprit son travail. Une femme passait, portant un panier de belles figues vertes où brillaient des perles transparentes ; je l'appelai et lui achetai ses fruits. Le bourrelier se mit à jurer avec fureur : « Ça paye, et ça dit que ça fait la guerre ! s'écria-t-il. Par le péché du vendredi ! ils sont fous, tous ces gens-là ! » Je le quittai en riant, et je m'en allai stimuler le zèle de nos charrons.

---

d'agir. » Et le même jour, dans une seconde lettre : « Ne pardonnez pas ; faites passer par les armes au moins six cents révoltés.. Faites brûler les maisons de trente des principaux chefs de villages et distribuez leurs propriétés à l'armée. Désarmez tous les habitants et faites piller cinq ou six gros villages. » Et le 17 août 1806 : « Je désirerais bien que la canaille napolitaine se révoltât... Tant que vous n'aurez pas fait un exemple, vous ne serez pas maître... A tout peuple conquis il faut une révolte... » (T. II, p. 412 et 417 ; t. III. p. 127.) Pour la pacification des Calabres par le général Manhès, on peut consulter Botta, *Histoire d'Italie de 1789 à 1814*, t. V. p. 23 et *seq*.

Le paysage reprend une grande vigueur après Lauria, mais une vigueur toute septentrionale : la flore de la France domine, les chênes sont nombreux et les trembles aussi ; quelques châtaigniers apparaissent çà et là, abritant des bruyères fleuries ; les torrents abondent, jaillissant du haut de la montagne, poussant vers la vallée leurs belles eaux limpides, qui bondissent par-dessus les rochers arrondis et nous envoient au visage la rosée de leur écume ; des ponts les traversent, et quels ponts ! en bois, disjoints tremblans ; je ne sais quelle providence amie des voyageurs les tient en équilibre, car, à les voir, on croirait qu'un coup de pied peut les renverser. Taillée aux flancs des monts, la route ne circule pas, elle se coupe incessamment à angle aigu, comme ces foudres en zigzag que les peintres mettent dans leurs tableaux d'orages. Nous rencontrons, à quelques lieues de Lauria, une magnifique cascade qui moutonne en ressauts blanchissants, et qui n'est autre que la source du fleuve *Trecchena*, qu'on nomme aussi *le Noce*. A un détour du chemin, Lagonegro débusque tout à coup, debout sur une colline, avec sa grande rue si large qu'elle ressemble à une place immense. Là, comme à Cosenza, nous nous trouvons dans l'impossibilité d'avoir des bêtes de trait, et nous sommes forcés de garder le postillon qui nous mène depuis Rotonda, pauvre garçon plein de bonne volonté, mais qui nous démontre que, sous peine de tomber fourbus, ses chevaux ne peuvent plus aller. Partout nous nous enquérons des nouvelles ; on dit que Garibald est à Sala ou à Eboli et que les royaux sont à Salerne. La ville est pleine de soldats venus directement de Cosenza ou amenés par mer jusqu'à Sapri. Le bruit s'est répandu que l'armée doit se concentrer à Lagonegro, mais nul ne peut l'affirmer, et les chef eux-mêmes nous avouent n'avoir reçu aucun ordre à cet sujet. Il y a de l'impatience et de l'anxiété dans tous les esprits : on voudrait savoir tout ce qui se passe, on voudrait marcher en avant ; on sent instinctivement que le dénoûment est proche et chacun enrage de ne pas y prendre part.

Deux jours avant notre arrivée, un fait significatif s'est passé à Lagonegro. Trois officiers de notre armée, vêtus de la casaque rouge et venant de Sapri, étaient entrés dans la ville. Ils trouvèrent trois mille Napolitains, un escadron de cavalerie et deux batteries de campagne rangés sur la place. Un peu surpris de ce spectacle tout à fait inattendu, les garibaldiens firent bonne contenance, s'assirent devant le café et regardèrent les troupes royales alignées en belle ordonnance. Nul ne leur disait rien ; on les considérait avec quelque curiosité, mais sans malveillance. Ils allèrent vers les officiers napolitains et causèrent avec eux : « Pourquoi, leur demandèrent les nôtres, battez-vous toujours en retraite et ne nous avez-vous pas disputé le passage ? — Parce qu'avant d'être Napolitains nous sommes Italiens, que, comme vous, nous voulons une Italie, et que nous savons que le gouvernement du roi François II n'est, pour ainsi dire, qu'une succursale de la cour de Vienne. Croyez-vous que nous manquons de courage? Vous auriez tort ; nous n'ignorons pas que notre devoir serait de vous faire pendre immédiatement, mais nous aimons mieux vous serrer la main en vous disant : au revoir ! Quand nous serons ensemble devant les murs de Venise, vous verrez que nous aussi, nous savons nous battre. » Ces paroles étaient l'expression sincère d'un sentiment qui, depuis longtemps déjà, a pénétré les cœurs en Italie : la haine de l'Autriche et de tout ce qui s'y rattache. La flotte était restée fidèle au jeune roi de Naples ; lorsqu'elle apprit qu'il avait l'intention de l'envoyer à Trieste attendre des jours plus propices à la monarchie absolue, sans délai et d'un commun accord elle passa à l'insurrection, c'est-à-dire à la cause nationale.

En jugeant la conduite de l'armée napolitaine, et en la jugeant avec une sévérité souvent excessive, on n'a point assez tenu compte de ces aspirations vers l'indépendance qui s'agitaient dans toutes les âmes. Sous les yeux de son roi, sous sa direction immédiate, cette armée, soumise à la discipline et au serment que la présence royale lui rappelait d'une façon vivante, pouvait faire et a fait preuve de grand courage ; mais loin de lui, sous la conduite d'hommes en qui luttaient énergiquement les devoirs de l'obéissance passive et les droits du patriotisme, la patrie reprenait le dessus, le serment imposé était mis en oubli, et si l'on ne se mêlait pas directement à l'insurrection, du moins on la laissait faire : conduite ambiguë, fâcheuse à plus d'un égard, car elle a permis de calomnier des intentions honnêtes et a prolongé l'effusion inutile du sang, qu'une action tout à fait dessinée en faveur du mouvement national aurait rapidement et définitivement arrêtée.

Ce fut à Lagonegro que nous apprîmes ce que le général Türr était devenu depuis que nous l'avions quitté. Pendant que nous le poursuivions par la route de terre, il avait pris la voie plus rapide de la mer pour se rapprocher de Naples. De Cosenza, il s'était rendu à Paola, et là, ayant réuni toutes les troupes qui arrivaient journellement sur la côte de Sicile, il les avait embarquées sur six bateaux à vapeur. Au moment où il allait quitter le port, une frégate napolitaine s'était montrée. A bord des *steamers* il n'y avait pas un canon, pas un obusier ; le général Türr fit bonne contenance et paya de mine : il rangea sa petite flottille en bataille et sembla attendre l'ennemi, qui courut quelques bordées à longue distance et se décida à reprendre la haute mer. De Paola, Türr débarqua à Sapri, y rassembla l'ancienne division Pianciani, marcha de façon à pouvoir au besoin, passant entre Salerne et Eboli, se jeter sur les montagnes de la Cava, attaquer les royaux par derrière et leur couper la route de Naples dans le cas où ils nous eussent attendus à Salerne. Leur retraite, dont la nouvelle allait nous parvenir, devait rendre inutile cette combinaison hardie.

Le soir en effet, vers huit heures, comme nous allions voir nous-mêmes si nos chevaux étaient en état de faire route, une dépêche nous arriva : « 7 septembre 1860. —

Aujourd'hui, à onze heure, Garibaldi est entré à Naples. »
Notre premier sentiment, je l'avoue, fut un mauvais sentiment de regret et presque de colère ; notre second fut meilleur, car nous fûmes joyeux en pensant qu'un aussi important résultat avait été acquis au prix de violentes fatigues, il est vrai, mais sans que le sang eût coulé. Nous comprîmes alors la conduite de Garibaldi, conduite qui parfois nous avait semblé étrange, car nous ne pouvions deviner dans quelle intention il courait toujours en avant, loin de son armée, accompagné de quelques rares officiers qui avaient grand'-peine à le suivre. Il avait voulu s'emparer du pays par le pays lui-même, éloigner tout reproche d'avoir fait une conquête et bien prouver au monde que la domination des Bourbons n'était plus qu'une sorte de fiction consentie qui s'évanouirait au premier souffle. A sa seule approche, l'insurrection éclatait, les hommes couraient aux armes, les montagnes descendaient dans les plaines; devant, derrière les soldats royaux, sur leurs flancs, sur leurs têtes, la révolte armée se levait; troublés par cette unanimité terrible, remués eux-mêmes par la grande idée qui travaille l'Italie, les royaux hésitaient. Sur le continent, dans ce pays des Calabres, ils ne se croyaient plus, comme en Sicile, les maîtres légitimes d'un peuple plusieurs fois conquis et toujours hostile ; ils se sentaient chez eux, sur leur terre, ils comprenaient vaguement qu'ils allaient toucher à la patrie, et, semblables aux barbares devant le temple de Delphes, ils furent pris d'une crainte superstitieuse. Ils reculèrent

alors de San-Giovanni à Monteleone, de Monteleone à Tiriolo, de Tiriolo à Cosenza, de Cosenza à Salerne, de Salerne à Naples et de Naples à Capoue. Là, le roi fermant les portes sur eux, se mit à leur tête; l'obéissance passive reprit son formidable pouvoir, et, comme on les fusillait quand ils ne se battaient pas contre leur propre cause, ils se battirent, contraints par la force, et non point pour défendre un régime dont mieux que personne ils connaissaient la cruelle inanité. Ils n'aspiraient qu'à venir à nous ; le nombre extraordinaire de prisonniers que nous fîmes dans la journée du 1ᵉʳ octobre doit le prouver aux esprits les plus prévenus. Aussi cette armée, qui aurait pu nous retarder au coin de tous les défilés que nous avons franchis, a pour ainsi dire ouvert ses rangs devant nous et nous a laissés passer. Garibaldi a atteint le but qu'il poursuivait; il a révolutionné les Calabres par les Calabrais et Naples par les Napolitains. S'il eût aimé la gloire, il eût pu manœuvrer de façon à avoir une bataille bien retentissante; mais il ne combat qu'à la dernière extrémité, car il aime les hommes, et verser le sang italien est pour lui une douleur sans pareille.

Quant à François II, qu'en dire? sinon lui appliquer les tristes paroles du poëte ?

> Les fautes que l'aïeul peut faire
> Te poursuivront, ô fils, en vain tu t'en défends.
> Quand il a neigé sous le père,
> L'avalanche est pour les enfants !

Dévotement soumis aux volontés de son père, il avait continué d'abord cette politique intérieure que les documents diplomatiques ont mise au jour, et dans laquelle il était encouragé et maintenu par la reine douairière, âme violente, hautaine, obtuse, implacablement enfermée dans le cercle du droit divin, et pour qui les peuples sont des troupeaux propres à marcher dans la vie, le front baissé, paissant, et dignes de mort s'ils osent lever les yeux vers la lumière. L'obscurantisme à outrance, qui avait été la seule politique du père, devint, en s'exagérant encore, la politique du fils. Dans le silence imposé par l'épouvante, le jeune roi crut voir la tranquillité et la soumission. Les avis ne lui avaient pas manqué cependant; de grandes nations avaient daigné lui montrer l'abîme que chaque jour, comme à plaisir et en dépit de toutes les lois humaines, il creusait sous ces pas. Qui devait combler cet abîme, lui ou le peuple des Deux-Siciles? Telle était la question; il eût été facile d'y répondre avec un peu de prévoyance. De gouvernement, il n'y en avait plus, à proprement parler, il n'y avait que la police, et quelle police! La diplomatie se troubla, car, par l'entêtement inexplicable d'un homme, elle vit les nations alarmées et la paix compromise; elle comprit que la révolution légitime s'il en fut jamais, reprenant les termes mêmes de la fameuse déclaration de Schœnbrunn, allait pouvoir dire : « La dynastie de Naples a cessé de régner son existence est incompatible avec le repos de l'Europe. » Dès que Garibaldi débarque à Marsala, la cour est prise de terreur : ce n'était qu'un homme cependant ; mais son nom est un mot de ralliement, sa présence un appui pour les mécontents, c'est-à-dire pour tous, sa renommée un sûr garant de la victoire. On en appelle aux puissances étrangères, qui restent muettes. L'Autriche put répondre : « M'avez-vous donc aidée lorsque la France est venue, en Italie, ébranler mon principe qui est aussi le vôtre ? » Le Piémont auquel on s'adressait en désespoir de cause et en se targuant d'italianisme, pouvait dire : « Quand j'ai lutté contre l'Autriche pour sauver l'Italie, n'êtes-vous pas resté impassible, secrètement allié aux ennemis de la patrie commune? » De tous côtés, le silence, ou des paroles de sympathie plus humiliantes qu'un refus direct. Pensa-t-on sincèrement conjurer le mouvement national en octroyant une constitution ? Je n'ose croire à tant d'illusions. Quoi qu'il en soit, le 26 juin un *acte souverain* est promulgué, qui promet des concessions. Les concessions *in extremis* n'ont jamais sauvé personne. L'absolutisme a une pente fatale qu'il doit suivre; il faut qu'il grandisse toujours, s'il ne veut périr. Il doit être indiscutable, il est parce qu'il est. Faire une concession, une seule, c'est avouer implicitement qu'il n'a pas le droit d'être. Or, qui manque à son principe meurt; la logique est inexorable; un roi absolu qui donne une constitution appelle forcément sa chute. D'ailleurs personne n'osait accepter cette constitution, et chacun était en droit de se dire : C'est un piége. Une constitution doit être le pacte fondamental, librement discuté et accepté, qui intervient entre le souverain et ses peuples pour déterminer leurs droits et leurs devoirs respectifs. Dans ce cas, elle est sérieuse, elle entraîne une responsabilité réciproque; mais lorsqu'elle est octroyée par le seul fait de la volonté souveraine, ce n'est plus qu'un acte de bon plaisir, il ne lie aucun des deux partis, car la toute-puissance qui l'accorde peut également le retirer. La nouvelle constitution napolitaine se trouvait naturellement dans le second cas, et elle ne fit que précipiter une chute prévue depuis longtemps. Loin de m'affliger, ce spectacle me console, car il prouve qu'entre le mal et le bien, il n'y a pas de pacte possible. Il serait trop commode, en effet, quand, à force de crimes, d'abus et d'oppression, on est arrivé en présence d'un danger menaçant, de pouvoir conjurer ce danger en entrant tout à coup dans une voie meilleure où seul vous guide l'intérêt de la conservation personnelle. Non! il ne peut en être ainsi; quand accusé, éperdu, sans issue ouverte à sa fuite, le Mal court vers le Bien et lui dit : Sauve-moi! le Bien lui répond : « Un de nous est de trop sur terre; résigne-toi et meurs, car mon essence même me rend impuissant à te sauver. »

La nouvelle de l'entrée de Garibaldi à Naples se répandit rapidement à Lagonegro, qui ne tarda point à s'illuminer. Le lendemain matin, l'un de nous reçut une dépêche qui lui annonçait que les forts de Naples étaient encore au pouvoir des royaux; la dépêche ne laissait pressentir aucune crainte, mais il était facile d'en concevoir, car une bataille terrible pouvait surgir tout à coup dans les rues mêmes de la capitale. Nous ne fûmes pas longs à partir. Après Lagonegro, on dirait que le paysage lui-même se civilise et qu'il sent les approches de Naples. Une large vallée glissant, droite et plate, entre deux chaînes de collines bleuissantes me rappelle la vallée de l'Eure, aux environs de La Rivière-Thibouville : même verdure, mêmes pâturages gras et humides, mêmes saules, mêmes peupliers. Dans les ruisseaux qui bordent la route, les iris inclinent sous le vent les glaives verts et flexibles qui leur servent de feuilles ; les bergeronnettes sautillent dans les prés autour des troupeaux ; rangés le long de la montagne, des villages nous apparaissent précédés d'immenses constructions, qui sont des couvents. Sur la route passent des déserteurs de l'armée napolitaine; ils s'arrêtent devant nous et nous demandent l'aumône. Depuis hier matin, ils n'ont point mangé. Les maisons se ferment quand ils s'y présentent; les paysans les fuient ou les chassent ; on leur refuse le pain, s'ils ne le payent, et ils n'ont pas d'argent. Leurs chaussures sont usées ; ils vont presque pieds nus et las à ne plus marcher, couchant dans les fossés, mangeant les mûres des buissons, résignés pourtant et n'accusant pas leurs chefs, dont l'incurie les a peut-être réduits à ce pitoyable état.

Nous nous arrêtâmes à Sala. Un tonnerre lointain se faisait entendre, et le ciel se couvrait de gros nuages apportés par le vent du sud, qui arrachait aux champs desséchés des tourbillons de poussière. Une chaleur lourde planait autour de nous, et un violent sommeil nous sollicitait. — Nous dormirons à Naples, nous dit Spangaro, en route! Nous remontâmes dans notre voiture, qui, l'ai-je dit? n'était qu'un char à bancs découvert. Le ciel bas descendait à ras de terre; des rafales de vent silencieuses et chaudes courbaient les arbres; on ne voyait plus d'hirondelles; des corbeaux croassants fuyaient à plein vol vers leurs nids; les moutons se pressaient en bêlant et, devant leurs bergers, se hâtaient vers la ferme. Des détonations sonores bondissaient à travers les montagnes, d'éblouissants éclairs frappaient nos yeux. Les nuages crevèrent, et l'eau tomba, par ondées d'abord, puis régulièrement, comme une cascade. La route était déserte, pas une maison pour nous mettre à l'abri; du reste, nous n'avions pas le temps. Nos manteaux ne tardèrent pas à être trempés, et nos vêtements et nous-mêmes. Nous avions, à coups de sabre, troué la caisse de la voiture, afin que l'eau pût s'écouler, car elle s'accumulait sous nos pieds comme dans un baquet. Cela dura une heure et demie sans relâche, comme une inondation. Une accalmée se faisait quand nous parvînmes à Auletta, où il nous fut possible de relayer. Ici, c'est tout à fait la nature du nord : des noyers, quelques mélèzes, et au-dessus d'une chute d'eau une scierie mécanique. « A qui appartient cette scierie? demandai-je; est-ce à un Napolitain? — Oh! non, monsieur, me répondit-on surpris de ma question, c'est à un Anglais! » J'entre dans les bâtiments où siffle la vapeur, où les scies grincent dans les troncs d'arbres, et j'y remarque, en effet, une activité intelligente qui sent le Saxon et le protestant.

Nous traversons des rivières, Fiume-Negro, Fiume-Bianco, sur des ponts resserrés, mais extrêmement élevés. La construction en est solide, assise sur de belles pierres de taille. L'administration napolitaine n'est point coutumière d'un pareil luxe de bâtisse ; je m'étonne. « Qui a construit ces ponts ? — Ah ! je ne sais pas, me dit le postillon ; il y a longtemps qu'ils sont là, depuis l'époque des Français. » La nuit vient, avec elle la fraîcheur ; nous grelottons. La pluie recommence, et le tonnerre, qui retentit tout à coup, nous annonce un nouvel orage. Nous passons au-dessus d'un mugissement humide et rocailleux, qui est le fleuve Sele coulant violemment au fond d'une gorge. Les ténèbres sont absolues, nous ne distinguons rien. A minuit, nous arrivons à Eboli, tout en haut d'une côte à découvert. L'ouragan se déchaîne ; la pluie tombe en cataractes, le tonnerre éclate avec fureur ; le vent secoue notre voiture, et les chevaux se cabrent, épouvantés de tant de fracas. Pendant qu'on allait chercher les relais, nous entrâmes dans un café plein de garibaldiens, qui nous accueillirent par un hourra, tant nous avions piteuse mine avec nos vêtements ruisselants et nos cheveux collés sur les tempes ! Un jeune officier, tenant un verre et une bouteille à la main, s'approcha de moi et me dit assez spirituellement : « Vous devriez mettre un peu de vin dans votre eau ! »

Nous marchions avec précaution et lentement en sortant d'Eboli, car la tempête avait déraciné des arbres qui jonchaient la route ; le ciel s'apaisa peu à peu cependant, et les étoiles brillaient quand nous arrivâmes à Salerne, vers trois heures du matin. Les flots, remués par l'orage, haletaient sur la grève et déroulaient leurs volutes troublées. Nous pûmes nous sécher un peu dans un café, où la garde civique nous accueillit cordialement ; cela nous fit grand bien, car nous n'avions pas sur nous un fil qui ne fût trempé. Au petit point du jour, qui se leva clair et radieux, nous étions à Vietri, où nous montions dans un wagon de chemin de fer, qui partit à six heures sans même nous réveiller par son bruit, car nous dormions profondément, jetés sur les banquettes comme des paquets de vieux habits mouillés. A huit heures du matin, le dimanche 9 septembre, nous entrions à Naples, quatorze jours après notre débarquement dans les Calabres.

LIVRE III

NAPLES

ET LES AVANT-POSTES DE CAPOUE

SOMMAIRE

I. — La joie de Naples. — Pourquoi l'on s'est armé. — Calomnies. — Mazzini. — Où est la noblesse napolitaine. — Les chercheurs de fortune — La police diplomatique. — Reddition des forts. — Lamoricière. — Rome. — Capoue.

II. — Nos positions près de Capoue. — Expédition du major Csudafy. — Le quartier général à Caserte. — Le Parc. — Le jardin anglais. — San Leucio — Le palais de Caserte. — Les appartements royaux. — Saint-Janvier. — Sa fête. — Folie amoureuse. — Le miracle.

III. — Commérages à Naples. — Préparatifs de combat. — Combat de Cajazzo. — Les Suisses. — Cozzo. — Briccoli. — Gian-Battista Cattabeni. — Victoire. — Kiss. — De Gyra. — Santa-Maria. — Sant'-Angelo. — Défaite. — Nouvelles de Turin. — Les troupes du pape — Le rôle du Piémont. — Notre situation modifiée. — Les musées — Le musée secret — Padre Gavazzi.

IV. — Retour au quartier général. — Sant'-Angelo. — Alerte — Monte Tifata. — Grenade. — L'église de Sant"Angelo. — Incendie lointain — Au saut du lit. — 1ᵉʳ octobre. — Les Siciliens. — Les Toscans. — Goulatromba. — Le colonel Dunn. — Alerte à Sant'-Angelo. — Les prisonniers. — L'ambulance. — Garibaldi. — Reprise de bataille. — Notre situation. — La réserve arrive. — Poussière et fumée. — Les morts. — Route jusqu'à Naples. — Le plan des Bourbonniens. — Matelots anglais. — Artilleurs piémontais. — Le 2 octobre. — Arrivée des prisonniers à Naples. — Le peuple napolitain. - Pièce de théâtre.

V. — Manifestation. — Gambardella. — Légion anglaise. — Blessés hongrois. — Revue. — Votation. — Manifeste de Victor-Emmanuel. — Contre-manifeste. — Libertés napolitaines. — Alcôves publiques. — Mendicité. — Ordures. — Droit et justice. — Apothéoses. — Garibaldi et le Pape. — Reddition de Capoue. — Médaille des *Mille*. — L'entrée du roi. — Départ de Garibaldi. — Gaëte. — *Miserere*.

I

Trois cent mille polichinelles piqués de la tarentule et dansant des sarabandes auraient fait moins de bruit que le bon peuple de Naples ; il était ivre-fou et mettait au service de sa joie une pétulance qui n'a point d'égale au monde. Un flot diapré et hurlant montait et descendait la rue de Tolède ; tous ceux qui avaient pu trouver une loque rouge, casaque, châle ou rideau, s'en étaient affublés, et, levant les bras, vociférant, agitant des bannières, s'embrassant, riant, pleurant, s'en allaient acclamer le dictateur, qui, brisé de fatigue, rompu d'émotion, énervé de ce triomphe brutal, demandait du repos et priait qu'on le laissât dormir. Les têtes les plus solides tournaient dans cette enivrante atmosphère que remuait tant de bruit. Ceux-là seuls que retenait forcément au logis la maladie ou l'impotence, n'étaient point descendus dans les rues et sur les places. Les voitures renonçaient à ouvrir la foule, qu'elles suivaient au pas, s'arrêtant là où elle s'arrêtait et bien vite escaladées par les curieux, qui grimpaient sur les roues, sur la capote, sur les brancards. Pour ce monde enfiévré d'enthousiasme, il n'y avait qu'un cri : *Vive l'Italie une !* et, ajoutant le geste à la parole, chacun levait en l'air l'index de la main droite. Descendu du ciel, dont il est après Dieu l'hôte le plus puissant, saint Janvier n'eût pas été mieux reçu que Garibaldi, si, comme lui, il fût entré à Naples.

Dès qu'un garibaldien, vêtu de la chemise rouge, hâlé par le soleil et traînant ses souliers troués, se montrait, il était entouré, saisi par les femmes, et par elles embrassé jusqu'à crier grâce ! Quelquefois cette foule se déplaçait tout à coup, sans motif apparent, comme prise d'un vertige subit, et courait vers un point où elle se massait pour voir passer une voiture qui, le plus souvent, ne contenait personne. Un hymne en l'honneur de Garibaldi avait été en quelque sorte improvisé, et on le chantait à tue-tête. Nous échappâmes de notre mieux aux ovations qui nous arrêtaient à chaque pas, et, fatigué d'être embrassé, tiraillé, acclamé, je courus me délivrer de ma compromettante casaque rouge pour mettre des vêtements qui ne me vaudraient ni poignées de mains, ni accolades.

Le 6 septembre, à sept heures du soir, le roi François II s'était embarqué pour se rendre à Gaëte ; le 7, dans la matinée, Garibaldi avait reçu à Salerne les députés de Naples, et vers onze heures, accompagné d'une dizaine d'officiers, il était arrivé par un train express dans la ville, où la garde nationale l'attendait. Il avait accepté l'hospitalité au palais d'Angri, vaste et imposante maison qui s'élève au bout de la rue de Tolède. Selon sa coutume, négligeant les appartements somptueux, les salons et les galeries, il avait choisi une toute petite chambre en haut de la maison, sorte de mansarde plus que modeste où il s'était établi, abandonnant le reste du palais à son état-major. Pour cet homme accoutumé aux immensités de la mer et à la vie libre sous le ciel, ce qui importe avant tout, c'est de l'air et un large horizon. Son premier soin avait été de constituer son gouvernement et de nommer un ministère. De cela je ne parlerai pas, car j'ignore absolument la valeur et même la nuance politique des hommes qu'il appela près de lui pour le seconder dans cette œuvre difficile de tout remplacer rapidement sans rien détruire avec violence. J'ai entendu prononcer des noms, mais pour moi c'étaient des vocables qui n'avaient pas plus de signification que les mots d'une langue inconnue; j'ai écouté des appréciations, mais je me donnerai bien garde de les répéter, car je n'ai pu en contrôler l'exactitude. La politique intérieure passait à côté de nous sans nous atteindre; elle n'était pour nous qu'un accident tout à fait temporaire et insignifiant dans une œuvre générale dont elle ne pouvait modifier sensiblement ni la fin, ni les moyens Nous apprenions parfois qu'on avait changé le ministre de l'intérieur, le directeur de la police, le prodictateur même ; nous n'y faisions guère attention, et le soir nous avions oublié les noms qu'on nous avait dits le matin. Il devait en être ainsi, car nous n'étions pas venus à Naples pour inaugurer une nouvelle politique, nous étions venus changer un état de choses : nous ne voulions ni la république, ni la monarchie, ni telle nuance, ni telle autre ; nous agissions en vertu d'une idée morale, nous voulions l'indépendance de l'Italie et le droit pour elle de choisir librement ses destinées. Être indépendant est un droit, c'est pour ce droit seul qu'on s'était mis en armes ; tous ceux qui, désirant juger la campagne des Deux-Siciles, se placeront à un autre point de vue, tomberont forcément dans le faux. Je sais qu'on a voulu voir dans notre expédition la preuve d'une vaste conspiration qui tendait à établir je ne sais quelle absurde république européenne ; je sais qu'on a prétendu que Garibaldi n'était qu'un instrument dirigé par des mains secrètes et très-habiles : rien n'est moins vrai. Les partisans du droit divin et de l'absolutisme sous toutes les formes, politique et religieuse, ont fait des efforts désespérés pour alarmer l'Europe et lui prouver que, gardant parmi nous la fameuse hydre de l'anarchie dont on a tant parlé, nous étions prêts à la lâcher sur la civilisation qui nous gênait, pour accomplir nos projets infernaux [1]. Nul ne s'est ému à ce cri de détresse que

---

[1] La fabrication des fausses nouvelles n'est point une invention récente ; j'en trouve une preuve curieuse dans un document qui se

rien ne justifiait. On a été plus loin, la calomnie s'en est mêlée : sur notre petit théâtre on a voulu faire apparaître des personnages, qu'à tort ou à raison, on prend pour des croquemitaines terribles quoique leur rapide passage aux affaires ait prouvé qu'ils n'avaient ni un cœur cruel, ni des mains rapaces ; on a prétendu que M. Ledru-Rollin était venu à Naples pour y proclamer la république, et que M. Louis Blanc se disposait à y former des ateliers nationaux : ceux qui ont inventé cette dernière facétie avaient oublié que les ateliers nationaux ont été établis précisément pour neutraliser le système de M. Louis Blanc ; mais ceci n'est qu'un détail incapable d'arrêter de si belles imaginations. La vérité est que ni M. Ledru-Rollin, ni M. Louis

---

rapporte à une histoire fort semblable aux événements dont le royaume des Deux-Siciles vient d'être le théâtre : c'est la proclamation que le prince de Hesse fit répandre de Gaëte dans les Abruzzes ; elle est datée du 24 avril 1806 : « Le ciel qui ne laisse rien d'impuni, a enfin fait connaître à l'univers la justice de ses vengeances. Bonaparte, l'usurpateur de la France, et dont l'ambition insatiable lui suggérait l'envie de dominer le monde entier, en est l'exemple frappant, et son châtiment a été tout à fait singulier. Ce monstre hypocrite, sans foi, sans religion, sans morale et sans mœurs, a commencé par perdre la mémoire et la raison ; le sang injustement versé durant la révolution criait vengeance ; il devait le rendre et il l'a fait par plusieurs hémorragies, et, enfin, la maladie des cheveux qu'on nomme *polonaise* en a délivré la terre et l'a envoyé au diable, où sûrement il a été reçu comme il le méritait... Civitella del Tronto, quoiqu'une bicoque, se soutient encore, et Gaëte donnera l'exemple de la vraie fidélité : Peuples, reprenez courage, et armez-vous pour les aider. » *Mémoires de Masséna*, tome V, pièces justificatives, n° 8, p. 414.

Blanc n'ont mis le pied à Naples pendant la dictature du général Garibaldi ; que s'ils y étaient venus, ils auraient eu le droit d'y séjourner et de s'y promener comme tous les étrangers possibles, qu'ils n'y auraient eu aucune influence et que s'ils avaient parlé de république universelle et d'ateliers nationaux, on les eût poliment éconduits en leur répondant : ce n'est point notre affaire ! Un homme célèbre dans l'histoire révolutionnaire de notre temps, a en effet habité Naples après le départ de François II, c'est M. Mazzini. Je suis fort à l'aise pour en parler, car je n'aime point ses doctrines, et, quoique j'aie souvent admiré la fermeté de ses convictions résistant à l'exil, à la ruine, à l'emprisonnement, aux persécutions de toutes les polices imaginables, je crois que sa route n'est pas la bonne route, et qu'au lieu d'être un prophète, il est tout au plus un précurseur. Je dois dire qu'à Naples, il fut admirable de dévouement et d'abnégation. Avant d'aimer une forme politique, il aime sa patrie et il est Italien plus encore que républicain. « J'ai rêvé l'unité de l'Italie par la république, disait-il, elle va s'accomplir par la monarchie : votez tous pour Victor-Emmanuel, je suis prêt à voter et à signer mon vote. » Il eut ce courage et ce désintéressement, après trente années d'une lutte sans exemple, de ne pas même essayer de saisir la victoire à laquelle peut-être plus que tout autre il avait contribué. Quand le prodictateur Pellavicino adressa publiquement une lettre à Mazzini par laquelle, en faisant appel à son patriotisme, il lui demandait de quitter Naples, celui-ci lui répondit: « C'est moi qui ai appris à l'Italie à bégayer le mot d'unité, n'ai-je donc pas le droit de respirer l'air de la liberté italienne? » On organisa contre lui une manifestation ridicule; quelques bandes parcoururent la ville en criant : Mort à Mazzini, dehors Mazzini ! Ce jour-là, il était à Pompei, se promenant parmi les ruines qu'il visitait. A son retour, il ne s'émut guères de ce qu'on lui raconta, car il sait depuis longtemps que l'ingratitude est le premier besoin de l'âme humaine. S'il a de l'orgueil, il a dû jouir en voyant l'épouvante que sa présence inspirait aux souverains les plus éloignés. Le chargé d'affaire d'une très-grande puissance se rendit, par ordre de son gouvernement, près du dictateur et lui demanda l'expulsion de Mazzini. Garibaldi leva les épaules et répondit simplement : « L'Italie appartient aux Italiens. » — On a dit que Garibaldi subissait tyranniquement l'influence de Mazzini; rien n'est plus faux; j'irai plus loin, si j'en crois une exclamation échappée un jour au dictateur, j'ai tout lieu de croire qu'il n'aime pas Mazzini, et qu'il n'admet point son importance. Comme tous les hommes d'action extrême, Garibaldi a une propension naturelle à n'estimer que ceux qui agissent eux-mêmes et par le sabre. Mazzini fut donc à Naples sans prépondérance sur les décisions de Garibaldi qui choisit lui-même ses agents et ne supporta aucun contrôle. On a dit qu'il a fait des fautes, cela est possible, je ne les discuterai même pas; que celui qui est sans péché politique lui jette la première pierre. Dans ses actes, il a pu se tromper, mais j'affirme que toujours il s'est trompé de bonne foi, et que jamais une pensée mauvaise n'a dirigé son âme. Jamais homme de volonté meilleure, plus amoureux du bien, plus naïf dans ses croyances, plus honnête, plus désintéressé, n'a paru à la tête d'un gouvernement. Il ne soupçonnait pas le mal, car il est incapable de le commettre. Alexis de Tocqueville a dit : « Qui cherche dans la liberté autre chose qu'elle-même, est fait pour servir. » Pendant toute la durée de sa dictature, Garibaldi a mis cette maxime en action.

Rien n'était plus étrange que Naples pendant les premiers jours qui suivirent notre arrivée. Les promenades enthousiastes de la journée recommençaient le soir avec accompagnement de torches, de lampions et de *boîtes* qu'on tirait à tous les coins de rues. C'était odieux de rumeur et de fracas. On ne savait où se réfugier pour fuir ces tumultueuses mascarades qui ressemblaient à une descente de la Courtille politique. Les Calabrais en chapeaux pointus, nos soldats déguenillés se mêlaient à la population endimanchée ; de tous les trous il sortait des patriotes qui criaient d'autant plus haut qu'ils avaient fait moins de besogne ; le peuple et la bourgeoisie fraternisaient dans une joie sans bornes. Quant à la noblesse, aux gens du monde, comme on dirait à Paris, elle était absente ; où était-elle ? Auprès de son roi sans doute, à côté de celui dont elle avait mangé le pain et sollicité les grâces, prête à se faire tuer pour sa défense ? Point. Elle était en Allemagne, en France, en Angleterre, aux eaux, aux bains de mer, partout enfin où l'on se divertit, mais loin du danger. La bourgeoisie payait de sa personne avec une rare abnégation, car le service de garde nationale qu'elle avait accepté est un des plus durs que jamais troupe régulière ait subis. Grâce à elle, l'ordre n'a jamais été troublé, et les approvisionnements de la ville n'ont pas souffert un instant. Des chercheurs de fortune étaient accourus à Naples, croyant l'occasion bonne et le moment propice. Les uns, officiers en demi-solde, sortis des armées européennes, venaient proposer sérieusement à Garibaldi d'organiser ses soldats en quinze jours sur un nouveau mode ; le dictateur les écoutait avec la patience d'un martyr et leur répondait invariablement : « Si vous nous organisez, nous serons battus ! » Les autres, fournisseurs en déroute, quêtant une bonne affaire, cherchaient à se débarrasser de leurs vieux fonds de magasins ; ils offraient à notre armée, et pour le plus juste prix, des souliers, des armes, des uniformes. L'un d'eux, qu'il me semble voir encore, avec sa mine de chafouin criblée par la petite vérole, proposait une modification radicale dans notre costume et se faisait fort de nous fournir douze mille casques en cuir bouilli, avec ou sans panache, au choix, en moins de quinze jours. Il avait apporté un modèle et s'en coiffait impudemment pour en démontrer le bon effet. En dehors de ces deux catégories de gens inutiles, il y en avait une troisième moins honorable peut-être et plus perfide : je parle des agents secrets que tous les gouvernements de l'Europe avaient lâchés au milieu de nous. Au reste, ils étaient sans danger, car nous les connaissions à peu près tous. Ils traînaient partout leurs curiosités indiscrètes, récoltant d'une oreille avide tous les bruits, les plus absurdes même, que souvent, par simple esprit de taquinerie, nous nous plaisions à faire circuler autour d'eux. Ces pauvres gens, qui n'avaient et ne pouvaient avoir aucun caractère officiel, faisaient triste figure à certaines questions un peu vives qu'on leur adressait à brûle-pourpoint. Ils jouaient là un sot rôle, et quelques-uns avaient assez d'esprit pour le sentir. Cette sorte de diplomatie occulte et interlope, qui de fait n'est que de la police déguisée, les conduisait parfois à de petits excès qui leur firent connaître le château de l'Œuf plus qu'ils ne l'auraient voulu. Il n'est cancans si ridicules, bourdes si invraisemblables qu'ils n'aient répétés pour en donner la primeur à leur gouvernement. C'est ainsi qu'un de ces agents écrivit, dans un rapport dont le hasard fit tomber le brouillon entre nos mains, que Garibaldi s'était entendu avec les généraux napolitains pour leur acheter les soldats tant par tête, trois carlins ou trois ducats, je ne me souviens plus exactement de la somme indiquée : vieille calomnie qui a déjà traîné dans les bas-fonds de toutes les politiques et qu'on y avait ramassée à notre intention. La vérité sur tous ces monceaux d'or que Garibaldi avait distribués à gauche et à droite pour s'ouvrir la route jusqu'à Naples, la vérité, c'est que l'armée méridionale a constamment manqué d'argent, et que les généraux étaient aussi pauvres que les soldats; quant aux chefs des troupes napolitaines, quoi qu'on ait dit, quoi qu'on ait écrit à ce sujet, ils n'ont pas reçu un baïocco. Il fut question une fois de fusiller, pour l'exemple, un de ces drôles à double visage qui écoutent aux portes et envoient des renseignements frelatés; mais on trouva que c'était donner bien de l'importance à une niaiserie, et l'on renonça à ce projet.

Garibaldi avait mieux à faire que de s'occuper de ces pauvretés. Agissant au grand jour, en plein soleil de publicité, et annonçant longtemps d'avance ses intentions principales, il n'avait rien à craindre de ce petit espionnage qui courait Naples et quelquefois Capoue; il lui fallait faire reposer son armée, puis aller avec elle chercher les royaux là où ils s'étaient réfugiés. Ainsi que je l'ai dit, les forts qui commandent Naples tenaient encore pour le roi, lorsque Garibaldi entra dans la ville. Par leur position vraiment formidable, ils la dominent de telle sorte qu'ils peuvent la réduire en moins de deux heures. Il y avait là un danger terrible : malgré l'explosion de sa joie, ses promenades et ses cris, la population le sentait et était inquiète. Les grilles du palais, les portes des forteresses étaient closes, les sentinelles posées, les armes prêtes ; dans les embrasures, les canons allongeaient leur cou noir, derrière lequel apparaissait un artilleur debout. Que se passa-t-il entre les chefs du mouvement national et les officiers supérieurs qui commandaient la garnison des forts ? je ne le sais ; mais, vers cinq heures, le 9 septembre, Garibaldi monta au fort Saint-

Elme, qui s'ouvrit devant lui et sa suite ; il le reçut des mains du commandant et licencia les soldats. Une heure après, le palais royal, le fort de l'Œuf et le Château-Neuf avaient fait leur soumission et appartenaient à la cause de l'unité italienne. De cet instant, il n'y eut plus un soldat bourbonien à Naples, et si le roi fugitif y entretint des agents, ce qui n'est point douteux, ils se cachèrent assez bien pour que leur présence fût ignorée de nous pendant les premiers jours.

Renfermée à Capoue et à Gaëte, tenant le pays qui servait de communication entre ces deux places, l'armée napolitaine ne nous menaçait point d'un danger immédiat ; mais il était bon de la cerner vers ses refuges et de la mettre dans l'impossibilité de faire sur Naples un mouvement offensif. A ce moment, nous ignorions et nous ignorâmes longtemps encore que la cour de Turin venait de prendre la résolution de se jeter elle-même dans l'aventure et d'y apporter ses forces redoutables. Garibaldi eut un instant d'hésitation sur le parti qu'il devait prendre ; cela ne me semble pas douteux. Le 10 septembre au matin, nous reçûmes ordre de nous préparer en toute hâte pour entrer immédiatement en campagne. Une nouvelle très-grave, qu'on avait tout lieu de croire authentique, nous était parvenue : on assurait que le général Lamoricière, se fiant aux Français pour la garde de Rome et du pape, venait, à la tête de quinze mille hommes, de traverser la frontière napolitaine pour donner la main à l'armée de François II, en prendre le commandement, et marcher sur Naples. Le plan était très-simple, tout à fait indiqué par les circonstances et tellement prévu par nous que nous devions y ajouter foi. Le lendemain, la nouvelle fut démentie. Nous n'en fûmes point attristés, car il était facile, aux yeux mêmes les plus aveuglés par l'enthousiasme, de voir qu'à ce moment nous n'étions pas prêts. Nos soldats, épuisés par de longues marches, avaient besoin de se refaire ; la plupart de nos brigades, laissées forcément en arrière, n'arrivaient que lentement, à travers les chemins montueux de la Calabre ; il fallait équiper les troupes à nouveau, les vêtir et les armer : d'aucune façon nous n'étions donc en mesure de repousser une agression savante, régulière et vigoureuse ; mais le sort était de moitié avec nous, et nul dam ne devait nous advenir.

C'est à ce moment, c'est-à-dire aux premiers jours de son arrivée à Naples, que doit se placer pour Garibaldi la lutte qu'il eut à soutenir contre lui-même et contre des conseillers trop emportés. Le fait est hors de doute aujourd'hui : il voulut marcher d'emblée sur Rome, l'enlever par un coup de main, la déclarer capitale du royaume péninsulaire, et y proclamer Victor-Emmanuel roi d'Italie. Si les esprits les plus éminents n'étaient souvent obscurcis par les fumées généreuses qui montent de leur cœur, je ne pourrais croire à un tel projet. L'accomplir était radicalement impossible ; mais oser seulement le tenter à forces ouvertes, c'était briser l'œuvre de l'Italie et remettre tout en suspens. La solution de la question italienne est à Rome, nul ne l'ignore ; mais cette solution ne peut venir que du temps, qui forcément l'amènera. La France est à Rome à son corps défendant, les preuves en abondent ; mais tant que, poussée par un esprit de générosité méconnu jusqu'à la calomnie et maintenu au delà des limites du dévouement, elle croira devoir y rester, elle y est inattaquable. Si Garibaldi eût essayé cette folie qui tentait sa grande âme, entre Naples et Rome, devant lui et debout pour lui disputer le passage, il eût trouvé tout ce que l'Italie a de sensé et de prévoyant. L'Italie entière, cette Italie qu'il adore, et pour laquelle il s'est fait sa vie terrible, eût eu droit de se lever et de lu dire : « Où vas-tu ? tu veux me sauver et tu me perds ! Le drapeau que tu vas attaquer est celui qui flotta près du tien le jour des grandes batailles, la reconnaissance te dit de le respecter ; — la nation que tu veux repousser s'appelle Légion ; elle compte quarante millions d'hommes et possède la victoire au sein même de ses armées ; la prudence te dit de ne point la blesser. — La France est catholique, dit-on, mais elle l'est par indifférence, par paresse, par habitude, par une sotte manie de vouloir être *comme il faut*, mais à coup sûr elle n'est pas ultramontaine ; quand elle a été à Rome, crois-le, c'est moins pour protéger une idée religieuse que pour atteindre un but politique qui m'était favorable. Les Autrichiens, nos vieux ennemis, s'étaient emparé des Légations, ils allaient venir jusqu'à Rome, jusqu'au cœur même de la patrie, la France y accourut avant eux pour les arrêter et sauvegarder des droits qui pour toujours eussent été compromis. Depuis ce temps, les choses ont changé de face, le pape a établi contre son peuple un antagonisme tel et si dur, et si implacablement poursuivi que, si la France se retirait, une révolution effroyable monterait contre le Vatican ; elle ne veut point encore abandonner le vieillard des Sept collines, car il représente une tradition qui eut sa grandeur, et la France a été dite fille aînée de l'Église ; mais déjà la fille et la mère ne parlent plus le même langage, elles ne se comprennent plus ; l'une regarde au levant, l'autre obstinément tient ses yeux fixé sur le couchant ; elles se tournent le dos. Aie patience, cela ne peut durer ; à tous les conseils, à tous avis, à toutes les prières de la France, Rome répond non ; le jour viendra, et peut-être n'est-il pas éloigné, où la France pourra laver ses mains innocentes en présence de toutes les nations et détourner sa face, afin que les destinées s'accomplissent. Ce jour-là, s'élevant encore au-dessus de ses gloires passées, Rome deviendra la capitale de la liberté, comme elle a été celle de la force brutale et celle de l'autorité absolutiste. — La prévoyance te dit d'attendre en repos et d'un cœur tranquille ! »

Des conseillers hardis, enivrés de succès, poussaient le dictateur dans la voie agressive ; quelques-uns disaient même : « A notre approche, le pape se retirera et l'armée française avec lui ! » Les plus sages suppliaient Garibaldi de renoncer à son dessein, dont ils lui montraient le péril, non pas seulement pour lui, mais pour la patrie. Céda-t-il ? maintint-il au contraire fermement sa résolution ? Je l'ignore ; du moins, nous pûmes croire à un ajournement de son projet. Il ne pouvait du reste penser à l'exécuter qu'après s'être assuré une forte position à Naples, et cette position était compromise par le voisinage de Capoue. En effet, il était imprudent de s'éloigner en laissant la capitale menacée par une place de guerre bien approvisionnée, renfermant un camp retranché considérable et située seulement à dix heures de marche. Il fallait donc prendre Capoue, où tout au moins laisser devant la place un corps de troupes assez nombreux pour repousser toute tentative de sortie sérieuse ; mais dans ce dernier cas Garibaldi diminuait son armée de moitié, et n'aurait pas eu des forces suffisantes pour essayer même d'envahir les États romains. Il se résigna donc à marcher sur Capoue et à la mettre dans la nécessité de capituler. Deux jours de bombardement, et la ville nous eût appartenu. Ce n'étaient ni les munitions ni les engins qui nous faisaient défaut ; on sait que les arsenaux napolitains ont toujours été abondamment fournis de ces grands outils de destruction. De plus, un chemin de fer reliant Naples à Capoue rendait extrêmement facile le transport du matériel de siége. Néanmoins, lorsqu'on parla à Garibaldi de la possibilité de réduire immédiatement la place en la bombardant, il répondit avec colère que, « quel que soit celui qui les lance, les bombes sont toujours des bombes, et que, puisqu'on était venu détrôner une dynastie dont les deux derniers rois avaient été surnommés par le peuple *Bomba* et *Bombicella*, il fallait agir autrement qu'eux, car la liberté ne devait pas procéder comme l'absolutisme. » Il fut donc décidé qu'on entourerait la ville de manière à obtenir une capitulation, et à éviter le plus possible l'effusion du sang.

II

Capoue est une ville défendue par de bonnes murailles, appuyée contre un camp retranché et contenue, c'est là sa vraie force, dans un coude du Vulturne qui est étroit, profond et muni de berges escarpées. Elle est traversée par la route consulaire qui va de Naples à Rome; on y pénètre par un pont-levis qui fait face à Naples, on en sort par un pont de pierre qui regarde vers Rome. En sortant de la ville, la route de Rome, qui touche à Gaëte, se bifurque dans la direction de l'est, et, passant par la petite ville de Cajazzo, aboutit à une forte bourgade qu'on nomme Rojano. Devant Capoue, vers Naples, s'étend une immense plaine d'une extraordinaire fertilité; elle est occupée par de nombreuses *cascines*, plantée d'arbres si pressés que de loin ils lui donnent l'apparence d'une forêt, et cultivée surtout en céréales. A l'extrémité de cette plaine, vers l'est, s'élève une très-haute montagne qui baigne ses pieds dans le Vulturne : c'est Monte-Tifata ; ses ressauts forment une colline assez abrupte et rocailleuse, puis une seconde qui va mourir en pente douce dans la région plate, et qui porte le village de Sant'-Angelo della Forma. Au delà, et toujours côtoyant le fleuve, les montagnes continuent leurs ondulations à l'extrémité desquelles se trouve la petite ville de Limatola. C'étaient là nos positions de montagnes, si j'ose dire, faisant face au Vulturne qu'elles surveillaient, et dominant la plaine par Sant'-Angelo, qui s'y avance en éperon. Vers le sud-est, au milieu de la plaine, la ville de Santa-Maria, garnie à la hâte de barricades extérieures et de quelques ouvrages en terre, nous offrait une très-bonne base d'opérations, car de là nous pouvions donner la main à Sant'-Angelo, où conduisait un large chemin vicinal, et nous étions à portée de surveiller toutes les sorties de la garnison ennemie. Plus bas, Caserte, avec son palais, ses casernes immenses, ses hôpitaux, nous faisait un excellent quartier général, et plus bas encore, vers le sud, Maddaloni, situé sur la pente d'une colline évasée dans la plaine, nous servait de position de réserve et de point très-important de défense dans le cas où nous aurions été tournés par les royaux. Nous n'avions à redouter qu'un mouvement désespéré des Napolitains, qui, culbutant nos lignes, eussent marché droit sur Naples. Or, pour aller de Capoue à Naples, il y a deux routes : celle qui passe à Aversa, et nous la commandions par Santa-Maria ; celle qui côtoie Afragola, et nous la tenions par notre position de Maddaloni. En outre, dans le cas où ils auraient essayé un mouvement tournant sur notre droite, les royaux ne pouvaient franchir le Vulturne qu'à deux endroits : à la *scafa della Formicola* et à la *scafa di Cajazzo* [1] ; ces deux points étaient dominés par le village de Sant'-Angelo, et lors même que les royaux eussent réussi à se jeter en deçà du fleuve, ils devaient être arrêtés entre le Vulturne et les montagnes par notre établissement à Limatola. Nos positions étaient donc très-bonnes, sagement choisies, habilement disposées sous le double rapport de l'offensive et de la défensive ; en résumé, elles formaient un large demi-cercle, suivant la ligne des montagnes qui longent le Vulturne et qui, à Limatola, se courbent subitement en arrière ; Santa-Maria, Caserte et Maddaloni étaient la corde de cet arc. Ces positions n'avaient qu'un défaut, qui faillit nous être funeste : la route qui va de Santa-Maria à Sant'-Angelo longe la plaine, et pouvait être très-facilement occupée par l'ennemi, que nu obstacle naturel ou factice n'en repoussait.

Dans le plus grand secret, une petite expédition fut préparée, qui devait avoir pour résultat d'opérer notre jonction avec le pays insurgé au delà du Vulturne et de couper les communications royales entre Capoue et Gaëte. Pour

---

[1] *Scafa* signifie proprement chaloupe. C'est l'expression usuelle pour désigner un bac et son emplacement.

cette aventure extrêmement périlleuse, qui demandait une grande hardiesse, de l'habileté et une résolution inébranlable, on fit choix d'un homme jeune encore, ancien officier autrichien, et qui avait fait ses preuves sur plus d'un champ de bataille : c'était un Hongrois, le major Csudafy. Le 16 septembre, vers la nuit tombante, il partit de notre quartier général de Caserte, emmenant avec lui trois cents hommes choisis parmi nos meilleurs. Nous étions dans la confidence des ordres qu'il avait reçus, et ce ne fut point sans un certain serrement de cœur que nous le vîmes s'éloigner. Il devait, dissimulant sa marche autant que possible, s'avancer par les montagnes jusqu'au Vulturne, qu'il franchirait à la *scafa* de Dragoni, continuer vers le nord, de façon à s'éloigner de l'armée napolitaine, et tout à coup, obliquant vers l'ouest, faire un mouvement rapide vers Teano, et même, s'il était possible, vers Calvi, de façon à s'en emparer. Si le mouvement réussissait, nous nous trouvions à cheval sur la route de Capoue à Gaëte, menaçant la ligne de retraite des royaux et nous reliant aux insurrections de la montagne. Le plan était bien conçu; mais les hommes qui devaient l'exécuter étaient dans un nombre si manifestement insuffisant que nous tremblions pour eux et pour celui qui les commandait; nous savions cependant que parmi ses instructions, il avait celle de n'engager l'action qu'à la dernière extrémité, et de se retirer dans la montagne dès qu'il se sentirait menacé par des forces trop imposantes.

Notre quartier général de Caserte était le plus beau qu'il fût possible de trouver. Le palais, dont les appartements royaux ne furent même pas occupés, nous offrait des logements spacieux et commodes où nous n'étions plus pressés les uns contre les autres et couchés souvent sept ou huit dans la même chambre, comme pendant nos étapes à travers les Calabres ; nous avions de bons lits, de l'air et pour lieu de promenade un jardin splendide.

Une immense source qui tombe comme un torrent du haut de Monte-Briano, et qui seule suffirait à désaltérer, à nettoyer la ville de Naples, si l'on avait eu le bon esprit de l'y conduire, coule dans des bassins et dans des canaux attristés par d'assez sottes statues qui semblent avoir quelque prétention à rappeler celles de Versailles ; leurs gestes à jamais immobilisés dans le marbre que noircit l'humidité, n'effrayent pas les truites gigantesques qui glissent entre deux eaux, rapides comme des javelots lancés par des mains invisibles. Des pelouses égayées de larges bosquets en taillis, de belles allées sablées, de longues avenues de chênes verts que l'ombre seule visite, une futaie de vieux arbres, des massifs de fleurs toutes enivrantes, servent de retraite et de gaignage à des paons, à des faisans, à des perdreaux, à des pintades, que le bruit même n'effarouche plus. Le matin, avant le lever du soleil, parmi les brumes qui sortent du gazon comme une fumée transparente, on les voyait courir par bandes et se répandre dans la prairie qu'ils tachaient de points noirs et mouvants. On en a tué quelques-uns, j'en conviens, et la marmite de plus d'une compagnie s'est engraissée de quelque faisan dont les plumes avaient préalablement servi à faire des panaches ; cela était cependant sévèrement défendu, mais les occasions étaient fréquentes, les fusils toujours chargés, les chefs parfois absents, et quel cœur serait assez froid pour résister à de telles tentations? Mais ce grand parc où court le gibier comme les poules dans une ferme, n'est pas ce qui me plaisait le mieux à Caserte, et mon lieu de prédilection était ce qu'on appelle le Jardin anglais. C'est un endroit fait pour le plaisir des yeux, ainsi que l'on eût dit au siècle dernier; on a profité de quelques mouvements de terrain, arrosé d'un ruisseau limpide, pour y planter des arbres de toutes formes et de toute latitude. Les cyprès, les palmiers, les azeroliers, les marronniers, les mangnolias, les lauriers-roses, les tulipiers croissent en pleine terre, les uns près des autres, parmi la mousse, sous le ciel bleu, ainsi que dans une forêt vierge. Il y a là des sentiers herbus, des réduits abrités par les vignes grimpantes, des rochers dévorés par les lierres, des masures toutes vêtues de glycines, où j'ai passé de bons moments, quand j'avais le temps et que je me sentais énervé de fatigue; c'est là que j'allais me réfugier, à l'ombre impénétrable des arbres enveloppés de lianes, et j'y ai fait des sommes pleins de rêves charmants, loin du harcellement des mouches qui n'aiment que le soleil. C'est d'une fraîcheur et d'une verdure luisante, forte, qui éblouirait si elle n'était si mystérieusement solitaire.

Plus loin, au delà de Caserte, au bout d'un joli chemin bordé d'oliviers, s'aligne l'étrange village de San-Leucio, qui fut bâti en 1789 par le roi Ferdinand Ier, le fameux *nasone* dont les saillies sont restées aussi célèbres que les mœurs de sa femme, la reine Caroline. Là, dans des maisons qui étaient des sortes de phalanstères, il réunissait les paysannes et les petites bourgeoises qui avaient eu le don facile de lui plaire ; des enfants en naissaient de temps en temps, on les élevait à la napolitaine, en plein air et loin de la mauvaise atmosphère des écoles ; on mariait les mères à quelque fermier beau garçon, qui recevait, en guise de dot, un lopin de terre des domaines royaux. Ce petit monde vivait en bonne intelligence, travaillant à je ne sais quoi et exempté d'impôts ; tout cela a continué à pulluler et malgré son origine ne se montrait pas trop réactionnaire. C'est là que s'élève le château du Belvedère où le roi Joachim habitait de préférence. *Bel vedere* est son nom bien choisi, car jamais vue plus doucement belle ne s'est offerte pour réjouir la façade d'un palais. Au premier plan, ce sont des pins parasols près desquels coule une petite source pleine de cresson et qui donne aux gazons des reflets d'émeraude ; au delà, quelques toitures en tuiles rouges, puis l'immense et féconde Campanie qui s'étend à perte de regards comme un océan de verdure au-dessus duquel planaient les brumes légères de l'automne. La forme aiguë et la couleur plus sombre d'un cyprès se détachaient çà et là sur le niveau des mûriers enguirlandés par les vignes ; très-loin, très-loin, on aperçoit, derrière des méandres brillants, une sorte d'amas de pierres grises que surmonte un clocher, c'est Capoue. Le château est petit, mais charmant, gai, lumineux et plus plaisant que l'immense palais de Caserte, qui, cependant, est une des plus grandes conceptions architecturales qu'il ait été donné à un homme de réaliser. « Il est coulé d'un jet, » a dit Quatremère de Quincy, ce qui paraît vrai, tant les différentes parties en sont homogènes et parfaitement reliées entre elles. Vanvitelli, qui l'a bâti en 1752, pour Charles III, a eu le bonheur d'être seul à diriger son œuvre. La façade est majestueuse, quoique monotone; quatre cours carrées divisent l'intérieur des constructions, à travers lesquelles s'allonge un grandiose portique que supportent soixante-quatre colonnes de marbre; l'escalier est d'un imposant aspect, tout en marbre et surmonté d'une coupole peinte où les dieux assemblés admirent une Vénus qui me parut n'avoir point mauvaise tournure. La salle de théâtre est assez belle, soutenue par seize colonnes enlevées à ce temple de Sérapis dont on voit les ruines à moitié baignées dans l'eau, sur la route de Pouzzoles. Les appartements sont immenses pour la plupart, et pénètrent l'esprit de je ne sais quoi de triste et de servile qui émane de tous les palais déserts. En parcourant les vastes salons dorés où se reflète l'éclat des glaces, en ouvrant ces lourdes portes chargées de trophées, en passant sous ces lustres où les cristaux s'entre-choquent, on est pénétré jusqu'au profond de l'âme de l'inanité de ces grandeurs et de l'instabilité cruelles de ces gloires que leurs possesseurs croyaient définitives. Les appartements du palais de Caserte m'apparurent comme une ruine faite d'hier et à laquelle le temps n'a pas encore donné la majesté, ruine parvenue, n'ayant plus la vie, n'ayant pas encore la mort, cherchant à apitoyer par son luxe, déplaisante et factice. Dans ces salles, dans ces galeries, il règne un mauvais goût étrange; chacune d'elles ressemble à un « salon de cent couverts pour noces et festins; » au rendez-vous des corybantes, il doit y avoir des chambres pareilles. C'est d'une extrême prétention à la richesse et ça n'arrive qu'au clinquant. Je n'y ai pas vu un tableau, pas une statuette, pas un objet d'art. Les étagères vitrées sont chargées « d'articles de Paris, » curiosités du jour de l'an, fantaisies de quincailliers; j'ai revu là les écrans à Suissesses, les bénitiers en coquille tenue par un ange en plâtre, les glaces entourées d'un velours qu'émaillent des fleurs en porcelaine, un spécimen de toute cette sorte de bimbloterie parisienne qui sait enrichir le commerce, mais ne peut que déshonorer l'art. L'appartement du feu roi est sinistre à voir; pas un meuble n'y est resté; on a gratté les peintures et brûlé les boiseries, coutume royale que l'antiquité nous a léguée et qui finira par disparaître. Il pouvait y avoir une certaine grandeur barbare à ensépulturer un roi avec ses trésors, ses femmes et ses gardes; mais il est bien puéril d'incendier la chambre où il est mort, à moins que ce ne soit impérieusement commandé par l'hygiène, ainsi qu'on l'a prétendu dans le cas présent. En effet, le roi Ferdinand II, qui était d'une corpulence énorme, mourut d'une si lente et si profonde décomposition, qu'on put dire qu'il avait, vivant, assisté à sa propre putréfaction. Il a fini courageusement, du reste, implacable dans ses idées royales et faisant jurer à son fils de ne gouverner jamais que d'après les préceptes de l'absolutisme le plus étroit. Cette âme était de bonne foi, j'en suis convaincu, mais elle s'était trompée d'époque et elle était en retard de cinq cents ans. Les révolutions remettent dans leur temps ceux qui s'obstinent à ne point lui appartenir, car il est impossible d'admettre que la fantaisie ou l'erreur d'un homme puisse arrêter le légitime mouvement de l'humanité.

Son jeune successeur avait marché dans les voies paternelles avec d'autant plus de soumission qu'elles étaient toutes tracées ; ça lui évitait la peine des conceptions difficiles et des laborieuses recherches ; il y fut abandonné par son peuple, par ses conseillers, par ses soldats, et l'un de ses plus puissants alliés n'allait pas tarder à le renier comme les autres : je veux parler de saint Janvier.

Sa fête approchait, c'était un grand émoi dans la ville de Naples ; pour qui le saint infaillible prendrait-il parti ? Était-il Italien ? était-il Bourbonien ? Grave question qu'on se posait partout et que nul n'osait résoudre par avance. Saint Janvier est l'idole des Napolitains, et ils sont fermement persuadés que Dieu ne règne aux cieux que par sa permission. Une fois cependant, pris de colère subite contre leur saint bien-aimé, ils le détrônèrent et à sa place choisirent saint Antoine pour patron de Naples. C'était en 1799, saint Janvier s'était fait démocrate ; son sang s'était liquéfié aux cris de *vive la république !* et quand la réaction conduite à main armée par le cardinal Ruffo vint à Naples se livrer à des massacres dont le souvenir n'est pas encore effacé aujourd'hui, on se rappela l'attitude républicaine de saint Janvier, on le destitua comme un simple préfet ; on parla même de le jeter à la mer et devant sa statue on cria : A bas le jacobin ! Mais trop de liens intimes, tenant aux fibres les plus tendres du cœur, attachaient les *lazzaroni* à leur patron ; cette séparation était trop pénible pour des âmes si unies. Les uns se repentaient de leur violence, l'autre promit de n'être jamais qu'un bon royaliste, et la paix fut faite. On renvoya saint Antoine, et l'on remit saint Janvier en possession de tous ses honneurs, titres et priviléges. — On sait en quoi consiste le miracle. Recueilli après le martyre du saint, son sang, renfermé dans une ampoule et desséché, se liquéfie et bouillonne. Le saint fait attendre plus ou moins longtemps ce prodige, selon qu'il est plus ou moins content de la politique et du gouvernement ; mais il n'y a pas d'exemple qu'il l'ait jamais refusé, même au général Championnet, qui ne lui donnait que dix minutes pour l'accomplir. En présence des graves événements qui avaient remué le royaume des Deux-Siciles, quelle allait être l'attitude de saint Janvier ?

Le jour de la fête, vers dix heures du matin, je me rendis

à la cathédrale ; c'est une grande église restaurée dans le lourd goût italien de la décadence, où l'art est absolument remplacé par la valeur et la rareté de la matière première. Il y a là un régiment de statues en argent dont tout le prix est dans le poids. Dans la chapelle de saint Janvier, qui est à droite, la foule s'entasse et se presse; il fait très-chaud ; une fade odeur de sueur plane au-dessus de toutes les têtes agitées ; vers la balustrade qui protége le maître autel, on se bat pour avoir les meilleures places. Les femmes me paraissent être en majorité, quelques-unes portent de tout petits enfants qui pleurent, et qu'elles font danser sur leurs bras pour les apaiser. On dit la messe ; mais qui l'écoute ? Personne. On est haletant. Quelquefois un chant suraigu éclate au milieu de la foule, c'est quelque femme déjà possédée, qui, par un cantique espère hâter l'arrivée du saint. On amène plusieurs hommes de la garde nationale et on les distribue, ici pour maintenir la circulation auprès des portes, là pour empêcher la foule de se précipiter dans la sacristie, plus loin pour défendre le chanceau de l'autel contre ceux qui tenteraient de l'escalader. La porte de la sacristie s'ouvre enfin, et un cri de joie éclate sous les voûtes. En grande pompe, on apportait l'image de saint Janvier couvert d'un voile rouge brodé d'or ; on s'écarta pour le laisser passer. Porté par un chanoine, précédé par deux gardes qui écartaient le peuple, le saint s'ouvrit un chemin à travers ces adorateurs, qui furtivement tâchaient de toucher le voile de leur main qu'ensuite ils baisaient ;

la précieuse idole put enfin franchir les trois marches de l'autel, et sur la nappe blanche on l'exposa. On enleva le voile, et le buste d'argent apparut, éclatant comme un poêlon fraîchement étamé. Ce que je vis alors est fait pour rendre modestes ceux qui dans leur vie se sont crus aimés, car jamais être humain n'inspira l'amour qu'on témoignait à cette tête immobile. Les femmes criaient : « O saint Janvier, mon petit saint Janvier, saint Janvier de mon cœur, de mes entrailles et de mon âme ; saint Janvier, saint Janvier ! » Vers lui, elles tendaient leurs mains crispées, des larmes coulaient de leurs yeux renversés par l'extase, leurs lèvres tremblantes jetaient des mots confus et lui envoyaient des baisers, les tendons de leur cou, saillis comme de grosses cordes, remuaient au battement précipité des artères ; quelques-unes, plus enivrées que les autres, avaient écarté leur fichu et se frappaient la poitrine à coups de poing en poussant des appels lamentables. Jamais femmes de Taïti, ivres d'eau de feu et dansant autour de la statue de Taroa n'ont eu des contorsions si sincères et des cris d'un si grand amour. D'une voix nasillarde on chantait les louanges du saint ; des encens fumaient autour de lui, des cierges brûlaient à ses côtés et jetaient des reflets fauves sur sa face luisante. On l'habillait cependant ; sur son front on a posé la mitre enrichie de pierres précieuses ; à ses épaules, on a attaché le pallium de pourpre brodé d'or, relevé d'améthystes ; à son doigt, on a passé l'anneau épiscopal. A cette vue les cris redoublèrent : « Qu'il est beau !

c'est lui, c'est bien lui, ô mon cher saint Janvier ! » et recommencèrent aussi les génuflexions, les baisers, les tremblements nerveux. Près de moi, une grande jeune fille sanglotait. « Qu'avez-vous à pleurer ? lui dis-je. — Ah ! répondit-elle, il ne me regarde pas ! » En effet, elle était placée de façon à ne pouvoir rencontrer les yeux du buste. Une tempête de clameurs aiguës, profondes, joyeuses, désespérées, impérieuses, suppliantes, allaient se heurter aux voûtes et retombaient sur nous. Les gardes nationaux, épuisés de fatigue, accablés de chaleur et ruisselants, ne pouvaient maintenir l'ordre ; on les poussait, on les étouffait pour approcher et contempler de plus près la face de l'image adorée. Cela ne me donnait point envie de rire, je le jure ; j'avais plutôt à me défendre contre un sentiment d'invincible terreur qui m'envahissait peu à peu ; je me débattais en plein cauchemar ; il y avait quelque chose de si formidablement réel dans cette explosion d'idolâtrie que j'en étais épouvanté ; seul et au milieu des folles furieuses de la Salpêtrière, je me serais cru plus en sûreté et peut-être plus près de créatures raisonnables qu'en ce moment. Dans cette immonde comédie qui repait ces malheureux jusqu'à l'extase, qui donc était fou, eux ou moi ? Jamais le spectacle de la dégradation de l'âme humaine ne m'a si profondément affecté ; j'eus une sotte envie de tomber à coups de canne à travers cette foule hurlante et de briser l'idole sur l'autel, comme au temps où les jeunes chrétiens renversaient dans les temples les statues des dieux !

Un chanoine, vieillard courbé, couvert de vêtements splendides, enleva un voile qui cachait l'ostensoir contenant la précieuse relique. Cet ostensoir est en argent, garni de deux glaces qui facilitent la vue de l'ampoule qu'il renferme ; un prolongement arrondi permet de le placer sur un piédestal d'argent. Je demande pardon pour ma triviale, mais très-juste comparaison, cet ostensoir ressemble à une lanterne de cabriolet. Le chanoine le tient par la douille et par le sommet, qui est enrubanné de rouge ; il le baise dévotement, le regarde avec soin, l'élève entre ses mains et s'écrie : *Il sangue è duro !* Puis, le montrant d'aussi près que l'on veut aux assistants, mais n'y laissant jamais toucher, il l'agite de haut en bas en y tenant les yeux attachés, afin de déterminer l'instant précis où le sang coagulé commence à se liquéfier. Derrière lui, un prêtre éclaire la relique à l'aide d'un cierge, de façon qu'on puisse la voir aussi par transparence. Pendant ce temps, on chante des hymnes, on récite certaines prières spéciales, dont le tumulte qui régnait dans la chapelle m'empêche de saisir un seul mot. Des femmes du peuple qui sont dites « parentes de saint Janvier, » c'est-à-dire qui prétendent descendre de la vieille mendiante à qui le saint apparut, après son martyre, pour indiquer l'endroit où son corps avait été déposé, sont rangées aux places d'honneur, près de la balustrade. Elles interpellent familièrement le saint, sans plus se gêner que pour se gourmander entre elles ; les unes lui parlent en suppliant, les autres lui adressent des injonctions violentes qui contrastent singulièrement avec tant d'adoration. Je les ai entendues : — Ah ! saint Janvier chéri, disaient les premières, ne nous fais point languir, et dis-nous par ton sang bouillonnant que tu es heureux, que tu es content de nous, et que toujours tu nous protégeras ! — Allons, canaille, brigand, criaient les secondes, vas-tu te dépêcher, chien pourri ? Crois-tu que nous sommes faites pour t'attendre ? Hâte-toi de faire jaillir ton sang, vieil édenté ; sinon, nous irons chercher saint Antoine, qui te flanquera encore à la porte ! Tout à coup le chanoine leva l'ostensoir en prononçant des paroles que je n'entendis pas, et je vis le sang qui bouillonnait lentement dans l'ampoule. Trois minutes, montre en main, avaient suffi pour obtenir le miracle. Une clameur de joie ébranla les murs ; on se jeta la face contre terre avec des sanglots et des cris de reconnaissance ; on lâcha une volée d'oiseaux épouvantés qui ne savaient où battre de l'aile au-dessus de ce tumulte ; les orgues éclatèrent, mêlant leurs notes triomphales aux chants d'allégresse qui s'élancèrent de toutes les poitrines. Chacun se précipitait vers la relique bénie pour y poser ses lèvres ; des fleurs étaient jetées à pleines mains sur le buste, des encensoirs poussaient devant lui leurs fumées odorantes, et cent un coups de canon tonnant dans les forts apprirent à la ville de Naples que le patron de son choix veillait toujours sur elle avec la même sollicitude.

III

Naples fut ravie de la rapidité exceptionnelle du miracle, et chacun y trouva son compte : les bourboniens en y voyant la preuve que le roi François II reviendrait bientôt ; les libéraux en y découvrant que saint Janvier favorisait l'entreprise de Garibaldi. Du reste, à voir la ville, on ne se serait guère douté que tout le monde ne fût pas du même avis : elle était fort tranquille, joyeuse selon son habitude, et chaque jour inventait de nouveaux commérages pour se distraire. Tous les matins, dans la rue de Tolède, les gens «bien informés» disaient : « C'est aujourd'hui qu'on donne l'assaut à Capoue ! » ce qui n'empêchait pas les garibaldiens de se promener sous les chênes verts de Chiaja et de remplir le *Café de l'Europe*. Donner l'assaut à Capoue, on n'y pensait guère. Chaque jour il y avait, il est vrai, quelques engagements aux avant-postes : une patrouille en rencontrait une autre; on échangeait des coups de fusil, on s'envoyait quelques boulets, la place tirait de temps en temps pour nous tenir en alerte ; mais nulle action sérieuse ne s'engageait, et les deux armées semblaient être sur la défensive. Cependant l'instant d'agir était venu ; nous savions que le major Csudafy marchait selon ses instructions; il fallait, pour se mettre en communication avec lui et continuer l'opération qu'il avait si heureusement commencée, franchir le Vulturne et s'emparer de l'un des points importants de la rive droite. Il fut donc décidé qu'on se rendrait maître de la petite ville de Cajazzo, située à mi-côte d'une colline et dominant la rive droite du Vulturne, comme Sant'-Angelo en domine la rive gauche. Pour arriver au résultat qu'on voulait obtenir, il était nécessaire d'attirer ailleurs l'attention de l'ennemi : une fausse démonstration sur Capoue fut donc résolue. Pendant ce temps, une petite colonne composée d'hommes d'élite tournerait la montagne, passerait le Vulturne et se jetterait sur Cajazzo, qui, quoique défendu par des Napolitains et des Bavarois, pouvait être surpris.

On se mit en marche de bonne heure. Le général Türr commandait en chef et se soutenait vaillamment à cheval, quoique la fièvre l'agitât de nouveau d'une façon presque continue. Les brigades Rustow et Sacchi, sorties de Santa-Maria, se portèrent, à travers la plaine masquée d'arbres, droit sur Capoue, et prirent position devant un grand couvent nommé *li Capucini*. L'action s'engagea. La combinaison était bonne et réussit. Les Napolitains, croyant à une attaque sérieuse pour enlever la ville, réunirent leurs troupes de ce côté, et le combat devint général. Les royaux, qui sont de bons artilleurs, ne parvinrent ni à rompre ni même à ébranler nos lignes, malgré une canonnade constante habilement dirigées sur elles. La place fit une sortie vigoureuse, qui fut repoussée par le colonel Rustow avec une ardeur un peu imprudente peut-être, car elle lui coûta plus d'hommes qu'il ne convenait. Il se passa là un fait curieux. Nous avions dans l'armée méridionale une compagnie de Suisses forte d'environ cent cinquante hommes ; rien ne put les retenir, ils s'élancèrent jusqu'aux murailles de Capoue, et là, criant et appelant, ils disaient : « Ohé ! les goîtreux du Valais, les jésuites de Fribourg, sortez donc, qu'on vous étrille comme des baudets que vous êtes. Cela vous apprendra à déshonorer le pays de la liberté en vous vendant à des rois absolus ! » On leur répondait à coups de canon ; ils n'en appelaient pas moins leurs compatriotes. Cette brave compagnie menaçait d'être anéantie. Le colonel Puppi fut tué en essayant de la ramener. Il fallut envoyer plusieurs officiers d'ordonnance avec des ordres impérieux pour qu'elle se décidât à venir reprendre sa ligne de bataille. Un officier d'état-major, beau, jeune et blond garçon que nous aimions beaucoup, le baron Cozzo, de Palerme, trouva là une fin héroïque. Il revenait de porter un ordre ;

il entendit un cri retentir derrière lui, il se retourna. Son cavalier-guide, abattu par une balle, gisait à terre, exposé à un feu terrible. Cozzo descendit de cheval, vint au guide et le chargea sur ses épaules. Pendant qu'il marchait, ralenti et presque accablé par ce fardeau, un coup de feu plongeant l'atteignit aux reins : à son tour il tomba ; on releva, on emporta le guide et l'officier. Le premier guérit, mais deux jours après le combat le pauvre Cozzo était mort. Un de nos amis, le major Briccoli, Parmesan de distinction, et fort instruit, qui commandait notre artillerie volante, composée de trois pièces de campagne, s'appuya tout à coup contre un arbre ; on alla vers lui : une balle de mitraille avait pénétré dans sa jambe, balle plus grosse qu'un œuf de poule, et qui par miracle ne brisa point les os. Plus heureux que Cozzo, Briccoli en fut quitte pour deux mois de repos forcé. Pendant que de front nous tenions les royaux en échec, ils essayèrent, par un mouvement rapide sur leur gauche, de s'emparer du village de Sant'-Angelo que sa situation dominante rendait extrêmement précieux ; mais là veillait Spangaro, à qui, dès notre arrivée à Naples, on avait donné le commandement d'une brigade. Ils furent reçus de manière à renoncer vite à leur projet, et se virent ramenés, la baïonnette aux reins, jusqu'à la ligne du chemin de fer, ce qui les conduisait si près de la place qu'ils n'hésitèrent pas à y rentrer.

Cependant le Vulturne avait été franchi par six cents hommes que conduisait Gian Battista Cattabeni, officier d'une rare vigueur, auquel un long séjour en Australie a appris toutes les audaces. Il trouva Cajazzo défendu par un régiment napolitain et un bataillon étranger (Suisses et Bavarois) ; il les culbuta à la baïonnette et s'empara de la ville. A deux heures, le résultat tenté était obtenu. Nous nous retirâmes lentement vers nos lignes. A quatre heures, toutes nos troupes étaient rentrées dans leurs positions respectives, et quelques rares coups de canon tirés par la place de Capoue annonçaient seuls qu'il y avait eu un combat, comme les tonnerres éloignés annoncent qu'il y a eu un orage.

En traversant le champ de bataille pour revenir au quartier-général de Caserte, Türr fut acclamé par les troupes ; on avait toujours vu son manteau blanc au plus chaud de l'action, et les soldats, qui aiment la bravoure, applaudissaient leur jeune général. Le matin, il possédait sept chevaux ; le soir, il ne lui en restait que deux : cinq, montés par les officiers de son état-major, tombèrent pendant le combat. Parmi ces officiers, qui se distinguèrent spécialement dans cette journée, il convient de nommer le lieutenant-colonel Kiss, ancien chef d'état-major d'Omer-Pacha pendant la guerre du Montenegro, excellent et froid soldat que rien n'étonne, et qui abandonne sa vie au jeu des batailles avec une insouciance merveilleuse ; puis le capitaine de Gyra, gracieux et spirituel jeune homme qui sourit aux balles et aux coups de sabre. Il était lieutenant dans un régiment autrichien à la bataille de Solferino, et il a conservé bon souvenir des soldats français, à qui il doit trois blessures.

On pouvait s'attendre à ce que, pendant la nuit, les royaux, profitant de notre fatigue, tenteraient un mouvement pour nous déloger de nos avant-postes ; les chevaux furent laissés sous le harnais, et l'on ne dormit qu'à moitié, tout vêtu, les armes près du lit. Les heures sonnaient lugubrement dans le silence ; parfois, dans mon demi-sommeil, il me semblait entendre les sourdes détonations des artilleries éloignées. J'ouvrais la fenêtre ; la fraîcheur du grand parc de Caserte me frappait au visage ; j'écoutais, mais je n'entendais rien que le murmure monotone des cascades et quelquefois le cri d'un paon réveillé tout à coup. Le jour se leva chaud et nuageux ; un vent d'ouest violent courbait les arbres et promettait un orage. Je voulus aller à Santa-Maria et à Sant'-Angelo voir s'il n'était rien arrivé de fâcheux aux personnes que je connaissais. Je partis en calèche découverte par la charmante route qui passe devant le palais même et côtoie les immenses casernes dont les Bourbons de Naples avaient entouré leur demeure favorite. Près du chemin s'élèvent deux tombeaux antiques, en briques, d'un ordre irrégulier, où le toscan domine ; les herbes folles, les broussailles les ont empanachés de verdure. Le catholicisme a procédé là comme partout : il a pris le monument païen et se l'est approprié ; chacune de ces tombes est aujourd'hui une chapelle surmontée d'une croix et enluminée de mauvaises peintures religieuses. Santa-Maria n'est qu'une petite ville dont les maisons se dressent là même où jadis resplendissaient les palais de l'ancienne Capoue, qui eut trois cent mille habitants. De ces splendeurs il ne reste rien, à peine quelques soubassements de l'amphithéâtre, le plus ancien de l'Italie, qui pouvait contenir soixante mille spectateurs assis. J'y trouvai la brigade Eber et la plupart de ceux avec qui j'avais fait mes premières étapes dans les Calabres. Vers Capoue, la route était coupée par un fossé défendu par des chevaux de frise et une barricade ; une grand'garde y veillait ; au delà, le pays était désert ; pas un paysan, pas un bœuf, pas un mouton : l'épouvante avait tout chassé. De distance en distance, des sentinelles appuyées contre les arbres, le doigt sur la détente du fusil, examinaient la campagne. Notre cocher n'était que médiocrement rassuré, car parfois une détonation et un nuage de fumée qui courait dans le ciel, comme une couronne de brouillard, lui annonçait que la place tirait par intervalles. Tout à coup il fit volte face en criant et tournait déjà bride quand nous l'arrêtâmes ; je vois encore sa pauvre figure pâle serrée entre deux favoris en côtelettes. « Eh ! où vas-tu ? » Il répondit en bégayant : « Mais vous ne voyez donc pas la cavalerie des royaux qui vient vers nous ? » Nous aperçûmes dans le lointain quelque chose d'indécis qui remuait, et comme nous étions quatre, nous donnâmes ordre au cocher de continuer sa route ; la pluie commençait à tomber torrents et nous n'étions pas fâchés d'arriver à Sant'-Angelo pour nous mettre à l'abri. La cavalerie royale qui avait terrifié notre cocher se composait de deux ânes chargés de paille et conduits par un bourriquier. Notre ordonnance se moquait du cocher qui répondait en levant les épaules et en se passant le dos de la main sous le menton : « Mais, moi, je ne suis pas soldat! je ne me connais pas en cavalerie! » Nous tournâmes à gauche près d'une maison qui servait de poste avancé, et nous entrâmes dans le village de Sant'-Angelo au moment où l'orage se déchaînait avec des éclats terribles.

Nous y trouvâmes Garibaldi trempé comme un barbet qui sort de la rivière; il descendait du haut du Monte-Tifata, où il était allé examiner l'emplacement propice à l'établissement d'une batterie qui, pouvant battre la route de Capoue à Cajazzo, empêcherait les Napolitains de faire un mouvement pour reprendre cette dernière ville. Il s'en allait sous la pluie, couvert de son vieux manteau gris si connu des soldats, parlant aux uns, serrant la main aux autres, les félicitant de leur conduite pendant le combat de la veille et soulevant autour de lui des cris frénétiques. Je retrouvai Spangaro, toujours joyeux et affable; un de ses chevaux avait été blessé sous lui pendant la bataille, mais lui, il avait été respecté par les balles. Nous grimpâmes sur une éminence pour voir Capoue, qui, grise, rayée par la pluie, sous une calotte de fumée, s'étendait large et forte près du Vulturne brillant; parfois un flocon blanc apparaissait à ses murailles, le sifflement d'un boulet passait dans la plaine, une explosion se faisait entendre, puis tout rentrait dans le silence. Spangaro et moi, nous causâmes du combat de la veille : Cajazzo est pris, me dit-il, c'est bien, mais il faut le garder ; si on n'y envoie pas promptement de l'artillerie, les royaux le reprendront ; les batteries de Monte-Tifata ne seront pas prêtes avant trois jours, et, d'ici là, qui sait ce qui peut arriver ; voyez où il faut que nous hissions nos canons ! » Je vis, en effet, une énorme montagne qui se dressait presque à pic, sèche, abrupte et parsemée d'arbres rabougris qui, poussés au hasard, à travers les fentes du terrain rocailleux, contrastaient avec l'ardente fécondité de la plaine.

Ce jour même, le général Türr tomba si gravement malade et fut repris de vomissements de sang si violents, que Garibaldi se vit dans la nécessité de l'envoyer se rétablir à Naples. En remettant le commandement de sa division à celui qui devait momentanément le remplacer, Türr fit spécialement la recommandation d'envoyer sans délai une brigade et deux batteries d'artillerie à Cajazzo pour soutenir la position et la rendre imprenable. Je ne sais quels retards ajournèrent l'exécution de ces ordres ; mais Gian Battista Cattabeni fut laissé à ses seules forces, qui, suffisantes pour s'emparer de la ville, n'étaient d'aucune manière en mesure de la défendre. Pour toute munition, chacun de ces six cents hommes avait vingt cartouches ; quant à des canons il n'en était pas même question. Or, si l'on peut enlever une place avec des baïonnettes, il faut autre chose pour s'y maintenir. Cinq mille hommes sortis de Capoue vinrent donc un matin attaquer Cajazzo par trois côtés. Il s'est fait là des miracles de valeur. Deux cent quatre-vingt-huit de nos soldats restèrent sur le champ de bataille, couchés la face au ciel, comme des braves qu'ils avaient été ; le reste se dispersa ou fut fait prisonnier. Cattabeni ne rendit son épée qu'à sa troisième blessure, qui, lui traversant la poitrine, le mettait dans l'impossibilité de se tenir debout. Conduit à Capoue, il y fut traité avec des soins tout fraternels par les officiers de l'armée royale.

Cependant des nouvelles surprenantes nous arrivaient coup sur coup à Naples ; le Piémont, prenant fait et cause ouvertement pour l'indépendance italienne, rompait brusquement en visière avec la cour de Rome et entrait dans les États du saint-siége ; ces événements étaient déjà connus depuis longtemps d'une partie de l'Europe que nous les ignorions encore. Le télégraphe électrique était arrêté à Gaëte ; nulle dépêche ne nous parvenait, et en réalité nous n'avions les nouvelles que par les journaux français. Garibaldi savait sans aucun doute la marche de l'armée piémontaise, mais il avait gardé le secret pour lui, et nous ne l'apprîmes que par la voix publique. Je ne cacherai pas qu'il y eut un vif désappointement parmi nos officiers supérieurs ; leur rêve avoué et caressé était de se mesurer avec le général Lamoricière, non point par animosité, grand Dieu ! mais simplement par déférence. Ils auraient voulu, en luttant contre un homme de guerre que ses campagnes d'Algérie ont rendu célèbre, contre une des notabilités les plus remarquables de l'armée française, acquérir la certitude de leur propre valeur, et prouver peut-être au monde que dans certains cas une cause juste obtient toujours la victoire. Il est certain que nous eûmes tous un moment de tristesse en comprenant que nous ne mènerions pas jusqu'au bout la grande aventure entreprise ; mais il nous fut difficile de blâmer le Piémont, car nous qui connaissions bien sa situation en Italie, nous savions, et de reste, qu'il ne pouvait faire autrement que d'intervenir. On a jugé sévèrement la conduite du roi Victor-Emmanuel, on a crié à la violation du droit des gens, on a parlé d'ambition démesurée, de conquête, d'usurpation; cependant la cour de Turin fut absolument contrainte de marcher en avant; la situation était telle que la fameuse phrase d'Hamlet, si souvent citée : « être ou ne pas être, » était réellement devenue la question. Les peuples ne se modèrent pas aussi facilement qu'on semble le croire, et il est tel moment où, sous peine de mort et, qui pis est, de déshonneur, il faut les suivre dans la voie qu'ils ont choisie.

L'appel des populations des Marches et de l'Ombrie ne fut point une démonstration en l'air, ce fut un cri de douleur arraché par la souffrance à toutes les poitrines; c'était un appel désespéré comme on en entend dans les naufrages, et il méritait d'être écouté! Ce beau peuple romagnol était réduit à une effroyable extrémité. Jamais ilote de l'antiquité, jamais serf du moyen âge, jamais esclave dans les chiourmes barbaresques ne fut traité avec telle et si violente colère : les bastonnades, les confiscations, les pendaisons, les emprisonnements, les fusillades étaient à l'ordre du jour ; de lois, il n'y en avait d'autres que je ne sais quel bon plaisir épiscopal qui variait selon les villes et selon le temps. Les Bavarois, les Croates, les Suisses, les Irlandais s'en donnaient à cœur-joie parmi ce peuple dont ils ne comprenaient même pas la langue ; en haut, en bas, la force brutale : le général Lamoricière, malgré ses talents reconnus d'organisateur, n'avait jamais pu réussir à imposer à son armée une discipline qui empêchât les crimes d'être journellement commis ; c'était la tour de Babel. Son rapport [1], malgré son ton violemment contenu, par tout ce qu'il dit et surtout par ce qu'il laisse deviner, est un acte de grave accusation contre le pouvoir temporel. Rien ne prouve mieux que ce pouvoir n'a plus de raison d'être, que les populations n'en veulent plus et qu'il est dans la flagrante incapacité de se défendre lui-même.

Les troupes piémontaises firent acte d'humanité en franchissant la frontière et en passant sur le corps des troupes pontificales ; de plus, elles firent acte de prudence. A-t-on bien songé à ce qui pouvait advenir, si nous nous étions trouvés les premiers en présence de l'armée papale ? Dans

---

[1] Rapport du général de Lamoricière à Monseigneur de Mérode, ministre des armes de Sa Sainteté Pie IX, sur les opérations de l'armée pontificale contre l'invasion piémontaise dans les Marches et l'Ombrie, accompagné de trois cartes fournies par l'état-major du général. — Paris, chez Douniol, 1860.

mon inébranlable conviction, la victoire ne pouvait être douteuse. Nous avions vingt-cinq mille hommes de très-bonnes troupes pleines d'enthousiasme, combattant pour la patrie, pour une idée sacrée ; nous nous serions fournis à Naples d'un matériel excellent et nombreux ; derrière nous, nous laissions une réserve imposante, et de plus, tout le pays était pour nous, par sympathie, depuis le dernier paysan jusqu'au plus riche propiétaire ; nous eussions été vainqueurs, je le crois fermement. Qu'arrivait-il alors? Rome avait bien de quoi tenter, Venise aussi, et celui qui nous commandait n'a jamais douté de rien. Mieux que le manteau du Romain, la casaque rouge de Garibaldi eût renfermé la paix du monde. Si à ce moment la paix n'a pas été universellement troublée, c'est à l'acte décisif du Piémont qu'on en est redevable.

Il y a plus, et dans une sphère d'idées plus générales, je dirai que, sous peine de déchéance, le Piémont devait se jeter tête baissée dans la bataille. Sa situation depuis la campagne d'Italie, la paix de Villafranca et le vote de l'Italie centrale lui a imposé des devoirs auxquels il ne peut faillir. Il sait, à n'en point douter, que l'Italie ne veut pas être annexée à lui, mais qu'elle veut être indépendante sous le sceptre librement choisi du roi Victor-Emmanuel. Jusqu'à présent, le Piémont était le Piémont, rien que le Piémont ; il n'était pas encore Italien ; il fallait qu'il le fût à tout prix, ou l'Italie entière, s'éloignant de lui, aurait bien pu arrêter au Tessin la frontière péninsulaire. En restant immobile, assis au pied des Alpes, tandis que les volontaires du monde entier combattaient pour la grande cause, il ne s'associait à leur œuvre que par ses vœux ; il attendait, en regardant ses rizières et ses pâturages, qu'on lui apportât les provinces et les royaumes qui, loin de son action, se donnaient à lui ; il s'isolait de plus en plus, il restait au nord, en haut de l'Italie, comme un maître presque étranger, et non point comme un frère partageant le péril ; il daignait recueillir les fruits de la victoire sans avoir pris part à la lutte ; tranchons le mot, au point de vue italien, il se déshonorait, devenait impossible, perdait tout droit à la direction des événements, et jetait la péninsule dans une révolution sanglante dont il eût été la première victime, et dont l'Autriche aurait profité. Déjà, quand le ministre de France engageait M. de Cavour à traiter avec la cour de Naples, celui-ci fut en droit de lui répondre : « Si nous faisions ce qu'on demande, on nous jetterait par les fenêtres [1]. » Le passage des frontières romaines était donc pour le Piémont une de ces questions d'existence devant lesquelles un gouvernement, quel qu'il soit, ne peut reculer. Il a suivi sa voie, joué sa vie pour assurer celle de la patrie commune, et le pays tout entier l'a approuvé : le Piémont par ce fait est devenu Italie.

L'entrée de l'armée piémontaise dans les États du pape modifiait essentiellement notre situation ; au lieu de marcher

---

[1] Documents diplomatiques français, p. 153.

en avant, nous n'avions plus qu'à rester immobiles, attendant que les soldats de Victor-Emmanuel eussent fait leur jonction avec les nôtres. Toute tentative pour franchir le Vulturne et isoler Capoue de Gaëte devenait inutile, car les royaux n'allaient pas tarder à se trouver pris entre deux armées et réduits à l'impuissance. En conséquence, on envoya un émissaire secret au major Csudafy pour lui apprendre la perte de Cajazzo et lui porter l'ordre de revenir. Il quitta Piedimonte, où il s'était retiré, après avoir attiré vers lui un corps de quatre mille Napolitains auxquels il avait livré deux combats à Rocca-Romana et à Pietra-Mellara, et, faisant le grand tour par Bénévent, il rentra à Caserte, ramenant sa vaillante petite troupe, qui avait souffert de grandes privations, et à laquelle les combats avaient tué soixante-deux hommes. Il vint nous voir à Naples, et ce ne fut pas sans une vive joie que nous lui donnâmes l'accolade du retour au palais de la Foresteria, qui nous servait de quartier général.

Dans des temps précédents, j'avais déjà deux fois visité Naples. En 1851, j'y fis un assez long séjour. A cette époque de réaction forcenée, la ville dormait, engourdie dans une somnolence qui peut-être n'excluait pas les rêves, mais qui du moins les empêchait de se formuler. On eût parcouru tous les carrefours, ouvert toutes les maisons, pénétré dans toutes les chambres sans entendre prononcer un mot qui eût trait à la politique. Moi-même je ne m'en occupais guère; et quoique le cœur me levât à voir la police tracassière qui harcelait les gens les plus paisibles, je cherchais dans l'art et dans la nature des jouissances qui me suffisaient. Chaque jour, je passais plusieurs heures au musée, prenant des notes, m'extasiant et tout ravi en présence des chefs-d'œuvre que j'admirais. Je voulus y retourner. Ah ! quelle folie de chercher à ressaisir les impressions du passé ! J'allai revoir le Faune ivre, le Faune dansant qu'Herculanum a lustré de son incomparable patine; le buste de Platon, celui de Sénèque, celui de Bérénice, à la merveilleuse chevelure; celui de Scipion, si vivant qu'il arrête et qu'on est tenté de l'interroger ; je restai devant la statue de Flore, je regardai la Diane de Pompeï, le vase de Gaëte, le festin d'Icarius, la Psyché de Gabie; je me traînai dans la galerie de tableaux, passant devant le Philippe II de Titien, devant la Vierge en gloire de Santa-Fede, la Parme allégorique du Parmesan, le saint Jean de Bernardino Luini, la Zingarella du Corrége, le saint Severin de Colantonio del Fiore ; je maniai les casques, les rhitons, les bulles d'or, les vases grecs et les coupes étrusques; mais je ne sais quel ennui tenace montait en moi et m'affadissait tout ce que je voyais. Mon esprit n'y était plus, mes yeux regardaient encore et tâchaient d'admirer, mais des préoccupations plus violentes travaillaient mon cerveau ; devant tous ces chefs-d'œuvre, je me disais involontairement : que fait-on à Capoue? que va faire Garibaldi ? et je n'avais pas le calme et pour ainsi dire l'absence complète de toute idée vivante qui est nécessaire pour juger des objets d'art et être impressionné par eux. Les pensées qui me tenaient alors faisaient comme un voile entre mon admiration et ce qui la tentait. Je fus honteux et attristé de cette déconvenue et je m'en trouvai moindre, ainsi que l'on dirait à Genève, car les arts m'ont toujours causé des joies infinies ; mais qui trop embrasse mal étreint, et j'étais plongé dans une réalité trop puissante pour pouvoir m'intéresser à des fictions. Une récente ordonnance avait ouvert le musée secret dont les tribunaux ecclésiastiques avaient scellé les portes pendant le règne de Ferdinand II ; j'allai le visiter. Il ne mérite pas l'honneur qu'on lui a fait de le croire dangereux. En somme, c'est assez sot et anti-artistique au suprême degré : deux ou trois lampes baroques, une amulette obscène, quelques peintures ridicules à tous égards ne valaient ni tant de précautions pour être cachées, ni tant de désirs pour être vues. Si on avait laissé ces petites ordures exposées au regard de tout le monde, personne ne s'en serait soucié. On leur a donné leur seul attrait possible, celui du fruit défendu. Quelques statues de marbre avaient été, à cause de leur nudité, réunies au musée secret et comme lui enfermées derrière des portes où l'inquisition appliqua son sceau de cire rouge ; ceci est plus grave, car, parmi elles, il y en a de très-remarquables, entre autres la Vénus Callipyge, qui est de toute beauté. C'est une simple baigneuse qui, relevant sa draperie, regarde derrière elle. Le nu immobile et blanc de la sculpture n'a jamais rien eu de choquant, et les jardins publics des peuples catholiques et protestants offrent

aux yeux des impudicités bien autrement vigoureuses. La
Vénus Callipyge mérite une place d'honneur dans les musées, malgré les restaurations qu'elle a subies, du moins
j'en ai jugé ainsi dans l'étroit et obscur caveau qui lui sert
de prison; ses formes ont cette ampleur qui n'exclut point
la grâce et auxquelles les anciens excellaient; le visage, souriant, paraît être un portrait et a quelque chose d'adouci et de
bienveillant que les visages antiques n'ont généralement pas ;
la coiffure très-amollie et la draperie trop tourmentée indiquent une époque où la décadence de l'art sévère et puritain n'allait pas tarder à s'accomplir. C'est sans doute à
l'admiration qu'elle inspirait que cette pauvre Vénus doit sa
longue reclusion. Du reste, il est logique que ce soient les
prêtres napolitains qui aient enfermé la Vénus Callipyge,
afin que nul ne pût l'apercevoir. Les mœurs les plus mauvaises se font jour, quelque soin qu'on mette à les cacher.

J'avoue, sans honte, que je m'ennuyais à Naples; je
n'avais plus cette verdeur d'émotions qui se plaît à toute
chose; j'étais promptement las de la Chiaja, de Pausilippe,
et surtout de la rue de Tolède. Une de mes rares distractions était, du balcon de la Foresteria, de regarder prêcher
le père Gavazzi; je dis regarder, car, l'ayant écouté une
fois, je ne fus point tenté de renouveler l'épreuve; je lui
avais entendu dire : « Sous le Bourbon, le peuple était
esclave, brisé, foulé aux pieds, battu comme le blés sur
l'aire ; écrasé d'impôts, pressuré comme le raisin dans la
cuve. Sous Victor-Emmanuel, que sera le peuple? il sera

roi ! » J'en avais eu assez ; ces coupables sottises devraient être à jamais bannies ; elles sont un leurre et un leurre d'autant plus blâmable que celui qui l'offre ne doute point de son mensonge.

Mais le père Gavazzi n'y regardait pas de si près et il cueillait dans tous les jardins possibles les fleurs de sa rhétorique, au hasard du faux et du vrai ; tout lui était une bonne matière à amplification. Quelquefois, avant le coucher du soleil, à l'heure où tout le peuple de Naples est dans les rues, on dressait sur la grande place du palais, entre les statues équestres de Charles III et de Ferdinand Ier, une tribune en planches qu'on enveloppait de cotonnade rouge, comme un orchestre de guinguette. Dans un coin, on y déposait un drapeau national pour faciliter les mouvements oratoires ; on savait ce que cela voulait dire, et tout le peuple accourait. Le père Gavazzi arrivait alors, vêtu de sa casaque rouge, débraillé, montrant le calicot de sa chemise blanche mal rattachée par une cravate en satin noir. Il regardait la foule qui levait vers lui ses mille têtes attentives, puis il toussait, crachait d'une façon retentissante, et commençait. Sa voix de tonnerre ondulait sur la place et allait frapper les échos entre les colonnes de l'église Saint-Vincent de Paule. Jamais âne qui brait pour avoir du son n'eut des éclats semblables. C'est un homme grand et solide sans être obèse ; la face est commune, grêlée, jaunâtre, éclairée de deux yeux extrêmement vifs et mobiles. Sa grosse chevelure noire entoure son visage rasé, qui repose sur un cou énorme ; ses larges mains osseuses frappent sur la rampe des balustrades et l'ébranlent à grands coups sans jamais se lasser ; son poignet et sa voix vont de pair ; il hurle ses sermons et les mime à coups de poing. Ce qu'il dit, on peut le supposer ; il s'enfle, il s'enfle, et s'il ne crève pas comme la grenouille, c'est qu'il a une poitrine de taureau. Son geste est d'une extravagance inimaginable et suffit à faire de lui un spectacle très-divertissant. Les pantins à ressort qui ont cassé leur mécanique n'ont jamais fait de si curieux soubresauts. Il se tape sur la tête, il se donne des coups de poing sur la poitrine, il se prend à bras le corps comme s'il voulait s'étouffer, il se laisse choir avec mélancolie sur le rebord de la tribune ; il saisit sa tête à deux mains par derrière, l'agite comme s'il voulait la déraciner et la jeter au nez de ceux qui l'écoutent ; c'est là son *nec plus ultra*, c'est le : « Allez dire à votre maître.. » de ce Mirabeau de carrefour. J'avais commencé par être irrité de toutes ces pantalonnades, mais je finis par en rire et j'allais me divertir à regarder *padre* Gavazzi gesticuler un sermon, comme j'aurais regardé Paillasse avalant des étoupes. Il représentait pour moi un des personnages inédits de la comédie italienne, non pas un des moins curieux, et je lui donnerais volontiers place entre dom Tartaglia et le capitan Cocodrillo. Du reste bon homme, fort doux, faisant la mouche du coche, innocemment enivré de son importance, et prenant bien les observations qu'on fut parfois obligé de lui adresser.

IV

Les nouvelles que nous recevions de Capoue étaient toujours les mêmes : rien de nouveau ; sauf ces petits combats d'avant-poste dont j'ai parlé et sur lesquels il serait superflu de revenir, nul engagement sérieux n'avait lieu. Cependant nous tendions avec inquiétude l'oreille du côté du Vulturne, car nous sentions qu'une bataille allait devenir inévitable. En effet, les Napolitains ne pouvaient rester dans la position périlleuse où ils se trouvaient entre deux armées, l'une prête à les attaquer par le nord, l'autre les repoussant au midi. Il ne fallait pas être un stratége bien érudit pour comprendre qu'ils essayeraient de détruire un des deux ennemis afin de se retourner ensuite contre l'autre, et qu'ils commenceraient par le plus faible et le plus voisin, c'est-à-dire par nous. Si l'action s'engageait, elle serait décisive, et, perdue pour nous, la bataille pouvait bien entraîner la perte de Naples. Garibaldi déployait une activité extraordinaire; à peine dormait-il ; jour et nuit il visitait les avant postes, faisait établir des batteries, réunissait des bateaux à portée du Vulturne dans le cas où le passage deviendrait nécessaire, et chaque soir se disait sans doute : Ce sera pour demain. — Nous nous en disions autant, et, comme on peut le penser, nous avions grande impatience de retourner au quartier général de Caserte.

Nous y retournâmes enfin, et Türr reprit le commandement de sa division, dont une brigade détachée occupait la périlleuse position de Sant'-Angelo sous les ordres de Spangaro. Le 29 septembre, je me rendis chez ce dernier vers cinq heures du soir; je m'installai comme je pus. Spangaro fit dédoubler son lit pour me donner à coucher dans l'unique chambre qu'il occupait ; ses officiers dormaient pêle-mêle dans une autre chambre qui servait à la fois de salle à manger et de chancellerie. C'était à peu près la plus belle maison du pays, dont les habitants, effrayés par les projectiles creux que Capoue lançait sans relâche, avaient abandonné leurs demeures, où ils ne se trouvaient plus en sûreté. La chère qu'on y faisait n'était point exquise et me rappela nos plus mauvais jours des Calabres; le quartier de Spangaro, situé sur la hauteur, faisait partie des bâtiments de l'église, qui jadis avait appartenu à une abbaye. Plus bas, sur un petit chemin qui tombe en flèche de T sur la route qui va de Santa-Maria à la *scafa* de la Formicola, s'élève une sorte de ferme où le général Avezzana avait établi son quartier général. Avezzana fut ministre de la guerre à Rome pendant la défense de Garibaldi ; après la prise de la ville par les Français, il se réfugia en Amérique, d'où il a rapporté une raideur tout extérieure, qui contraste avec sa vivacité et sa bonhomie italiennes, que l'âge n'a pas affaiblies. Il se promenait au milieu de ses troupes, vêtu d'une redingote noire et n'ayant d'autres signes distinctifs de son grade qu'un grand sabre de cavalerie qui lui battait les talons. Il comptait au nombre de ses soldats les Anglais que commandait le colonel Dunn.

La nuit tombait déjà violette et fraîche, nous finissions de dîner, à califourchon sur un banc qui nous servait à la fois de table et de siége, lorsqu'un officier d'ordonnance apporta une lettre à Spangaro ; il l'ouvrit, la lut et me la passa : il y avait alerte aux avant-postes. Nous montâmes à cheval ; nous descendîmes le petit chemin rocailleux qui est la grande rue du village, nous traversâmes la route de Santa-Maria, et nous nous engageâmes dans un petit chemin qui va directement de Sant-Angelo à Capoue. Au bruit de nos chevaux, les sentinelles criaient ; Qui vive ? et nous répondions en sifflant deux fois, ce qui était le signe de ralliement pour cette nuit. Nous arrivâmes ainsi jusqu'à une cassine toute perdue sous les arbres, avec un joli jardin où foisonnaient les lauriers-roses ; en avant d'elle se courbait le demi-cercle d'une solide barricade en sacs de terre, armée de quatre canons et défendue par une centaine d'hommes qui, agenouillés, couchés, abrités, guettaient, dans l'obscurité croissante et à travers les arbres, le mouvement des patrouilles ennemies. On établit une chaîne de sentinelles avancées qui, marchant avec précaution et recevant les ordres données à voix basse, allèrent, d'arbre en arbre, jusqu'à la lisière du bois. Au loin, sur notre gauche, vers Santa-Maria, quelques coups de fusil retentirent qui brillaient dans la nuit comme des vers luisants. Tout se calma ; le silence se fit dans cette plaine immense où tant d'yeux veillaient, où tant d'armes étaient prêtes. Lentement nous revînmes, visitant les postes, et, voyant que ce n'était qu'une de ces fausses alertes si fréquentes à la guerre, que du reste bonne garde serait faite, nous allâmes nous coucher.

Au point du jour, j'étais debout. De longs rubans de brouillard chassés par le vent du matin couraient au-dessus du Vulturne, se massaient en vastes flocons dans la plaine et allaient s'amonceler sur Capoue. En même temps que moi, un officier regardait ce spectacle ; il eut un mouvement de pitié : « Pauvres Napolitains ! dit-il, voilà les fièvres d'automne qui vont vers eux ! » Une lumière jaillit à travers les brumes, et un boulet vint éclater dans un champ voisin près d'un figuier dont il brisa les branches. Dès que le brouillard eut été bu par le soleil, nous braquâmes nos lorgnettes vers Capoue. La ville paraissait endormie, les sentinelles se promenaient sur les remparts, le camp retranché regorgeait de troupes; à une demi-lieue de la ville, vers Cajazzo, on voyait régulièrement alignés sur la route, des caissons et des pièces d'artillerie dont les mulets dételés paissaient dans une prairie. Nulle bataille ne s'annonçait encore pour ce jour. Spangaro et moi, après être convenus avec les officiers du quartier d'un signal en cas d'alarme, nous partîmes pour aller visiter les batteries du Monte-Tifata. Une rêche végétation de lentisques rabougris et d'herbes desséchées par le soleil tapisse la montagne, dont l'ascension est difficile; un étroit sentier y serpente où les pierres roulent sous les pieds; quelques longues racines appartenant à des figuiers biscornus rampent à travers les rochers comme de grosses couleuvres. Tant bien que mal et fort essoufflés, nous arrivons au sommet, crête découpée en roches grises que rongent les lichens et où glissent les lézards. La vue est immense : au-dessous de nous coule le Vulturne encaissé, jaune, laid, sinistre; sur la rive droite s'élève une maison blanche où nos boulets ont fait des taches noires; sur la rive gauche s'arrondit une redoute armée de trois pièces. Nos hommes l'occupent et tirent sans relâche sur la pauvre petite maison, dont le plâtre s'envole par larges écailles à chaque projectile qui vient la frapper. Dans l'ouest, la plaine s'étend à perte de vue au delà de Capoue; dans l'est, elle s'arrête à une ligne de coteaux sur les revers desquels brille en blanc la petite ville de Cajazzo; dans le nord, en face de nous, les champs cultivés partent des bords même du Vulturne et vont rejoindre une assez haute colline qui doit être la première ondulation de ce groupe de montagnes où sont Monte-Grande, Monte-Scopella, Monte-Caprario. Entre le Vulturne et la colline, une bosse de terrain porte un bâtiment carré qui, si les indications minutieuses de ma carte sont exactes, doit être une faisanderie royale. Là, les Napolitains avaient établi une batterie de six pièces destinée à faire taire les quatre canons qu'à grand renfort de bras nos hommes avaient réussi à hisser sur le sommet du Tifata.

Nous avions d'excellentes longues-vues marines que nous parvînmes à placer commodément dans une crevasse de rocher. Derrière la faisanderie se tenait un poste de cavalerie dont parfois nous apercevions un homme ; deux compagnies d'infanterie étaient massées dans une sorte de ravin que des arbres couvraient ; les six pièces de canon, abritées sous des gourbis de paille, accroupies sur leur affût, tournaient leur gueule noire de notre côté. Deux ou trois de nos boulets portèrent dans la maison, un d'eux entra par une fenêtre et éclata avec un bruit terrible dont l'écho vibra longtemps, répercuté par les montagnes. Nous vîmes des gens qui s'enfuyaient et des chevaux qui couraient en liberté. Pendant plus d'une heure, la batterie napolitaine fit silence : notre redoute du Vulturne canonnait toujours à outrance la petite maison blanche qui lui faisait face et qui n'en pouvait mais, car ses angles abattus jonchaient le sol, les tuiles de son toit bondissaient en poussière; à ses fenêtres, il ne restait plus une vitre. Du côté de Cajazzo, des troupes allaient et venaient, comme ne pouvant se résoudre à franchir le passage que gardaient nos artilleurs.

Des Napolitains revinrent à la faisanderie, prudemment d'abord, inquiets, regardant vers Monte-Tifata, où nos pièces restaient muettes. Ils s'avancèrent, conduits et encouragés par un officier que je reconnaissais à son képi galonné. Ils tirèrent plusieurs coups qui vinrent se perdre à quelque distance de notre emplacement. Nos quatre canons furent pointés par l'officier même qui commandait la batterie, et ensemble ils firent feu. L'effet fut terrible : un boulet pénétra dans un des gourbis de paille, qui sauta en l'air avec de la fumée, de la terre, des débris de toute sorte ; un autre frappa au milieu d'un groupe de soldats et éclata. Deux hommes s'affaissèrent sur eux-mêmes, comme un vêtement qui tombe; un troisième, projeté en avant, les bras étendus, courut quelques pas et s'abattit la face contre terre. Involontairement, j'eus un mouvement d'horreur: mon œil quitta la lorgnette, je ne vis plus rien, et je restai stupéfait de ne plus apercevoir que le paysage tranquille qui verdoyait sous les petits nuages de fumée que le vent emportait. Je regardai de nouveau : les Napolitains fuyaient et descendaient précipitamment la colline, derrière laquelle je les perdis de vue.

Ces boulets cylindro-coniques et explosibles sont une horrible chose; ils ont une brutalité grossière qui a je ne sais quoi de contrefait et de déplaisant ; ce sont les seuls dont on se servait dans les deux armées ; ils ressemblent à une bouteille dont on aurait brisé le goulot ; douze ailettes de zinc les aident à glisser dans les rayures et leur donnent une apparence mouchetée très-singulière ; une douille en cuivre, percée de trous et garnie de fulminate, se visse à leur sommet. Lorsqu'ils tombent dans les terrains meubles, ils s'y enterrent, y piquent une tête, pour me servir d'une expression qui fait image ; autour d'eux la poussière jaillit, mais il est très-rare que leur explosion ait lieu ; quand ils frappent, au contraire, sur un sol résistant, ils éclatent avec fracas, et leurs morceaux bondissants en décrivant des cercles, sautent maladroitement comme des tronçons de serpent coupé. Ces fragments sont excessivement dangereux ; les blessures qu'ils font sont irrégulières, larges, hachées plutôt que coupées, et laissent peu d'espoir à la guérison. Le bruit de ces boulets est étrange, mélancolique comme une plainte de mourant, et cependant d'une acuité ironique qui, à travers ce chant lugubre, sonne ainsi que le rire du diable. Nos soldats les appelaient des grenades, et plus d'un a baissé involontairement la tête en entendant passer leur voix sinistre.

Nous revînmes à Sant'-Angelo ; nulle alerte n'avait eu lieu ; l'ennemi était renfermé derrière ses remparts ; nos avant-postes veillaient.

La vieille Capoue devait jadis s'étendre jusqu'à Sant'-Angelo, car on retrouve partout ici des traces d'antiquités ;

voies, murailles, colonnes brisées. Le campanile de l'église est carré, composé de deux étages, dont le premier est exclusivement formé de cubes en marbre blanc, reste de quelque construction détruite, et dont beaucoup sont encore chargés d'inscriptions ; le second étage est en belles briques bien agencées et percées de deux baies latines où les cloches sont suspendues. Pour le moment, le campanile servait de prison ; c'est là qu'on enfermait les nombreux espions que les royaux envoyaient vers nous pour compter nos troupes, surprendre nos positions et prévoir nos mouvements. La petite église qui attient au campanile est curieuse, car elle est construite sur le modèle des vieilles basiliques, et date, sans contredit, des premiers siècles de l'ère chrétienne ; elle m'a rappelé cette merveilleuse église de *Saint-Laurent hors des murs*, qu'on admire dans la campagne de Rome, à l'endroit où, selon la tradition, s'ouvre une sortie des catacombes. L'église de Sant'-Angelo appartenait à une ancienne abbaye ; sa chaire est carrée, montée sur quatre piliers et ornée à la byzantine ; de mauvaises fresques, dans le goût primitif, décorent ou plutôt attristent ses murailles ; là aussi le catholicisme a profité des matériaux que lui léguait le paganisme. Les deux bénitiers sont un chapiteau et un autel antiques ; les fonts baptismaux sont creusés dans le fût d'une colonne corinthienne supportée par son stylobate.

Dans l'impossibilité de trouver à loger nos soldats chez les habitants et dans la nécessité de les avoir en nombre sous la main à un moment voulu, on avait été obligé de prendre l'église et de la leur abandonner; elle était jonchée de paille, et c'est là qu'ils dormaient, ayant pour oreiller les marches de l'autel. Devant l'église s'étend une sorte de terre-plain carré soutenu par un mur qui tombe droit à pic dans un champ situé à vingt-cinq pieds en contre-bas; là aussi bivouaquaient nos soldats, sous le ciel humide de l'automne, à côté de leurs fusils en faisceau, que rouillait souvent le brouillard du matin. De cette terrasse, on a une vue immense qui se projette au delà de Capoue, qu'on peut facilement surveiller. Vers le soir, quand déjà le jour avait éteint ses grandes clartés, nous vîmes tout à coup surgir un incendie lointain qui brillait au delà des murailles de la place forte. Il nous apparaissait comme un point lumineux que le crépuscule rendait plus éclatant de minute en minute. A l'aide de nos lunettes, nous distinguions les tourbillons de flammes qui se tordaient au-dessus d'une fumée noire inclinée par le vent. Est-ce une ferme incendiée par les royaux? Est-ce une meule d'herbes inutiles allumée par les paysans? Est-ce un signal? Chacun donnait son avis. Garibaldi arriva. Debout sur le parapet qui termine la terrasse, il resta longtemps sans parler, regardant ce feu lointain; il se retourna vers Monte-Tifata, qu'il sembla considérer quelques secondes avec attention, jeta les yeux du côté de Santa-Maria, qui déjà disparaissait sous la brume, et se reprit à contempler l'incendie. Un sourire singulier passa sur ses lèvres, et, se dirigeant vers nous, il nous dit:

« Messieurs, cette nuit il ne faudra dormir que d'un œil ! »
Il remonta en voiture et partit pour Caserte. Un sous-officier, qu'à son beau langage je reconnus pour un Romain, et qui avait attentivement examiné le dictateur, dit tout haut, dès qu'il se fut éloigné : « Il a ri, le vieux lion ! Ce feu est un signal, la bataille est prochaine ! »

Une alarme qui s'apaisa nous retint jusqu'à onze heures du soir aux avant-postes. Nous rentrâmes alors dans notre chambre, et j'ôtais ma casaque pour me coucher, lorsque Spangaro me dit : « Croyez-moi, dormons tout habillés ; nos chevaux sont sellés à l'écurie, soyons prêts en cas d'événement ; le sous-officier avait raison, Garibaldi a flairé la poudre ! » Le lendemain matin, je dormais encore, lorsque Spangaro, se jetant à bas de son lit, courut précipitamment à la fenêtre, l'ouvrit et poussa les volets. Les pâles lueurs du jour naissant nous éclairèrent ; une bouffée d'air frais entra, et en même temps la crépitation des coups de fusil. A notre gauche, vers Santa-Maria, le canon tonnait sourdement à travers les arbres. En une minute chacun fut sur pied et prêt ; l'aigre clairon réveillait ceux que la fusillade avait laissés endormis. Le jour verdâtre et froid se débattait encore au milieu des ténèbres ; le ciel était très-pur, d'un bleu aigu, que nul brouillard ne floconnait. Comme nous descendions dans la grande rue de Sant'-Angelo, nous rencontrâmes Garibaldi qui galopait sur un cheval noir, suivi de plusieurs guides. Il jeta en passant quelques mots d'encouragement à ses troupes, et s'élança vers Monte-Tifata, qu'il allait gravir pour embrasser d'un coup d'œil les opérations de l'ennemi. Au moment où nous pénétrions dans un chemin creux qui conduit à la *scafa* de la Formicola, la canonnade éclata sur notre droite, et les boulets, gémissant plaintivement, se brisèrent avec fracas dans les champs qu'ils bouleversaient. Le grand poste de notre extrême droite (je parle et ne puis parler que par rapport à Sant'-Angelo) était défendu par une batterie de quatre canons et par trois cents Siciliens. Un des premiers boulets lancés par l'ennemi tomba au milieu d'eux, éclata et en tua sept; le reste prit la fuite. A ce moment, nous arrivions. Nous les vîmes, courant et retournant la tête avec effroi, escalader le talus de la route, se sauver en désordre, malgré nos cris et nos imprécations, franchir la première colline qui porte Sant'-Angelo, franchir la seconde où sont des cavernes qui servent d'étables aux paysans, et enfin plus tard apparaître au sommet de Monte-Tifata, où nul danger ne pouvait plus les atteindre, mais où ils étaient facilement spectateurs de la lutte. « Ce n'est pas un combat, me dit Spangaro, c'est une bataille ! » Son vieil instinct de soldat ne l'avait point trompé : c'était la bataille du Vulturne qui s'engageait. Une moitié de brigade, faisant partie de la division Medici, et presque exclusivement composée de Toscans, se jeta dans le chemin creux pour aller remplacer les Siciliens; on reprit les canons abandonnés, et l'on tint bon. L'endroit était mauvais; il y pleuvait du fer. Le colonel Longo venait d'être emporté; une balle lui avait fracassé la tête. Le premier spectacle qui me frappa dans ce petit chemin où les branches cassées et un continuel sifflement annonçaient avec quel ensemble il était attaqué, et de quelle importance en était la possession, fut le cadavre d'un des nôtres. Il était couché sur le dos, au milieu de la route, les bras en croix, la bouche tordue dans un rictus effroyable, la tête échancrée par un boulet qui, pêle-mêle, avait jeté le sang avec la cervelle sur le visage tuméfié, où pendait un œil horrible arraché de son orbite. Nos soldats, qui arrivaient en toute hâte, passèrent près de ce malheureux sans même détourner la tête. Il est un fait curieux et d'une tristesse profonde, c'est l'insensibilité absolue qui vous envahit dans ces moments-là. Après le combat, on s'émeut aux blessés, on s'ingénie en mille manières pour leur porter secours, on pleure les morts ; pendant la bataille, on voit sans sourciller tomber près de soi les plus jeunes et les plus forts ; les instants sont précieux, on n'a pas le temps de s'attendrir ; et puis, involontairement ne se dit-on pas : « Avant que j'aie pu donner un regret à ce compagnon, ne serai-je peut-être pas réuni à lui pour toujours ? »

Au bout du chemin creux, qui à son extrémité se réunit à angle très-aigu avec le chemin vicinal, nous trouvâmes le Vulturne. Autour de nous, les boulets labouraient le sol, qui jaillissait en panaches de poussière. Un jeune officier nous dit en souriant : « Les balles sifflent comme des merles amoureux ! » Il n'avait pas fini sa phrase qu'il tombait avec un bras brisé. C'était une grêle, je parle sans métaphore.

Nos soldats eurent un instant d'hésitation, et l'on vit osciller leurs rangs. Celui qui, après la blessure du colonel Longo, venait d'être chargé de les commander leur dit à peu près ceci : « Mes enfants, il ne s'agit ni d'avoir peur, ni de lâcher pied : nous tenons ici la clef de la position qui défend Sant'-Angelo. Si Sant'-Angelo est pris, tout est perdu. Il faut donc rester ici et s'y faire tuer jusqu'au dernier en criant *vive l'Italie !* » Un sous-officier déjà grisonnant sortit des rangs, et, s'approchant de celui qui avait parlé, il lui répondit à haute voix : « Alors, monsieur, nous allons mourir. » Ce ne fut point une vaine parole, tous l'entendirent et tous l'approuvèrent. Le soir, on avait emporté de là onze tombereaux de morts et cent quatre-vingt-trois blessés. La Toscane peut être fière d'avoir produit de tels hommes. Ils étaient jeunes pour la plupart, doux, très-curieux, bavards dans leur suave parler qui ressemble au chant des oiseaux, sans grand élan, mais d'une intrépide ténacité que rien ne put vaincre. Quand les munitions commençaient à manquer, on envoyait dix hommes en chercher au quartier, et les dix hommes revenaient sans qu'un seul ait eu l'idée de profiter de sa course loin du péril pour ne pas revenir. Pendant sept heures, ils tinrent là, sans reculer d'une semelle, et avec une fermeté si imposante que les Napolitains semblèrent renoncer à cette position, sur laquelle ils lançaient des masses toujours renouvelées.

Parmi nous, il y avait un petit Sicilien qui servait de trompette ; il avait environ quatorze ans, était de courte taille, très-basané, d'une intarissable gaieté, qui sur son visage noir jetait l'éclair de ses dents blanches. Il avait une manie baroque. Dès qu'il trouvait un ruban blanc, il le cousait sur sa manche en guise de galon. Dès qu'il avait une pièce de monnaie, il y faisait un trou, et, à l'aide d'une ficelle, la suspendait à sa poitrine. On en riait. « Quelles belles décorations! » lui disait-on. Et il répondait avec une gambade : « C'est l'ordre du baïocco et la croix du carlin ! — Si on te donne une piastre, qu'en feras-tu ? — Je me la prendrai au cou, et je serai commandeur du ducat d'argent. » Il était avec nous pendant nos premières marches des Calabres, à côté de nos chevaux, prêt à en prendre la bride et à les garder dès qu'on le lui demandait. J'avais cet enfant en grande affection, car il était alerte, serviable et si joyeux de vivre, qu'il faisait plaisir à voir. On ne l'appelait que Tromba (trompette) ; naturellement, en souvenir du quatrième acte de Ruy Blas, je l'avais surnommé Goula, et toutes les fois que je l'apercevais, je ne manquais pas de lui dire :

C'est mon ami de cœur, nommé Goulatromba.

plaisanterie d'un goût fort médiocre, j'en conviens, mais qui avait le privilége de faire éclater de rire celui à qui elle s'adressait, quoiqu'il n'en ait jamais compris le premier mot. Tromba, qui s'était trouvé le matin avec les Picciotti (c'est ainsi que nous nommions les Siciliens), ne s'était pas enfui avec eux, il avait bravement gardé son poste, et maintenant il se tenait au milieu de nous. Ce jour-là, il était encore plus chamarré que de coutume; un tas de vieux sous s'entrechoquaient sur sa poitrine, et des galons sans nombre se tortillaient autour de ses bras. Il était gai comme un pinson et sautait comme un cabri. Il sonnait la charge sans s'arrêter, mais sa trop jeune poitrine ne suffisait pas à pareille besogne, et des *couacs* nombreux l'interrompaient. « Qu'as-tu donc aujourd'hui, Goulatromba? lui dis-je. Tu ne sais donc plus ton métier? — Ah! répondit-il avec un grand éclat de rire, ma trompette a dîné en ville hier ; elle a mangé des canards, et maintenant ils se sauvent pour aller barbotter dans le Vulturne. » Tout à coup il poussa un cri et jeta sa trompette avec colère. Un long filet de sang glissa sur son pantalon de toile écrue; une balle lui avait percé la cuisse. Il se précipita sur un mort dont il enleva le fusil et prit la giberne; puis il se mit à tirer. « Tromba, lui criai-je, va te faire panser à l'ambulance! — Non, non, répondit-il, il faut que je tue ces chiens-là! » Je le suivais des yeux; il allait en avant, mordant sa cartouche et faisant le coup de feu comme un vieux troupier. Ah! le pauvre petit trompette, quel grand cœur il avait! Il tira cinq fois. Comme il allait recharger son arme, il renversa la tête en arrière et cria : « Ah! ah! ah! » Il tourna et tomba la face contre terre. On courut à lui. Un de nous le prit dans ses bras. Une balle lui avait traversé les deux tempes en lui crevant les yeux. Il était mort.

Medici commandait en chef à Sant'-Angelo, et commandait bien. Spangaro se multipliait; Avezzana, armé d'une carabine de chasse, allait d'une position à l'autre et donnait l'exemple du sang-froid. Vers onze heures du matin, j'étais sur la route de Santa-Maria, près du poste qui servait de grand'garde, lorsque je vis revenir le colonel Dunn, marchant avec peine et appuyé sur deux soldats. « Où donc êtes-vous blessé ? » lui dis-je. Il leva la main, parut m'indiquer, par-dessus son épaule, le terrain qui s'étendait derrière lui, et me répondit· « Par là-bas ! » Je repris : « C'est à la barricade que vous commandiez, je m'en doute; mais dans quelle partie du corps êtes-vous atteint ? » Il renouvela son geste, et répliqua : « Mais je vous le dis, par là-bas ! » Je compris alors de quelle façon le pudique Anglais m'indiquait où il avait été blessé en se retournant pour donner un ordre à ses hommes, qui du reste se conduisaient très-courageusement et virent emporter tous leurs officiers, troués par les balles, à l'exception d'un seul. A ce moment, des cris se firent entendre, et des gens effarés vinrent nous dire que Sant'-Angelo était pris par les Napolitains. On ramassa une poignée d'hommes et l'on partit au pas de course. Le fait était vrai. Arrivées de Cajazzo, se glissant entre le fleuve et la montagne, des troupes royales s'étaient emparées des premières maisons du village; elles marchaient en bon ordre et pouvaient facilement se rendre maîtresses de Sant'-Angelo, que rien ne protégeait de ce côté, lorsqu'une hésitation étrange se manifesta dans les rangs ; les chefs s'arrêtèrent, et le mouvement en avant fut comme suspendu. Nous accourions. Les royaux lâchèrent pied, laissant un bataillon tout entier entre nos mains. Un hasard inconcevablement heureux avait combattu pour nous et nous avait permis de reprendre l'offensive, — ces hasards, qui souvent décident du sort des batailles, ne doivent point être rares à la guerre. Les royaux s'avançaient presque en sécurité, ne trouvant aucun des nôtres devant eux, et faisant fuir à leur approche les quelques paysans restés à Sant'-Angelo, lorsque levant les yeux, ils aperçurent, au sommet de Monte-Tifata, les Siciliens qui le matin, au premier feu, étaient allés chercher cet inexpugnable refuge. Les royaux, en les voyant, se crurent devinés ; ils s'imaginèrent que ces hommes avaient été postés là pour leur tomber sur la tête ; ils s'arrêtèrent, estimant leur stratagème éventé. A cet instant, nous arrivions à toutes jambes pour les prendre de front ; une batterie vite retournée envoya quelques boulets sur leur droite ; ils se crurent attaqués sur trois côtés et nous abandonnèrent le terrain. Le chef de bataillon prisonnier s'approcha d'un de nos officiers supérieurs, et lui dit : « Monsieur, je suis un galant homme, je vous prie de me faire fusiller et de ne pas permettre que je sois égorgé à coups de couteau, selon votre usage ! » A cette demande, nous eûmes un haut-le-cœur ; nous pressâmes le prisonnier de questions, et nous apprîmes alors qu'on leur avait dit à Capoue que nous coupions le cou aux officiers captifs et que nous torturions les simples soldats. Celui à qui le chef de bataillon s'était adressé lui répondit : « Si vous avez faim, vous aurez du pain de munition, car nous n'avons pas d'autre nourriture ; si vous avez envie de dormir, nous vous donnerons notre paille la plus fraîche. Dès que la bataille sera finie, vous serez conduit à Naples et traité avec toute sorte d'égards. Si vous voulez retourner à Capoue dès à présent et dire aux Napolitains comment les prisonniers sont accueillis par nous, vous êtes libre sur parole ! » Le chef de bataillon refusa, prétextant qu'il ne voulait point quitter ses hommes, et on le conduisit au campanile. Puisque Sant'-Angelo avait failli être pris, il pouvait l'être encore : c'était là un raisonnement fort simple que je ne manquai point de faire. Or, dans mon sac de nuit, à notre quartier, j'avais deux portefeuilles qui contenaient toutes les notes recueillies depuis mon départ de Gênes, et qu'il m'eût été très-désagréable de perdre. Les pauvres écrivains ont toujours la funeste manie de sauver leurs papiers. Je me rendis donc à notre maison en compagnie de Missori, que je venais de rencontrer au milieu de la bagarre. Tout était un peu en désordre ; les ordonnances chargeaient nos effets sur les mulets, pour les conduire, à l'abri d'un coup de main, au village de San-Prisco, que sa position au milieu des montagnes rend d'un accès presque inabordable. Je pris mes portefeuilles, et comme je n'avais point de poches à ma casaque, je les fourrai entre mon gilet et ma poitrine, où ils me gênèrent fort, ballottant et glissant toutes les fois fois que mon cheval quittait les allures paisibles. Si le hasard du combat avait voulu que je tombasse au pouvoir de l'ennemi, on n'eût certes pas manqué de dire que les garibaldiens se cuirassaient d'in-folios pour éviter les balles. Avec Missori, j'entrai dans l'église, où la veille, j'avais entendu retentir le chant de nos soldats, et qui aujourd'hui ne répétait plus que leurs gémissements, car on en avait fait une ambulance. Le sang tachait la paille. Dans un coin, près de l'autel, des formes humaines raidies sous des manteaux indiquaient les morts. Nous dîmes quelques paroles réconfortantes aux blessés, qui tous paraissaient assez calmes. L'un d'eux, jeune homme d'une beauté remarquable, était assis, appuyé contre la muraille, les bras pendants inertes le long du corps ; une pâleur profonde blêmissait son visage, un cercle livide cernait ses yeux indécis, les ailes de son nez aminci semblaient pincées par une force intérieure. Il avait reçu une balle au creux de l'estomac; la blessure ronde ne laissait plus échapper de sang, la mort venait vers ce pauvre garçon. Je lui dis un de ces lieux communs répétés en pareil cas : « Allons, cela ne sera rien; du courage! » Un attendrissement singulier passa dans son regard ; il dit à voix basse : « Oh! maman! » et deux grosses larmes coulèrent de ses yeux. Il y a des hommes qui aiment la guerre pour la guerre, comme il y a des artistes qui aiment l'art pour l'art, et qui disent : « Quelle poésie! » Non, la guerre n'a pas de poésie! C'est une effroyable extrémité, nécessaire peut-être dans certains cas pour faire mûrir des vérités supérieures trop lentes à éclore, mais exécrable, laide, brutale, souvent aveugle, et qu'en nous tout doit condamner, la raison aussi bien que le sentiment.

Du haut de la terrasse, nous donnâmes un coup d'œil à la plaine. La fumée blanche montait en flocons à travers les arbres et se précipitait en nuages impétueux à chaque détonation d'artillerie : la bataille était partout. Près de la maison qui servait de quartier au général Avezzana, nous rencontrâmes Garibaldi. Ah ! qu'il ressemblait peu à l'idée qu'on se fait habituellement d'un général en chef que la fantaisie brode sur toutes les coutures et empanache de toute sorte de plumets! Il avait au hasard pris le premier cheval rencontré ; dans une des fontes de la selle apparaissait une paire de pantoufles en tapisserie, dans l'autre une bouteille en osier ; en guise de porte-manteau, une vieille couverture était roulée. Le maître du cheval, un guide, courait ruisselant, essoufflé, mais arrivait toujours à temps pour saisir la bride au moment opportun. Quant à Garibaldi, coiffé de son petit chapeau noir hongrois, vêtu de la chemise rouge et du pantalon gris si connus, il excitait à son passsage de tels cris d'enthousiasme qu'ils faisaient trembler la terre et couvraient le bruit du canon. Il sauta à bas de cheval, monta dans la maison et se rendit à la chambre où le colonel Dunn avait été déposé ; nous le suivîmes ; là il dicta à Spangaro la dépêche suivante, qui fut immédiatement expédiée à Naples : « L'ennemi est repoussé su toute la ligne » Le moment n'était peut-être pas très-heureusement choisi pour faire partir une telle nouvelle, car le canon de notre barricade, qui défendait les approches de Sant'-Angelo par la plaine, cessa tout à coup, et des balles ricochèrent jusque vers nous, effrayant les chevaux et brisant les vitres d'une voiture qui portait des blessés. La barricade venait d'être enlevée par les Napolitains. Il y eut un instant de confusion ; on évacuait les blessés en toute hâte ; quelques pauvres impotents criaient : « Ne nous abandonnez pas ! » Garibaldi réunit tout ce qu'il trouva d'hommes disponibles, et à leur tête se jeta vers la barricade. Une charge à la baïonnette en chassa les Napolitains. Dans la ferme voisine, d'où nous délogeâmes quelques royaux, nous trouvâmes un des nôtres étendu par terre, l'œil blanc, l'écume aux lèvres ; de blessures, aucune. Il bégayait des mots inarticulés et retombait dès qu'on voulait le dresser debout. A force de patience et de questions, nous comprîmes que, fait prisonnier par les Napolitains, il avait été battu par eux à coups de crosse et à coups de pied tellement qu'il en était comme roué. On le fit porter à l'ambulance ; le soir, je l'y retrouvai mort.

Garibaldi s'élança de nouveau vers Monte-Tifata pour le franchir. Où allait-il ? A Maddaloni sans doute, par le chemin le plus court. Une canonnade effroyable retentit ; elle était dirigée contre le dictateur, facilement reconnaissable au foulard qu'il porte flottant sur les épaules; les projectiles tombaient autour de lui, faisant jaillir la terre sablonneuse où ils s'enfonçaient heureusement sans éclater; son cheval se cabrait et faisait des bonds terribles; Garibaldi descendit, le prit par la bride, continua sa route à pied, miraculeusement respecté par les boulets qui s'abattaient autour de lui, et disparut de l'autre côté de la montagne. J'avais invinciblement tenu mes yeux fixés sur lui; j'eus une large respiration et comme une défaillance de joie en le voyant hors de péril. Il pouvait être un peu plus de midi, il y avait une accalmie dans la bataille. Bientôt elle parut cesser; nos troupes continuaient à s'avancer, refoulant les Napolitains vers Capoue; le combat s'arrêta, et l'on put croire que tout était fini. Une demi-heure ne s'était pas écoulée que la canonnade recommençait de plus belle; les royaux avaient fait un changement de lignes et nous attaquaient de nouveau. La lutte fut dure, car elle était inégale. Il y avait neuf heures qu'on se battait; nos pauvres soldats, sans boire ni manger, n'avaient pas quitté le feu; on était harassé de fatigue, et des troupes fraîches arrivaient contre nous, bien pourvues et reposées. On les reçut d'un cœur solide, et le combat recommença avec vigueur. La barricade, encore prise par les royaux, fut reprise et gardée par nous, la ferme aussi; il y eut une cascine qui, prise et perdue sept fois, resta enfin en notre pouvoir. A deux heures, les munitions nous manquaient; on retrouva trois gargousses à mitraille: habilement employées, elles éparpillèrent les Napolitains, qui faisaient encore une tentative sur la barricade dont la possession assurait celle de Sant'-Angelo. Un Français, M. Baillot, ancien élève de l'École polytechnique, ancien ingénieur des ponts et chaussées, commandait une batterie de quatre pièces, il avait tiré quatre cent soixante-trois coups, chargeant, pointant, écouvillonnant lui-même ses canons; mais ses munitions étaient épuisées, il prit un fusil et se plaça devant ses pièces pour les défendre en cas d'attaque. On bouleversa tout au quartier général ; on retrouva une demi-caisse de cartouches qui furent utilisées comme il convenait.

A deux heures et demie, voici quelle était notre situation à Sant'-Angelo, c'est-à-dire à l'extrême droite de la ligne de bataille: de front, nous étions attaqués par les troupes sorties directement de Capoue ; sur notre droite, nous étions fusillés et canonnés par les royaux, qui cherchaient l'occasion de forcer le passage du Vulturne à la *scafa* de la Formicola ; à gauche, nos communications avec Santa-Maria étaient coupées par sept bataillons de la garde royale, dont l'artillerie envoyait des boulets de plein fouet jusque dans Sant'-Angelo. On tenait ferme, car on sentait qu'il était d'importance extrême de garder la position; mais la fatigue envahissait les plus robustes, tout ce que nous avions d'hommes était au feu. Quand les Napolitains s'avançaient, on leur courait sus la baïonnette en avant, et ils reculaient. A ce moment, il était trois heures, un nouveau canon se fit entendre à notre extrême gauche, vers Santa-Maria. Nous écoutâmes avec une certaine anxiété : « Si c'est l'artillerie napolitaine qui tonne ainsi du côté de San-Prisco, il faut s'embrasser et tomber en braves, me dit un officier avec emphase, car nous sommes aux Thermopyles. » Les détonations continuaient précipitées ; on eût dit qu'elles voulaient rattraper le temps perdu. Une idée m'illumina : « C'est Türr qui arrive de Caserte avec les réserves ! » Il fallait s'en assurer. Enfoncés sous les arbres, dans le chemin creux, derrière la barricade, nous ne pouvions rien voir, rien comprendre, rien interpréter. Je courus à l'église, et comme je mettais le pied sur la terrasse, une sentinelle m'arrêta en me priant d'ôter ma chemise rouge ; quelques-uns de nous, apparaissant avec la blouse éclatante, avaient attiré les boulets royaux sur notre ambulance. Je mis bas ma casaque, je jetai sur mes épaules mouillées de sueur la première capote grise que je trouvai par terre, et je regardai : je vis des arbres, de la fumée, de la poussière ; mais la poussière se dirigeait vers Capoue, suivie et comme repoussée par un nuage de fumée qui, en demi-cercle, s'avançait lentement et continuellement. Sur la route de Santa-Maria à Sant'-Angelo, il y eut tout à coup une fumée violente et des détonations ; puis cette fumée parut se changer en poussière et fuir hâtivement en tourbillons vers Capoue. Je compris que nous ramenions l'ennemi. Cela n'avait pas duré dix minutes. Je courus à la barricade, elle était déjà abandonnée ; nos hommes, marchant en avant, chassaient les Napolitains, et arrivèrent sous les murailles de la place tellement mêlés à eux, que les canons royaux n'osèrent pas tirer. La journée était nôtre, et Garibaldi venait de gagner sa plus grande bataille.

A cinq heures, au quartier, je retrouvai Spangaro, dont j'étais séparé depuis quelque temps ; nous nous donnâmes une de ces accolades où le cœur est tout entier, car nous étions heureux de nous revoir sains et saufs. La nuit venait : dans la plaine, quatorze incendies flambaient, jetant des lueurs livides sur les arbres ; la bataille avait allumé toutes les fermes ; parfois nous entendions un craquement sourd, c'était un toit s'effondrant dans le feu, qui, sous ce poids, semblait s'apaiser pour mieux s'élancer en gerbes plus hautes. Quatre maisons et l'église suffisaient à peine à nos ambulances. Aux dernières lueurs du jour, un paysan arriva, conduisant une petite charrette traînée par un âne ; sur cette charrette, un de nos jeunes soldats était couché, roidi : le paysan l'avait trouvé au pied d'un arbre, et nous le rapportait. Il avait les jambes repliées, la tête sur le bras droit, la main gauche sur la poitrine ; il eût semblé dormir sans sa pâleur et le refroidissement glacial qui avait saisi ses membres. La tête ne touchait pas au bras, la main ne s'appliquait pas à la poitrine, et tout cela tremblait d'une seule pièce à chaque mouvement du chariot. La bouche fermée et pincée montrait une colère terrible que la main adoucissante de la mort n'avait point effacée. Le pauvre petit aura été frappé, et, se sentant près de sa fin, il se sera traîné sous un arbre et se sera couché dans la position où il s'endort chaque soir, pour clore le rêve fatigant de l'existence. La bataille était finie, nous nous sentions gagnés par l'émotion à la vue de cette forte fleur brisée avant les fruits ; d'un air morne et silencieux, ses compagnons survivants le regardaient : « Je le confie à votre garde, leur dit Spangaro ; c'était un des nôtres, un de nos amis, un de nos enfants ; nous lui rendrons les honneurs funèbres, nous pleurerons sur lui, et cependant son sort est enviable, puisqu'il est mort pour le salut de l'Italie. » Puis, s'interrompant : « Où sont les autres ? » demanda-t-il ; on lui montra du doigt une large caverne ouverte dans la colline. Rangés le long des parois, ils étaient là, ceux que la déesse des victoires avait acceptés en sacrifice ; un prêtre disait des prières, et des sentinelles veillaient pour que nul ne vînt troubler leur sommeil éternel.

J'allai voir Garibaldi, qui s'était réfugié dans la petite chambre du curé de Sant'-Angelo, pour donner un peu de repos à sa lassitude. Assis sur un banc de bois, appuyant son dos à la muraille, il écoutait Eber et Missori, qui expliquaient un mouvement exécuté le matin par nos troupes. Une joie sérieuse brillait sur son visage, illuminait ses yeux et donnait à son sourire une douceur pleine de force. Je dus me rendre à Naples sans délai ; mais comment faire la route? Le dernier train du chemin de fer de Santa-Maria partait à sept heures, et sept heures sonnaient au campanile de Sant'-Angelo; de voiture, il n'y en avait pas vestige à notre village; quant à nos chevaux, il n'y fallait pas penser : les pauvres bêtes, à demi fourbues de fatigue, blessées pour la plupart, n'auraient quitté la litière que pour tomber vingt pas plus loin. J'allais me décider à partir à pied pour Santa-Maria, où j'aurais cherché un moyen quelconque de gagner Naples, lorsque arriva une grande charrette à deux roues, sorte de baquet attelé de trois chevaux de front, et qui apportait la provision de pain pour nos troupes. Je mis le conducteur en réquisition ; on jeta sur les planches du chariot deux ou trois bottes de paille, je m'y étendis, et nous partîmes. Quelques cadavres, des chevaux morts çà et là tachaient de noir notre route, où les incendies jetaient de grandes lueurs ; le charretier chantait un petit air assez gai qui se terminait par un coup de sifflet et se mariait allègrement au bruit régulier des grelots de l'attelage. Lorsque les chevaux s'arrêtaient, on n'entendait plus qu'une sorte de mugissement sourd qui ressemblait à la chute d'une cascade très-lointaine : c'étaient les flammes qui se battaient contre le vent.

A Santa-Maria, que nous traversâmes, dans tous les coins gisaient des paquets sombres qui n'étaient autres que nos soldats dormant au hasard. Après Santa-Maria, la route, coupée de barricades, incessamment parcourue par des patrouilles de gardes nationaux et de paysans armés, devint insupportable ; des qui-vive nous arrêtaient de quart d'heure en quart d'heure ; à chaque village, on venait me demander des nouvelles et m'offrir de me « régaler ; » j'envoyais tous ces braves gens au diable avec la plus grande politesse possible, et tant bien que mal j'arrivai à Aversa, où il me fallut absolument accepter une tasse de café et des cigares. Je ne pensai guère à m'informer des ruines d'Atella, de l'origine des atellanes, ni de l'assassinat d'André par la reine Jeanne ; mais je demandai une voiture quelconque en remplacement de ma charrette, qui, allant au pas, menaçait de ne jamais arriver à Naples, et qui, trottant, me disloquait par ses cahots. Les officiers de la garde nationale, qui tout entière veillait, y mirent une complaisance extrême, et l'on ne tarda pas à m'amener un *corricolo*. — Une douce fraîcheur planait autour de nous ; sur le ciel nacré par les reflets de la lune, les pins parasols découpaient la large silhouette de leur tête arrondie ; les festons de la vigne semblaient en acier bruni ciselé à jour ; ce calme d'une nuit charmante mêlé au souvenir de l'action de la journée me donnait un bien-être profond qui me pénétrait jusqu'à l'âme. Comme j'entrais à Naples vers deux heures du matin, deux postes de gardes civiques se jetèrent littéralement sur moi avec cent questions entre-croisées, auxquelles il me fallut répondre, car elles étaient justifiées par l'inquiétude qui depuis le matin régnait dans la ville.

Ce n'était pas dans le coin étroit de Sant'-Angelo où j'avais été pour ainsi dire parqué pendant toute la journée du 1er octobre, que je pouvais me rendre compte de la bataille ; je ne la compris réellement qu'après avoir tenu en mains les rapports des principaux chefs de corps et consulté les différents acteurs du drame. L'idée des généraux napolitains apparaît très-nettement : ils voulaient couper nos lignes, passer entre elles, reprendre Naples et y célébrer la Saint-François, qui se fête le 4 octobre. Pour arriver à ce résultat, ils avaient, en grand silence et avec une rare habileté, établi au milieu de la nuit une forte colonne entre Santa-Maria et Sant'-Angelo, et au point du jour attaqué vigoureusement ces deux positions ; de plus, à l'aide d'un corps de cinq mille hommes qui, parti de Cajazzo, avait traversé le Vulturne à la *scafa* de Torello, ils étaient venus, en suivant la route de Ducenta, attaquer Maddaloni pour en débusquer Bixio et interrompre par une marche rapide nos communications entre Naples et nos avant-postes.

A Maddaloni, la lutte fut terrible ; enlevée par les troupes royales dans un premier moment de surprise, la position fut reconquise par Bixio ; le régiment qui servait de grand'garde à Ponte-della-Valle, et que commandait le colonel Dunyov, fut décimé ; Dunyov, resté au feu malgré une atroce blessure qui devait un mois après nécessiter l'amputation de la jambe gauche, tint ferme jusqu'au bout, et c'est peut-être à sa fermeté que l'on doit d'avoir pu se maintenir à Maddaloni, d'où à midi les royaux étaient définitivement expulsés. A Sant'-Angelo, on a vu que nous résistions, et que, tout en restant sur une défensive très-accentuée, qui empêchait les royaux d'entamer nos positions, nous étions contraints cependant de ne faire aucun mouvement agressif. A Santa-Maria, le général Milbitz était forcé de restreindre la défense aux environs immédiats de la ville, et la journée pouvait rester indécise, peut-être même mal tourner pour nous, malgré le courage déployé sur toute la ligne, lorsque par l'ordre de Garibaldi la réserve cantonnée à Caserte arriva sous le commandement du général Türr ; elle se composait de deux brigades, la brigade milanaise [1] et la brigade Eber. Le général Türr rencontra Garibaldi à Santa-Maria : « C'est presque fini, dit ce dernier, il n'y a plus qu'un coup de collier à donner ! » Türr se prit à sourire en répondant : « Alors dépêchons-nous de le donner. » Selon le récit d'un témoin oculaire, on ne pouvait « passer le nez » hors des portes de Santa-Maria, tant la mitraille napolitaine gardait la route. La brigade milanaise, sortie par la porte de Sant'-Angelo, et les hussards hongrois, sortis par la porte de Capoue, prirent l'ennemi entre deux charges et firent du jour autour de Santa-Maria. A la tête de la brigade Eber, Garibaldi en voiture s'avança vers Sant'-Angelo. Une décharge tua un cheval et le cocher. Garibaldi sauta à terre, et, appelant à lui la légion magyare et la compagnie suisse, se jeta sur les royaux en criant son nom ; le reste de la brigade Eber arrivait au pas de course. On enfonça les lignes ennemies, et nos communications furent rétablies entre Santa-Maria et Sant'-Angelo. Toute notre armée alors, marchant en demi-cercle, refoula les royaux vers Capoue, qui sur eux ouvrit et referma ses portes à cinq heures. La bataille avait duré treize heures ; quarante-neuf mille hommes

---

[1] Commandée, je crois, par le colonel Degiorgis.

y avaient pris part : quatorze mille de notre côté, trente six mille du côté des royaux, de leur propre aveu. Pendant la journée, ils purent opérer trois changements de lignes ; c'est ce qui nous causa tant de fatigues et retarda si longtemps la victoire. En tués, blessés, prisonniers, nous avions près de dix-huit cents hommes hors de combat, les Napolitains quatre mille environ. Parmi nous, chacun fit son devoir ; quelques Siciliens faiblirent, il est vrai, mais le hasard utilisa leur fuite en une sorte de stratagème qui, ainsi que je l'ai raconté, paralysa un mouvement dangereux de l'ennemi ; les Hongrois furent admirables et aussi les Suisses. Les Français furent ce qu'ils sont à la bataille, fermes, braves et gais ; leur petite compagnie, qui s'appelait la compagnie de Flotte, composée à peine de quatre-vingts hommes, avait été chargée de défendre une ferme qui protégeait les approches de Santa-Maria ; nos compatriotes ont combattu là tout le jour, sans reculer d'une semelle, sans être jamais entamés et avec un entrain qui leur valut les éloges mérités de tous nos généraux [1].

Le 30 septembre était un dimanche. Une quinzaine de matelots appartenant à un navire de la marine royale britannique avaient obtenu la permission de descendre à terre pendant la journée, bien vite ils étaient accourus à Santa-Maria, s'y étaient naturellement grisés, et avaient espéré

---

[1] Leur conduite fut telle qu'il est question aujourd'hui de la rappeler par une inscription sur une tablette de marbre qui serait placée dans la ferme même où ils ont combattu.

pouvoir partir le lundi matin pour Naples par le train de six heures; mais à ce moment la bataille bruissait déjà dans la plaine. Les Anglais demandèrent des canons, on leur en donna; on leur donna aussi un baril de vin, et ils firent bon usage du tout. On a dit que si les Piémontais n'étaient point venus à notre secours vers la fin de la journée, nous étions perdus; ceci est une simple invention de l'esprit de parti; pour diminuer Garibaldi, rendre Victor-Emmanuel odieux et François II intéressant, il fallait bien calomnier un peu. La vérité est que les Piémontais casernés à Naples n'ont point bougé de toute la journée du 1er octobre. Les seuls Piémontais qui combattirent au Vulturne sont trente-quatre artilleurs que, depuis sept jours déjà, on avait envoyés aux avant-postes comme instructeurs, car nous manquions absolument de canonniers. L'armée piémontaise ne fit acte de présence au milieu de l'armée méridionale que le lendemain 2 octobre, et voici dans quelles circonstances:

Garibaldi, couché, après la victoire, dans la chambre du curé de Sant'-Angelo, reçut, le 1er octobre, vers dix heures du soir, une dépêche qui lui apprenait qu'on venait d'apercevoir une colonne ennemie, forte d'environ cinq mille hommes, au nord de Caserte, et dont les avant-postes occupaient déjà Monte-Briano et la Cascade, qui est à peu près à deux kilomètres du palais. Cette colonne était celle qui, le matin, n'avait pu s'établir à Maddaloni; ne pouvant sans doute faire sa retraite sur Capoue, elle s'était jetée sur Caserta-Vecchia, position élevée que couronnent les ruines de la vieille ville lombarde; quelques prisonniers nous ont depuis affirmé que la nouvelle leur étant venue que nous avions été complétement battus à Santa-Maria et à Sant'-Angelo, les royaux avaient tenté de s'emparer du palais de Caserte. A cette dépêche, Garibaldi donna ordre aux carabiniers génois, à deux cents hommes de Spangaro et aux volontaires calabrais d'être sur pied à deux heures du matin. Ces troupes étaient les seules qu'il eût sous la main; les autres gardaient la longue ligne avancée qu'on avait prise dans la journée. De son côté, le chef de l'état-major, le général Sirtori, réunissant toutes les forces qui n'étaient point indispensables pour conserver nos positions, devait marcher sur Caserte par la grand'route; il emmena avec lui la compagnie suisse de la brigade Eber et une partie de la brigade Amanti (de la division Cosenz). Bixio, prévenu, envoya dès l'aube une colonne qui, se glissant par les rampes de Montecaro, devait attaquer Caserta-Vecchia. Enfin Garibaldi expédia par le télégraphe à deux compagnies de bersaglieri et à deux compagnies d'infanterie de l'armée piémontaise qui se trouvaient à Naples l'ordre de se rendre en chemin de fer, avant le jour, à Caserte. C'est donc le 2 octobre, et non point le 1er, que les Piémontais sont intervenus dans nos affaires, ce qui constitue une différence essentielle. Telle est la vérité, il n'y en a point d'autre; comme le pigeon de La Fontaine, je puis dire : J'étais là !

Le 2, au point du jour, les royaux firent descendre deux bataillons vers la ville de Caserte. Le général Sirtori réunit promptement les forces qu'il avait sous la main, entre autres les *bersaglieri* et les deux compagnies de ligne des troupes piémontaises que le chemin de fer venait d'amener, et marcha aux Napolitains, qui s'enfuirent vers Maddaloni, où Bixio tomba sur eux. Garibaldi avait tourné la montagne par San-Leucio. Toutes nos autres forces furent lancées contre l'ennemi, qui se fit pendant quelque temps donner la chasse, et ne tarda pas à mettre bas les armes. Ce succès complétait celui de la veille. Nous avions pris quatorze canons et fait environ cinq mille huit cents prisonniers.

Je vis arriver à Naples la plupart de ces malheureux, et je fus témoin de leur stupéfaction quand ils trouvèrent les forts aux mains de la garde nationale. On leur avait dit, et ils étaient persuadés, que les Autrichiens occupaient les forteresses. Avant la bataille du Vulturne, ils pensaient n'avoir qu'à passer à travers l'armée de Garibaldi pour se joindre aux impériaux et marcher ensuite avec ceux-ci contre les Piémontais. En entrant au fort Saint-Elme, ils n'en croyaient pas leurs yeux; quelques-uns pleurèrent : « Ah! disaient-ils, comme on nous a menti! Si nous avions su! » Ceux qui commandaient la ville eurent confiance dans la population napolitaine; ils eurent tort. Les prisonniers furent insultés; on leur mettait le poing sous le nez, on leur cracha dans le dos, on leur aboya des injures atroces; ils furent très-fermes et très-dignes. La garde nationale, admirable de dévouement, se multipliait pour les protéger. Les officiers garibaldiens qui les conduisaient perdirent parfois patience et tombèrent à coups de plat de sabre sur cette canaille vociférante, dont la vraie place eût été aux avant-postes. Les Bavarois, reconnaissables à leur face blonde et épatée, furent exposés plus que les autres, et il fallut parfois faire plus que le coup de poing pour les arracher aux mains impies qui les tenaient déjà. Grâce à l'extrême vigueur des officiers et à l'attitude de la garde nationale, nul malheur ne fut à déplorer; mais je n'oublierai jamais de quel dégoût je fus saisi en voyant ces hommes désarmés, qui, après tout, avaient fait ce qu'ils appelaient leur devoir, vilipendés par une cohue immonde qui au premier coup de fusil se serait enfuie comme une nuée de corbeaux. On prit plus de précautions à l'avenir; le transport des prisonniers, qui étaient obligés de traverser la ville pour gagner les forts, se fit de très-grand matin ou pendant la nuit. Pour éviter de si regrettables scènes, on poussa même la prudence jusqu'à faire déguiser les Bavarois et les Suisses; on les habillait pour la plupart en Calabrais; l'idée était bonne, car sous le chapeau pointu ils avaient une si singulière et grotesque figure qu'elle eût désarmé les plus implacables colères.

Ce n'est pas que le peuple napolitain soit malfaisant ou cruel; il est ignorant, très-spirituel et prodigieusement facile à toute émotion. Son imagination l'emporte très-loin; mais, lorsque l'instant de l'action arrive, le côté nerveux de sa nature reprend le dessus et trop souvent le condamne à l'immobilité. C'est un peuple d'enfants qui aime à changer de joujoux, quitte à leur ouvrir le ventre pour voir ce qu'il y a dedans. En somme, c'est encore Polichinelle qu'il aime le mieux. Il est taquin, et, quand il veut s'amuser, ne recule devant aucune inconséquence. Pour taquiner Garibaldi, il criait : *Vivent les Piémontais!* Pour taquiner les Piémontais, il criait : *Vive Garibaldi!* Enfantillage et rien de plus. Il est, malgré l'ignorance profonde où il a été renfermé, assez intelligent pour comprendre qu'il vient de franchir un pas énorme et pour s'en contenter. Je ne parle que du peuple et non point de la bourgeoisie, qui est généralement instruite, éclairée, curieuse d'apprendre, mais d'une défiance excessive, qu'explique l'état de suspicion où elle a été tenue sous les derniers règnes.

Le peuple s'amusait beaucoup, tout lui devenait un sujet de curiosité ; les bourdes les plus étranges passaient pour vérités mathématiques, et l'on se racontait tout bas avec épouvante qu'on avait découvert heureusement et interrompu un souterrain que François II faisait creuser de Capoue jusqu'à Naples pour pouvoir reprendre sa capitale à l'improviste. Mais c'est au théâtre qu'il fallait voir ces braves Napolitains : ils s'identifiaient absolument avec le personnage, et il n'était pas toujours bon de représenter celui du traître. A cette époque, on jouait une pièce moitié ballet, moitié drame militaire, qu'on appelait la *Vivandière de Magenta*, ou de Montebello, ou de Valleggio, je ne sais plus exactement. La scène se passait pendant la campagne de 1859 : je n'ai pas besoin de dire qu'il y avait fort peu de Français et que toute la gloire revenait aux Italiens ; ceci est trop naturel pour qu'on puisse s'en étonner. On voyait d'abord défiler des Piémontais agitant un drapeau aux couleurs nationales, et l'on criait *vive Garibaldi!* toujours un peu par esprit d'opposition. Quand les dix hommes qui constituaient l'armée sarde avaient quitté la scène pour « courir à l'ennemi sur les ailes de la victoire, » un général autrichien apparaissait : figure rébarbative, uniforme blanc, chapeau à plumes, ceinture jaune, croix et médailles sur la poitrine. Un murmure de mécontentement passa dans la salle. Le pauvre général entama sa tirade et parla de la bannière invincible des Habsbourg : on se mit à huer. Le sifflet est presque inconnu en Italie. L'acteur tint bon et continua ; on hurla : « A la porte ! à la porte ! » Quelques voix ajoutèrent : « Mort à l'Autrichien ! » Au parterre, un homme se leva et cria : « Ah ! canaille ! si j'avais mon *revolver*, je te casserais la tête ! » Quelques gamins qui, par hasard, avaient des souliers, les lancèrent à la tête du malheureux acteur. Il n'y tint plus ; il arracha ses croix, son chapeau, sa ceinture, enleva son uniforme, le jeta par terre, le foula aux pieds, cracha dessus, fit un bond jusque dans les coulisses, revint avec un drapeau tricolore, l'embrassa et entonna un hymne patriotique. Ce furent des cris de joie et des applaudissements à faire écrouler le théâtre. On baissa la toile, on recommença la pièce. L'acteur revint avec son costume autrichien. Il n'avait pas fait trois pas sur la scène que tous les spectateurs levés lui criaient des injures. Pour la seconde fois, il dépouilla son uniforme et continua son rôle en manches de chemise. Chacune de ses paroles était accueillies par des huées. Le pauvre diable s'interrompait et disait : « Moi, je suis bon Italien ! Ce n'est pas moi qui parle, c'est l'Autrichien ! » Alors on applaudissait ; il reprenait son discours, on le huait de nouveau. Pendant toute la pièce, il en fut ainsi. Quand la représentation fut terminée, la foule s'assembla devant le théâtre, et des hommes disaient : « Nous verrons s'il osera sortir, le lâche ! »

V

Comme la victoire du Vulturne avait rassuré les plus timorés, et qu'on était bien certain maintenant que jamais l'armée royale ne réussirait à travers nos lignes, on était fort tranquille à Naples, et la population profitait de cette tranquillité pour *manifester* tout à son aise. Quelque main lointaine et fort habile était-elle dans toutes ces petites promenades qui ne faisaient que du bruit? Cela est bien possible. Il se peut qu'un très-important personnage, à qui l'Italie doit avant tout d'être ce qu'elle est, ne fût pas fâché de montrer à Garibaldi qu'il ne faut jamais se mettre en contradiction avec soi-même, et que, lorsqu'on cherche l'unité et qu'on fait des appels à l'union, il faut prêcher d'exemple. Et puis, disons-le, on n'était pas fâché d'occuper le dictateur à Naples, afin de l'empêcher de marcher trop vite au-devant de Victor-Emmanuel : on préférait qu'il l'attendît. On *manifestait* donc pour la votation immédiate, pour le renvoi de Mazzini, pour tel ministre, contre tel autre, pour la destruction du fort Saint-Elme, pour ceci, pour cela, pour bien d'autres choses encore. Une manifestation est une chose très-simple. Une centaine d'hommes se réunissent, on prend un drapeau, on se promène dans les rues, on s'arrête devant certaines maisons en criant le plus fort qu'on peut, et quand on est fatigué, on rentre chez soi. Comme on ne fit aucune attention à ces plaisanteries bruyantes, elles restèrent inoffensives. Dès qu'une manifestation contre le gouvernement avait lieu, bien vite le parti national organisait une contre-manifestation. Au fond, j'ai toujours cru que ce n'était qu'un motif à promenades ; celles du parti libéral étaient conduites par un homme fort intelligent, chef des *lazzaroni*, ou, pour mieux dire, des marchands de poisson, vieux patriote inflammable qu'on appelait Gambardella : taille moyenne, trapu, poignet d'acier, tête ronde, cheveux gris et ras, face vigoureuse, larges épaules, éloquence populaire, regard des plus fins et sourire admirable. Un matin comme il allait et venait dans le marché de Sainte-Lucie, on l'entendit jeter un grand cri, et l'on vit un homme qui s'enfuyait à toutes jambes par une ruelle obscure. On courut à Gambardella, un couteau droit à lame étroite s'enfonçait entre ses deux épaules. L'œil blanchissait, la voix devenait indistincte ; il demanda un prêtre, il en vint un, trop tard. D'où partait le coup? On ne l'a jamais bien su ; c'était très-probablement une affaire politique, et je ne veux point répéter ici les conjectures que l'on a faites.

Du « théâtre de la guerre, » point de nouvelles, ou du moins rien d'intéressant. Entre Capoue et nos avant-postes, on échangeait de temps en temps quelques coups de canon, mais sans y mettre d'animosité, par simple acquit de conscience. Des deux côtés, on savait que la place était fatalement perdue. Le temps devait amener la reddition ; rien ne nous pressait, nous autres, puisque les Piémontais arrivaient. Nous attendions en grande patience, et notre état-major particulier passait même maintenant la plus grande partie de son temps à Naples, car le général Türr, à son refus d'être ministre de la guerre, avait été nommé commandant militaire de la ville et de la province de Naples. Cela ne nous empêchait pas d'aller de temps en temps aux avant-postes, mais par pure curiosité, car il n'y avait plus rien à y faire. Quoi que nous en eussions, nous étions tristes, car nous sentions que notre aventure touchait à sa fin. La régularité un peu pédante des Piémontais n'allait pas tarder à remplacer la pétulance des garibaldiens. Nous en prenions notre parti, mais avec peine, et cependant force nous était bien de comprendre qu'après la journée du Vulturne et la prochaine arrivée de Victor-Emmanuel, nous n'étions plus qu'inutiles. Dès que le roi serait entré à Naples, il ne nous restait plus qu'à faire nos paquets et à partir. Le 15 octobre, toute une légion anglaise arriva, fort bien équipée, armée, reluisante et vraiment de belle attitude. La garde nationale alla au-devant d'elle en grande cérémonie, portant un drapeau anglais, tandis que les Anglais portaient un drapeau italien. Les deux bannières se firent toute sorte de politesses, et comme deux heures après son arrivée on trouva la moitié de la légion anglaise ivre-morte, couchée sous les tables des cafés, on l'expédia en hâte vers Caserte, où les spiritueux sont moins abondants. Le soir du même jour, nous enterrâmes le lieutenant Kanyok, de la légion hongroise. Au Vulturne, seul et attaqué par sept cavaliers royaux, il avait reçu cinq blessures, dont une avait déterminé une paralysie complète des jambes. Deux jours avant sa mort, il me disait : « Je suis bien aise de m'être trouvé dans cette situation, parce que si jamais elle se représente, je sais maintenant comment il faut faire pour s'en tirer. » Quatre jours auparavant, nous avions rendu les derniers devoirs au capitaine Fligel, qui, blessé de sept coups de feu et le visage balafré d'un coup de sabre, se fit asseoir contre un mur et ne voulut quitter le champ de bataille qu'après la victoire bien et dûment décidée. Je ne tarirais pas d'éloges sur cette légion magyare. Du reste, Garibaldi n'a pu s'en taire, il leur disait : « Vous êtes les premiers soldats du monde ! »

Après avoir dit adieu aux restes mutilés du pauvre Kanyok, nous partîmes pour Caserte où nous couchâmes; au point du jour, la division Türr et la nouvelle légion anglaise s'alignèrent en belle ordonnance sur l'immense place d'armes qui précède le palais. Garibaldi passa devant le front des troupes ; il ne répondit guère aux acclamations ; lui aussi, il sentait son cœur se serrer, car l'instant de la séparation approchait. Après le défilé, il a réuni les officiers autour de lui ; il remercia l'Angleterre ; il dit aux Hongrois que le sang italien coulerait pour eux comme le leur avait coulé pour l'Italie ; il parla de départ, de repos momentané, en attendant les nouveaux devoirs que la patrie imposera ; il était fort ému, saisi, comme tremblant, s'arrêtait à chaque phrase, et ne pouvait donner l'essor à sa voix entrecoupée. La plupart de ceux qui l'écoutaient pleuraient ; il y avait là des hommes qui ont traversé cent batailles et qui ont subi les longs martyres d'Arad, d'Olmultz, du Spielberg, de Vérone, de Venise, de Rome, de Mantoue, et qui sont devenus des êtres impassibles ; je les ai entendus sangloter en écoutant cet adieu ; on a crié : Vive l'Italie, vive la Hongrie, et l'on s'est serré la main sans pouvoir parler.

Le vote pour l'annexion eut lieu le 21 et le 22 octobre. A Naples, tout se passa dans un ordre parfait. On a parlé d'intimidation : j'ai vu à l'église Saint-François de Paule, où l'on votait, un homme arrivé avec un *non* majuscule collé au chapeau ; vingt mille personnes l'ont vu comme moi, on en a ri, mais nul ne pensa même à lui faire ôter sa pancarte. On attendait le roi, on préparait les arcs de triomphe, les échafaudages s'élevaient lentement sur les places ; mais parmi les officiers garibaldiens il y avait quelque mécontentement. Victor-Emmanuel, avant de franchir la frontière, avait lancé un manifeste aux peuples de l'Italie méridionale, dans lequel il disait, à deux reprises différentes, qu'il venait rétablir l'ordre ; à ce compte, nous étions donc le désordre. On parla vaguement d'un contre-manifeste qu'on voulait adresser au roi ; j'en ai conservé un brouillon qui me fut donné à cette époque. Voici ce que j'y trouve : «..... Ceux qui sont tombés en combattant pour notre cause d'abnégation qui peut-être ne profitera qu'à vous, ne croyaient pas, sire, qu'en venant parmi nous votre seule intention fût de rétablir l'ordre. Ils croyaient, nous en sommes certains, que, donnant franchement la main à la révolution, vous veniez conquérir réellement votre couronne italienne ; ils pensaient qu'entrant dans une incarnation nouvelle, vous laissiez au passé les gloires de la maison de Savoie pour devenir le chef, le premier ancêtre de la maison d'Italie ; mais jamais, sachez-le bien, ces chers morts pour la patrie n'ont cru qu'il fût question d'ordre à maintenir ou de prétendues factions subversives à comprimer. C'est à la diplomatie européenne qu'il fallait dire ces sortes de choses, mais non point à nous qui savons ce qu'il en est. Dans cette ville de Naples, la troisième ville de l'Europe, où nous sommes arrivés en guenilles, traînant nos pieds meurtris sur les dalles brûlantes, vous allez entrer bientôt sur des pavés jonchés de fleurs et sous des arcs de triomphe ; soyez-y le bienvenu et permettez-nous, à nous qui sommes la révolution et la liberté, c'est-à-dire le désordre, ainsi que le dit votre manifeste, en récompense des fatigues que nous avons subies et du sang que nous avons versé, permettez-nous de vous offrir dix millions de nouveaux sujets et le royaume des Deux-Siciles ! » Puis on disait au roi qu'on eût été en droit de lui imposer des conditions avant de laisser voter la population, et ces conditions eussent été : 1° l'établissement immédiat de lignes de chemins de fer qui, traversant l'Italie en tous sens, accéléreraient le mouvement d'unification; 2° l'instruction obligatoire entre les mains laïques : universités dans toutes les anciennes capitales, colléges dans toutes les villes importantes, écoles jusque dans les derniers hameaux; 3° rédaction d'un code nouveau, empruntant aux divers codes du monde entier la législation la plus libérale et la plus douce; 4° abolition de la peine de mort. A-t-on donné suite à ce projet; je ne sais; s'il a été abandonné, comme il y a tout lieu de le croire, c'est regrettable, car il y avait là de bonnes paroles à faire entendre ; c'était d'une abnégation touchante; je me rappelle cette phrase : « Nous demandons tout pour l'accroissement moral de la patrie; pour nous, nous ne demandons rien, nous ignorons même si nos grades nous seront conservés, mais cela importe peu, car nous sommes certains de les retrouver ou de les reconquérir à l'heure du péril ! »

Ceux qui avaient rédigé cette sorte d'adresse appelaient l'attention du roi sur l'état intellectuel du peuple des Deux-

Siciles, dont l'ignorance et la superstition réclament des secours immédiats. Il y a beaucoup à faire, mais il y a bien des obstacles à surmonter, et le plus grand sera peut-être l'étrange liberté dont ce peuple a joui jusqu'à présent. Je ne fais point de paradoxe et je m'explique. Jamais tribu de sauvages n'a eu à sa disposition une liberté matérielle égale à celle qui déshonore les Italiens méridionaux. Il suffit de parcourir Naples pour s'en convaincre. Si la capitale est ainsi, on peut se figurer ce que sont les villes provinciales. Au point de vue physique, la police n'est pas complaisante, elle est complice ; elle ne réprime pas, elle encourage. La moitié de la population dort dans les rues, se vautre sous les porches, se fait des alcôves avec des guérites, des matelas avec les trottoirs et des oreillers avec les bornes ; la nuit, on marche à travers des paquets de haillons qui se remuent et grognent à votre approche : ce sont des hommes et des femmes qu'on dérange de leur sommeil ou de toute autre occupation. La mendicité est plus que tolérée, la mendicité est une fonction. Ceux qui ont le bonheur d'avoir quelque bonne plaie dégoûtante l'entretiennent avec soin, la ravivent et vous la mettent impudemment sous le nez en vous disant qu'ils crèvent de faim, c'est le mot consacré. A tout âge et dans toute situation sociale on mendie. Le jour, ce sont les malingreux, pauvres diables trop paresseux pour travailler et souvent serrés de près par la misère : ceux-là s'en vont hardiment, face découverte, et tendent la main avec une fierté tranquille qui prouve une conscience en repos. Ils appartiennent pour la plupart à des couvents ou à des hôpitaux qui les envoient mendier, afin que le soir ils rapportent à la bourse commune les aumônes recueillies dans la journée. On les soigne *ah hoc*, on augmente leur dépénaillement, on leur serine des phrases émouvantes, au besoin on leur prête quelques enfants. Je me rappelle un grand vaurien qui montrait sa chair à nu et qui, portant toujours dans ses bras une fille déjà grandelette, affaissée, trop découverte, et toute bouclée de cheveux noirs, marchait vers les passants, ouvrant des yeux hagards, ne disant pas une parole et avançant une main où des ongles démesurés se recourbaient comme des griffes ; il se promenait du Largo del Palazzo à la place Medina ; souvent j'ai vu des femmes saisies à son aspect, se sauver en jetant un cri ; il me faisait horreur et vingt fois j'eus envie de le battre. Le soir, dès le coucher du soleil, ces misérables rentrent dans leur gîte, et alors les petits rentiers ou plutôt les petites rentières sortent à leur tour ; c'est la mendicité honteuse, paterne et déguisée. On voit apparaître des ombres timides, voilées de noir, qui vous suivent en poussant vers vous une main presque gantée et en murmurant une plainte aigrelette où l'on distingue, à travers des sanglots sans larmes, qu'il est question de dix ou douze enfants mourant de faim. Naples serait capable de dégoûter pour toujours de la charité. Le gouvernement des Bourbons n'a jamais rien fait pour remédier à ces hontes ; il en rougissait cependant, car lorsqu'un prince des familles souveraines d'Europe venait à Naples, bien vite on faisait disparaître les mendiants : on les fourrait dans les couvents, dans les hôpitaux, au besoin dans les prisons, afin que l'illustre personnage ne fût point offusqué de tant de misère ; mais dès qu'il était parti, on relâchait tous ces francs-mitoux, qui recommençaient à geindre sur la voie publique et à assaillir les passants. Malheureusement le droit de faire son lit dans la rue avec toutes les conséquences possibles, celui de demander l'aumône, ne sont pas les seules libertés contre lesquelles la nouvelle administration devra lutter ; il en est une autre, plus terrible que ces deux premières, poussée ici à un degré qui constitue un danger réel pour la santé publique, et qui est tellement enracinée dans les mœurs qu'elle en fait partie intégrante. Naples s'est imprégnée ainsi d'une odeur spéciale qui soulève le cœur et qui est insupportable, surtout en été. Cette liberté dégoûtante, cette liberté du sommeil en public, de la mendicité et de l'ordure, est la seule liberté dont le peuple des Deux-Siciles pouvait jouir ; il en jouit jusqu'à l'abus le plus outrageant. Quant à la liberté morale, à cette liberté saine qui permet de penser et d'exprimer ses idées, elle était non-seulement combattue, mais vaincue absolument, et par tous les moyens possibles.

Au point de vue moral, l'état des esprits est encore plus bas. La plus simple notion de la justice est ici radicalement inconnue. Rien n'est un droit, tout est une grâce. Un homme est volé, à moitié assassiné ; le fait s'est passé publiquement; nul doute ne peut atteindre la victime; le malfaiteur n'est pas ignoré. On peut croire que celui qui est lésé dans sa propriété et dans son existence va aller réclamer justice; nullement. Il va supplier qu'on veuille bien lui faire la grâce d'arrêter le coupable ; il invoque sa parenté, ses relations, son dévouement au roi, pour bien prouver qu'il est digne de quelque protection. Le gouvernement du bon plaisir a brouillé toutes les cervelles de ce peuple; c'est tout au plus s'il a encore la notion du bien et du mal. « Que voulez-vous que nous fassions contre tant de violences? » répond-il à ceux qui l'interrogent. Et cependant le recueil des lois napolitaines est excellent, supérieur à beaucoup de titres aux lois piémontaises, et le meilleur de toute l'Italie, incontestablement; mais à quoi servent des lois, même parfaites, lorsqu'on ne les applique jamais? Il faudra bien du temps pour élever ce peuple à la vie sociale, à la vie civile, à la vie politique. La bourgeoisie aura là un grand rôle à remplir, et elle est assez intelligente pour s'en tirer à son honneur. Le plus beau et le plus riche royaume de cette riche et belle Italie est celui-ci : c'est la terre aux œufs d'or. Que l'âme de la nation s'élève, et il n'y aura point de patrie comparable !

Les Piémontais s'avançaient par le nord; nous-mêmes nous avions franchi le Vulturne; quelques coups de fusils de ci et de là, quelques escarmouches, quelques coups de sabre entre hussards hongrois et cavaliers royaux, mais rien d'important ni même de curieux. Nous en étions arrivés à ce moment des drames militaires du Cirque-Olympique, où, la pièce terminée, la toile se relève pour montrer les héros triomphants, couronne en tête, sur des nuages de carton éclairés par des feux de Bengale. L'heure lugubre des apothéoses avait sonné pour nous. Le 31 octobre, sur la place Saint-François de Paule, Garibaldi remit aux Hongrois les drapeaux que les Palermitaines avaient brodés pour eux.

Un déjeuner réunit chez le général Türr deux ou trois cents personnes ; mais entre la bénédiction des drapeaux et le repas, il se passa un fait notable : Garibaldi apparut au balcon du palais de la Foresteria, et s'adressant au peuple nombreux qui remplissait la place, il lui dit à brûle-pourpoint : « Napolitains ! D'une vie consacrée tout entière à la cause de la liberté, à la pensée de notre nationalité, je n'ai rien recueilli et ne veux recueillir rien autre que le droit de dire la vérité toujours, de la dire également aux puissants et aux peuples. Écoute-moi donc, peuple généreux de cette grande capitale, et si j'ai quelque mérite à tes yeux, crois à mes paroles. La plaie vive, la ruine de notre Italie, furent toujours les ambitions personnelles, et elles le sont encore. C'est l'ambition personnelle qui aveugle le pape-roi et le pousse à combattre ce mouvement national si grand, si noble, si pur ; oui, si pur qu'il est unique dans l'histoire du monde. C'est le pape-roi qui retarde le moment de la complète libération de l'Italie. Le seul obstacle, le véritable obstacle, c'est lui. Je suis chrétien, je suis bon chrétien, et je parle à de bons chrétiens ; j'aime et je vénère la religion du Christ, parce que Jésus-Christ est venu au monde afin de soustraire l'humanité à la servitude pour laquelle Dieu ne l'a pas créée. Mais le pape, qui veut que les hommes soient esclaves, qui demande aux puissants de la terre des ceps et des chaînes pour les Italiens, le pape-roi méconnaît le Christ ; il méconnaît sa religion. Personne, en entendant mes paroles, personne ne confondra le papisme et le christianisme, la religion de la liberté avec la politique de la servitude. Répétez cela, répétez-le, c'est votre devoir. Et vous qui êtes ici, vous partie intelligente et choisie de la cité, vous avez le devoir d'instruire le peuple : apprenez-lui à être chrétien, apprenez-lui à être Italien ! L'éducation donne la liberté, l'éducation donne au peuple les moyens et le pouvoir de défendre son indépendance. D'une forte et saine éducation du peuple dépendent la liberté et la grandeur de l'Italie. Vive Victor-Emmanuel ! Vive l'Italie ! Vive le christianisme ! » Les assistants répondirent : « Vive Garibaldi ! » et des voix nombreuses : « A bas le pape ! » — « Voilà la question posée, » dis-je à Missori, près de qui j'étais au balcon. Garibaldi se retourna vers moi en disant : « Cela était nécessaire. »

Cependant le roi était venu visiter les avant-postes, et avec sa bravoure connue, il s'était promené près de la place, fort paisiblement, malgré les coups de canon qui le saluaient à bonne portée. On somma Capoue de se rendre, elle refusa ; on mit des mortiers en position, et le 1er novembre, vers le soir, on commença le bombardement. Nul soldat garibaldien n'y prit part. Le 2, au point du jour, on renouvela le feu avec une intensité excessive; à dix heures, la place capitulait entre les mains du général della Rocca. Neuf mille prisonniers furent expédiés à Naples. La ville redevint folle de joie comme au jour de l'entrée de Garibaldi. Pendant vingt-quatre heures, on n'entendit que la détonation des *boîtes*, des canons, des fusils et des pistolets; on en était assourdi. Si les Napolitains avaient brûlé à propos le quart de la poudre qu'ils brûlèrent si sottement en cette circonstance, ils eussent été libres depuis longtemps.

Le 4 novembre, par une matinée froide qu'aigrissait encore un méchant vent de nord-est, on se réunit de nouveau sur la place de Saint-François de Paule, et Garibaldi distribua lui-même la médaille d'argent que la ville de Palerme avait fait frapper en l'honneur de ceux qui, les premiers, mirent le pied en Sicile. A l'heure du débarquement, ils étaient mille soixante-douze; le 4 novembre, il en restait quatre cent cinquante-sept. Garibaldi a prononcé un discours, ou, pour parler plus exactement, il a lu quelques paroles étudiées avec soin; il y est question du passé et de l'avenir, mais les noms de Rome et de Venise ne sont même pas prononcés. Jamais cependant il n'avait laissé échapper une occasion de rappeler aux Italiens « les deux cités esclaves. » En ce moment, il ne se sent déjà plus le maître; il comprend que, dans un pays légitimement possédé par

Victor-Emmanuel, il n'a plus le droit de donner l'essor à toutes ses espérances. Du reste il a déjà congédié son état-major, et lui-même il se prépare à partir.

Le 5 novembre, tous les garibaldiens qui étaient casernés à Naples reçurent ordre de se rendre à Caserte, où le roi devait les passer en revue ; pendant toute la journée du 6, ils l'attendirent vainement : il ne daigna point passer devant nos *bandes*, afin sans doute de ne pas mécontenter son armée. Du reste la mesure fut habile ; on retint ainsi toute l'armée méridionale à Caserte, et le lendemain, le 7, le jour de l'entrée du roi, quelques officiers des casaques rouges assistèrent seuls, en curieux, du haut d'un balcon à la cérémonie. La troupe piémontaise et la garde nationale faisaient la haie ; de garibaldiens, nulle trace. Il était naturel qu'ayant conquis la Sicile, délivré les Calabres, dispersé les troupes bourboniennes, pris Naples, défendu à outrance leurs positions devant Capoue et gagné seuls la bataille du Vulturne, il était naturel qu'ils fussent éloignés au jour du triomphe. Ce jour n'était point beau, il déshonorait le ciel italien. Il pleut à torrents ; un gros vent d'ouest pousse sur la ville d'incessantes rafales ; dans le port, les navires sont agités par la houle jusqu'à tremper leurs vergues dans la mer. Tout est triste et froid. On dirait qu'une fée maligne, celle de la reconnaissance, sans doute, a frappé de sa baguette tous les préparatifs glorieux : rien n'est terminé ; les statues sans tête tendent à travers les rues inondées leurs mains symboliques où manquent les drapeaux ; les toiles peintes, arrachées par le vent, mouillées par l'orage, battent contre les échafaudages non recouverts ; les arcs triomphaux ne sont que des carcasses, les portiques n'ont que des planches. C'est pitoyable à voir.

Une foule immense encombrait la ville depuis le débarcadère du chemin de fer jusqu'au palais royal, mais on ne voyait que des parapluies. De loin et de haut, cela ressemblait à une armée de champignons gigantesques. A dix heures, le canon des forts éclata, le roi se rendit d'abord à la cathédrale, accompagné de Garibaldi, qui fut dès son entrée enlevé par les femmes et embrassé par elles plus qu'il n'aurait voulu. De là, Victor-Emmanuel, en voiture, gagna le palais à travers la foule, les cris, les pétitions tendues. A sa gauche, on voyait Garibaldi couvert de son manteau gris; en face se tenaient le prodictateur de Naples, M. Pellaviccini, en habit noir, et Antoine Mordini, prodictateur de Sicile, en chemise rouge. Mordini a rendu d'excellents services en Sicile, et tout le monde lui a su gré d'être entré près du roi dans le costume qui devait surtout apparaître ce jour-là ; c'était bien en effet la casaque rouge, c'est-à-dire l'indépendance italienne par la révolution, qui devait faire à Victor-Emmanuel les honneurs de la ville de Naples; le roi, je pense, ne s'y sera pas mépris. M. Pellaviccini reçut le cordon de la Sainte-Annonciade, que refusèrent Garibaldi et Mordini.

Est-il vrai que Garibaldi ait prié Victor-Emmanuel de lui donner la dictature de tout le royaume italien pour un an?

Je le crois sans l'affirmer, car je n'ai point entendu formuler la demande ; mais elle est trop dans le caractère de Garibaldi pour que j'en puisse douter. Évidemment il voulait décréter la levée en masse de la nation entière, et se jeter sur la Vénétie au printemps de 1861 avec une force si considérable que toute résistance fût devenue illusoire. Le roi refusa, se retranchant derrière le statut piémontais, qui ne laisse qu'au parlement l'initiative des mesures exceptionnelles.

Deux jours après l'entrée de Victor-Emmanuel, le 9 novembre, vers l'heure où l'aube se lève, Garibaldi monta dans un canot que lui-même il détacha du rivage, et il gagna un bateau à vapeur mis à ses ordres pour le conduire à Caprera ; de son armée, il n'emmenait avec lui que ses vieux et fidèles amis Basso et Froscianti ; des sommes considérables qu'il avait maniées, il emportait 10 piastres, c'est-à-dire 50 francs. Ce jour-là, les garibaldiens ne se parlaient guère dans la ville ; nous étions tristes et nous pouvions dire aussi : une vertu est sortie de nous. Le soir, une immense procession parcourut la ville aux cris de: *Vive Garibaldi !*

Le lendemain, j'avais le cœur gros, car je faisais mes adieux à ceux près de qui, pendant quatre mois, j'avais vécu dans la fraternité de la fatigue et des dangers ; à deux heures, je me rendis à bord du *Céphise*. J'étais assis sur le pont, lorsque je vis apparaître Spangaro ; par un mouvement involontaire, je me jetai dans ses bras. Il me sembla que je ressaisissais quelque chose de ce passé qui se fermait aujourd'hui : ce brave ami avait par hasard appris mon départ, et vite il était accouru de Caserte pour me donner une dernière accolade. Je ne suis pas bien certain de n'avoir pas eu l'œil un peu humide en lui disant adieu du haut de l'échelle qui allait se relever. Debout, tant que Naples fut en vue, je regardai de ce côté, la poitrine écrasée par une émotion douloureuse, me rappelant les détails de l'épisode que je venais de traverser, et qui n'est pas un des moins curieux de ceux qui ont marqué dans ma vie de voyageur.

Le soir, à la nuit close, nous arrivâmes devant Gaëte ; la flotte française avait allumé ses feux ; des lumières brillaient dans la ville ; nous restions sous vapeur pour échanger les dépêches. Tous les passagers réunis sur le pont regardaient vers les remparts, dont la masse se distinguait à peine à travers l'obscurité profonde. On parlait de François II. Résistera-t-il? se rendra-t-il? Il a tort; il a raison! Chacun donnait son avis. Je restais silencieux, et je me disais : « Comme homme, il a tort absolument de prolonger une résistance qui, dans aucun cas, ne pourra le sauver ; comme roi, il a raison, non point parce que cela garantit son honneur, mais parce qu'il met les rois par la grâce de dieu en demeure de se prononcer et de le secourir, sous peine d'abandonner aux hasards des révolutions le principe par lequel ils règnent. Les gouvernements issus de même origine sont solidaires les uns des autres; sous peine de mort, ils se doivent aide et protection en cas de périls. La république française de 1848 a péri et devait périr parce qu'elle n'a point porté secours aux autres républiques qui s'étaient établies aussitôt après elle, en vertu des mêmes droits invoqués. Si les rois absolus d'Europe ne sauvent pas ce membre de leur famille, qui combat pour leur principe commun, ils seront perdus tôt ou tard ; un jour on les abandonnera, comme ils abandonnent aujourd'hui ; en tombant François II, se tournant vers ceux qui l'appelaient mon frère, pourra dire : « *Hodie mihi, cras tibi !* Je n'étais pas seulement une royauté, j'étais un principe ; par ma chute, vous l'avez encore affaibli ; prenez garde, il n'aura bientôt plus assez de force pour vous soutenir, vous qui craignant de vous diminuer, n'avez pas osé venir jeter votre poids dans la balance. »

Au moment où nous allions repartir, une mélodie lente et singulièrement mélancolique éclata au-dessus des flots ; c'était la retraite en musique qu'on sonnait ou plutôt qu'on jouait à bord du navire *la Bretagne*. Les notes languissantes arrivaient vers nous en vibrant parmi les brises, dans la nuit, comme les voix plaintives d'un chœur invisible. Cet air, que j'entends encore bourdonner dans ma mémoire, avait des accents déchirants et des soubresauts imprévus. On eût dit les lamentations désespérées d'une de ces âmes errantes qui pleurent dans les légendes du moyen âge. Si je lui avais crié : Que chantes-tu là, pauvre âme en peine ? peut-être m'aurait-elle répondu en gémissant : Le *miserere* de la monarchie du droit divin.

FIN

TABLE

AVERTISSEMENT............................. 1

LIVRE Ier. — LA SICILE...................... 3

LIVRE II. — LES CALABRES.................... 91

LIVRE III. — NAPLES ET LES AVANT-POSTES DE CA-
            POUE............................ 239

www.ingramcontent.com/pod-product-compliance
Lightning Source LLC
Chambersburg PA
CBHW050801170426
43202CB00013B/2512